성경핵심강해 시리즈 2

출애굽기 강해

김기원 목사

도서출판 한글

머리말

강해서를 낼 때마다 갈등이 있습니다.

첫째는 부끄러운 마음이고

둘째는 더 시간을 가지고 기도해 깊이 있게 했으면 하는 마음입니다.

그러나 스스로 깊이는 없는 줄 알면서 그저 30년 이상 꾸준히 말씀을 주신 하나님의 의도를 찾으려고 노력한 것이 사실입니다.

핵심강해를 낸 지는 오래 되었지만 핵심강해는 에스겔서까지 한 것 같습니다.(마태복음 - 에스겔)

그리고 각권 강해서 66권을 생전에 다 낼 계획이 이루어질 줄 믿습니다. 준비된 강해서 및 칼럼, 논설, 교재, 설교집 등이 200여 권이 출판을 대기하고 있습니다.

하나님의 은혜와 도우심으로 3천 회가 다 되어 가는 특강과 일천 이백여 회 집회 인도를 하게 된 것이 자나 깨나 감사밖에 없습니다.

여기까지 도우신 하나님께 감사와 영광을 돌리며 문서선교회를 위해 기도해 주시고 협조해 주신 수많은 성도들에게 감사를 드립니다.

출판을 맡아주신 도서출판『한글』심혁창 사장님과 교정에 수고해 주신 김현미 전도사님께 감사드립니다.

그리고 무엇보다 사랑하는 가족들의 협력에 감사드립니다.

- 장위동 연구실에서 -

김 기 원 목 사

목 차

출애굽기 강해 제1강

【본문】 출애굽기 1:1-22

이스라엘을 인하여 근심하는 애굽 사람들

창세기는 천지를 창조하신 하나님을 밝히는 책입니다.

출애굽기는 하나님께서 스스로 자신의 이름을 밝히시면서 자존자이시고, 전능하신 자이신 하나님이 이스라엘 민족을 이끄시고 구원하시는 내용입니다.

이스라엘 백성들은 요셉을 알지 못하는 왕들의 통치로부터 노예 상태의 생활이 연속되었습니다. 그래서 모세를 세우셔서 노예생활에서 하나님을 예배하는 삶으로 옮기는덮, 바로의 종에서 하나님의 종으로 삶을 옮겨가는 과정이 기록된 내용입니다.

특히 애굽을 굴복시킨 10재앙이나 불기둥 구름기둥의 인도는 하나님의 구원계획은 그 누구도 변경하거나 막을 수 없다는 사실을 보여주는 역사적인 교훈입니다.

또한 이스라엘이 애굽의 노예가 된 것은 인간이 죄악으로 영적으로 죄의 노예가 된 것의 상징이기도 합니다.(롬 6:17)

400년간의 긴 노예생활에서 자유를 얻는다는 것은 인권시대와는 거리가 멀던 고대시대에서는 불가능한 일인 것입니다.

이런 상황에서 하나님은 이스라엘 백성에게 주신 약속을 기억하시고 구원자 모세를 세워 해방시켜 주신 것입니다.

이와 같이 예수 그리스도는 우리의 영혼의 노예 생활을 해방시켜 주신 영원한 구원자이십니다.

애굽 사람들은 이스라엘의 창대와 번성 때문에 근심이 되었습니다. 요셉의 공적을 모르는 바로왕들의 이스라엘에 대한 학대정치가 계속 되었습니다. 성도는 사단의 근심거리가 되어야 합니다.

이삭의 번영을 보고 블레셋 사람들이 시기하듯이, 성도들이 무시당하기보다 시기의 대상이 되어야 됩니다.

예수님을 목수의 아들이라고 무시하고 별 볼일 없는 사람으로 보다가 오히려 놀라고 시기의 대상이 되듯이, 예수 믿고 별 볼일 없던 사람들이 오히려 시기의 대상이 되기도 하는 것입니다.

이것은 인격적인 결함이나 도덕 수준의 미달로 인한, 무시당하는 것이나, 비난받는 그런 차원과는 다른 것입니다.

그리고 사단은 성도의 번성과 창대, 복 받는 것 제일 싫어하기 때문에, 성도가 잘 될 때 작전실패로 인한 근심거리가 아닐 수 없는 것입니다.

출애굽기 1:7에 보면 "이스라엘 자손은 생육하고 중다하고 번식이 창성하고 심히 강대하여 온 땅에 가득하게 되었더라"

모세 5경에 두 번째 책인 출애굽기는 원래는 한 권으로 되어 있었습니다.

그러므로 창세기와 출애굽기는 그대로 이어지는 책입니다. 그러므로 우리 성경에는 없지만 킹 제임스 판에는 Now로 시작됩니다. 이 말은 그런데 혹은 그리고(and)로 시작됩니다.

창세기와, 즉 창세기 마지막장과 출애굽기 첫 장과는 약 300년 차이가 납니다. 그것은 요셉이 죽은 후 300년이 지난 때이기 때문입니다. 그리고 모세의 체험담을 기록한 것이 출애굽기라는 사실을 믿는 것은 예수님이 모세의 기록으로 인정하셨기에 그 어떤 신학자들의 의심도 있을 수 없습니다.

요셉은 죽었지만 300년이란 세월이 흐르는 동안 애굽에서의 이스라엘 역사는 계속되었고, 이스라엘 백성들은 뛰어나게 생육이 번성하고 창대하게 되고 강해졌다는 것입니다.

70명으로 출발한 이스라엘이 400년이 지난 후에는 성인 남자만 60만이 되었습니다. 요셉이 다스리던 시대는 아마 학소스 왕조 시대였으리라 봅니다. 요셉을 알지 못하는 새 왕은 제18왕조의 투트모세 1세 (Thutmose I . B. C.1539-1514)로 봅니다.

그리고 모세를 기른 공주는 그의 딸인 핫셉수트(Hatshepsut)로 봅니다.

새 왕은 과거의 정책을 따르지 않고 새로운 정책으로 다스리는 왕을 의미합니다. 그래서 70인 역에는 '다른 왕'으로 번역되어 있습니다.

그들은 요셉의 공적에 대해 무지했고, 무관심했다는 것입니다.

이스라엘이 번성하고 창대해도 애굽보다 숫자가 많을 수는 없습니다. 그러니까 바로는 이스라엘이 창대해지는 것을 경계하면서도 애굽의 노예로 남기를 원했던 것을 알 수 있습니다.

바로는 억압정책으로 국고성 비돔과 라암셋을 건축하는데 강제노동을 시켰습니다. 그리고 이스라엘 자손들을 감시하는 감독들을 세웠습니다.

국고성 비돔과 라암셋은 군대의 보급품과 전쟁 물자를 넣어두는 창고였습니다.

라암셋은 이스라엘 백성들의 거주지인 고센땅 안에 있었습니다.(창 47:11)

이스라엘 백성은 억압하면 억압할수록 더욱더 번성했습니다.

그래서 2차적으로는 남자아이가 태어나면 죽이라고 산파들에게 비밀리에 명령했습니다.

그러나 산파들은 바로의 명령보다 하나님을 더 두려워했습니다.

바로를 속이고 아이들을 살렸습니다. 바로의 3차 억압정책이 남자아이가 나면 하수에 던져 버리라고 산파들에게 명령했습니다.

그러나 하나님은 바로의 악한 계획까지도 이용하셔서 하수에 던져진 모세를 건져내도록 해서 바로의 궁중에서 40년 동안이나 훈련받아 하나님의 구원의 역사를 준비하는 기회로 삼으셨습니다.

여러분, 우리가 알 것은 아무리 힘이 있고, 모사를 꾸미고, 하나님이 하시는 일을 방해하려고 해도, 하나님의 계획은 차질 없이 이루어 가신다는 사실을 알아야 합니다.

그러므로 하나님의 뜻과 계획을 방해하는 생각이나 연습은 백해무익합니다. 자기만 손해 봅니다. 수치를 당합니다.

하나님의 프로그램이 사람들의 방해 때문에 중단되거나 지연되는 일은 없다는 사실을 알아야 합니다.

하나님은 자신이 정하신 목적을 향해 서서히 그리고 정확하게 계속 활동해 나가십니다. 그러므로 인간은 무지해서 지내놓고 보면 하나님이 준비하신 것이 완벽했음을 깨닫게 되는 경우가 많습니다.

이제 말씀을 정리하고자 합니다. 하나님의 자녀는 하나님의 방법, 그대로 따르기에 충실해야 합니다. 하나님의 방법은 때로는 서서히 하되 철저하게, 그러면서도 결정적인 미래의 목적을 향해 철저하게 진행하시는 것입니다.

그 누구도 하나님의 뜻을 거스를 수 없습니다. 그러므로 조금도 조급하게 굴거나 당황하지 말아야 합니다.

하나님의 말씀을 따르는 데만 충실하면 결국은 마귀의 작전은 실패하고, 성도들은 무시의 대상이 아니라 시기의 대상, 질투의 대상이 되고, 방해해도 번창하고, 창대케 되는 역사가 일어날 줄 믿으시기 바랍니다.

출애굽기 강해 제2강

【본문】 출애굽기 2:1-25

모세를 통한 하나님의 역사의 시작

출애굽기는 애굽에서 가나안까지의 내용입니다.

좀 더 구체적으로 말씀드린다면,

① 애굽에서의 이스라엘(1:1-12:36) - 노예생활

② 광야에서의 이스라엘(12:37-18:27) - 출애굽 후 자유민이 된 것입니다.

③ 시내산에서의 이스라엘(19:1-40:38) - 신정국민으로서의 생활입니다.

오늘 본문 출애굽기 2장은 모세의 출생에 대해 기록하고 있습니다.

2:1-2 "레위 족속중 한 사람이 가서 레위 여자에게 장가들었더니 그 여자가 잉태하여 아들을 낳아 그 준수함을 보고 그를 석달을 숨겼더니"

애굽왕 바로의 권위로 내렸던 명령이 아무런 효력의 결과가 나타나지 아니했습니다. 그래서 정책을 바꾸었습니다. 아들이면 강물에 버리고, 딸이면 살려주도록 했습니다. 그런데 한 어머니가 자기 아들이 너무나 잘 생겼으며, 너무나 아까워 3개월간 숨겨 키웠습니다.

그러던 중 이제는 더 이상 숨길 수 없어 갈대상자에 물이 들어오지 않게 하여 거기에 아이를 담아 하수가에 갈대사이에 두었습니다.

그리고 그 누이가 어떻게 되는지 멀리서 숨어 지켜보고 있었습니다. 그때 바로의 딸이 목욕하러 하수로 왔다가 그 아이를 발견하게 되었습니다.

아이의 울음소리에 불쌍한 생각이 나게 되었고, 히브리인의 아이인줄 알고 히브리 유모를 구하게 되었고, 그 유모가 바로 모세의 어머니였던 것입니다.

아마 바로의 딸은 갓난아이를 너무 너무 귀여워하고, 우는 아이를 불쌍히 여기는 마음이 강한 자였던 것으로 추측이 됩니다.

사실 갓난아이들, 겨우 걷기 시작하는 아기들 얼마나 귀여운지 모릅니다. 저도 손자하고 같이 있으면 스케줄에 차질이 생깁니다. 시간 가는 줄 모르고 얼마나 사랑스러운지 모릅니다.

요즈음 저는 날마다 손꼽아 기다리며 삽니다. 어떤 때는 너무 너무 보고 싶습니다.

"할아버지, 보고 싶어요. 비행기 타고 빨리 와요"

할 때는 당장 가고 싶습니다. 지금 저의 말을 눈만 껌벅껌벅하고 앉아 그 심정을 모르는 분들도 있을 것입니다.

모세는 '물에서 건져냈다'는 뜻입니다.

하나님은 누구라도 사용하실 수 있습니다. 하나님은 곤경에 빠져있는 이스라엘 백성들을 구하시기 위하여 모세를 준비하셨습니다.

그리고 모세를 친어머니의 교육을 받고 자라도록 인도하시고 섭리하셨습니다. 그러니까 그는 틀림없이 어머니를 통해 몰래 열조의 하나님(출 3:15) 히브리 민족이 그의 동족임을 깨닫게 했을 것입니다.(출 2:11)

그것은 6:20에 보면 모세의 부모는 아므람과 요게벳이었습니다.

히 11:23에 보면 모세의 부모는 믿음의 사람들이었습니다.

모세가 태어나자마자, 자기 백성을 구원할 자로 믿었습니다.

그렇기 때문에 절대 복종해야 되는 바로의 명령에 순종치 않고 갈대상자에 모세를 담아 강가에 갈대 사이에 두게 되었던 것입니다.(히 11:13)

모세의 어머니 요게벳은 모세를 상자에 띄워 보낼 때 애굽 사람이라도 발견하여 양자로 삼게 되면 아이의 목숨만이라도 건질 수 있지 않겠나 라고 생각했을지도 모릅니다. 애굽 사람들은 남자아이가 나도 상관없었기 때문입니다.

그러나 하나님은 다른 계획을 세우셨습니다. 용감한 미리암은 바로의 딸에게 가서 유모를 얻어 주겠다고 청하게 되었고 결국 모세의 친어머니가 유모가 되어 자신의 아이를 키울 뿐 아니라, 월급까지 받게 되었던 것입니다.(2:10)

하나님은 믿음으로 행한 요게벳을 통해, 용감히 순종한 미리암을 통해서, 사랑 많은 바로의 공주를 통해서, 모세를 구하시고 믿음 안에서 성장케 하셨던 것입니다.

모세는 나이 40이 될 때까지 바로의 궁에서 왕자로서의 교육을 받았습니다. 반면에 어머니로부터 히브리민족임을 가슴에 새겨지게 된 줄 압니다. 그리고 자기 민족에 대한 동포애를 깊이 새겨준 줄 믿습니다.

모세는 자기 동포가 억울한 일 당하는 것을 보고는 그만 자기 동포 편을 들어 애굽인을 쳐 죽이고는 모래에 묻어 버렸습니다.

그는 자기 동족을 구해야 되겠다는 생각으로 가득 차 있었을 줄 압니다. 그러나 아직은 과격한 성격이었고 자기 동포들이 학대받는 것을 참지 못해 죽이기까지 했던 것입니다.

그는 아직은 자신의 생각과 육신의 능력을 믿고 행동했던 것입니다. 그 결과 그는 살인하고 도망하는 처지가 되었던 것입니

다.(2:15)

우리가 아무리 정당한 생각이고 행동이라고 할지라도 우리 자신의 육신의 노력으로만 하면 아무런 열매를 맺지 못합니다. 그러므로 철저히 성령의 능력을 의지하고 성령이 주시는 힘으로 해야 하는 것입니다. 오직 하나님의 능력이 임하실 때에만 우리의 봉사나 섬김이 제대로 이루어지게 된다는 것입니다.

육신의 능력을 믿고 애굽 사람을 쳐 죽인 모세는 영적으로는 아직은 미숙아 상태였던 것입니다.

하나님께서는 세상 학문은 구비했으나 과격하고 인내심이 약한 모세를 광야로 가지 않고는 안 되도록 강권적으로 보내셔서 광야신학, 생활신학을 하도록 하셨던 것입니다.

광야신학 없이는 고난 받는 이스라엘의 지도자가 될 수 없는 것입니다.

이제 어머니의 사랑의 울타리와 누이의 지혜로운 울타리와 바로 왕궁의 권위의 울타리에서 나와 오로지 하나님의 사랑의 울타리만 기대할 수밖에 없는 광야에서 40년을 보내게 되었던 것입니다.

우리가 알 것은 하나님의 일은 열심 가지고만 되는 것이 아니라는 사실을 알아야 합니다.

인내와 낮아짐이 있어야 되고, 성령의 능력을 입어야 된다는 사실을 믿으시기 바랍니다. 깨닫기를 바랍니다.

출애굽기 강해 제3강

【본문】 출애굽기 3:1-22

내가 정녕 너와 함께 있으리라

제1강은 출1장을 중심으로 이스라엘을 인하여 근심하는 애굽 사람들에 대해 생각했습니다.

우리 교회 때문에, 우리 성도들 때문에 마귀가 부들부들 떨고, 도망가고, 근심하도록 해야 합니다.

마귀의 종이 되거나, 이용물이 되거나, 무관심의 대상은 좋지 않은 것입니다. 주님은 불을 땅에 던지러 왔다고 했습니다. 예루살렘 교회는 예수님 때문에 대소동이 일어났습니다.

타락한 백성들과 부패한 종교계는 세례 요한 때문에, 그들의 형식과 가식, 그리고 부정부패가 폭로되었습니다.

제2강은 2장(1-25)을 중심으로 모세를 통한 하나님의 역사의 시작에 대해 말씀했습니다.

하나님의 역사는 우연이 없습니다. 하나님의 프로그램이나 스케줄은 세상 역사와 상관없이 진행시키십니다. 그래서 모세를 준비시켰습니다.

오늘은 제3강 출애굽기 3장(1-22)을 중심으로 "내가 정녕 너와 함께 있으리라"는 하나님의 약속입니다.

모세에게 나타나신 하나님은 이스라엘을 구하시기 위해 모세를 보내시겠다고 말씀하셨습니다. 그리고 두려워하고 부족하여 감당하기 어렵다고 생각하는 모세에게 용기를 주시고 언제나 모세와 함께 하시겠다고 약속하셨습니다.

본문에 호렙산은 바로 시내산입니다. 시내산은 시나이반도 남쪽에 있는 산입니다. 하나님은 떨기나무 불꽃 가운데 나타나셔서 모세야 모세야 부르셨습니다.

이것은 하나님이 모세를 지정하여 부르시는 음성입니다. 불꽃은 소멸과 능력과 위엄으로 나타나시는 하나님을 보여주신 것입니다. 또한 이스라엘은 타지 않는 가시떨기나무처럼 모진 고난과 역경 속에서도 살아남은 백성입니다.

모세에게 발의 신을 벗으라는 것은 거룩하신 주님 앞에 즉 하나님 앞에 새로운 각오와 두렵고 떨리는 자세로 하나님께 부름 받는 자세입니다.

하나님은 애굽에서의 이스라엘 백성 구원계획을 모세에게 말씀하시고 선포하셨습니다. 3장은 구분하면

① 하나님의 나타나심(1-4a)

② 머리말(4b-9)

③ 하나님의 명령(10)

④ 거부(11)

⑤ 다시 보증(12a)

⑥ 표징(12b)입니다.

3-4장의 특징은 하나님과 모세 사이에 이루어지고 있는 대화입니다. 모세는 부적격자라고 자인하고 하나님은 함께 있겠다고 약속합니다.(3:11-12)

모세는 하나님에 대해 충분히 설명할 정보가 없다고 하니까 하나님은 스스로 있는 자라고 이름을 가르쳐 주셨습니다.(3:13-22)

모세는 이스라엘 백성이 자신의 말을 믿거나 듣지 않을 것이라고 하니까 하나님은 그들이 믿을 수 있는 표징을 주셨습니다.(4:1-9)

모세가 자신은 무능한 자라고 하니까 하나님께서는 모세의 입을 주관할 것을 약속하셨습니다.(4:10)

모세는 하나님께 다른 사람을 보내라고 청원하니까 하나님은 모세의 입과 아론의 입에 함께 하실 것을 약속하셨습니다.(4:13)

"내가 정녕 너와 함께 있으리라" 이 말씀은 지금까지도 하나님이 함께 하셔서 준비시켰다는 의미입니다.

이 말씀은 지금도 하나님이 함께 하시고 계신다는 의미입니다. 이 말씀은 앞으로도 변함없이 하나님이 함께 하시겠다는 약속입니다.

하나님은 우리 곁에 계십니다. 멀리 계시는 분이 아니십니다. 필요할 때 가까이 오시는 분도 아니십니다.

그런데 성경에 하나님이 부르신 자들의 공통점은 현재 자기에게 주어진 일에 충실히 감당하고 있을 때입니다.

백수를 부르지 아니했다는 것입니다. 교단과 총회에는 백수들의 숫자가 너무 많은 것이 문제입니다.

우리는 하나님께 부름 받을 때 우리의 자세는 오직 헌신, 경외, 순종이어야 합니다. 모세는 이제 자기에게 주어진 지시사항에 순종했습니다.

하나님이 정녕 함께 하시겠다고 약속했기에 순종했습니다. 인격적이고, 신실하시고, 신비하신 하나님이 함께 하시겠다는 것입니다.

새롭고 거룩한 이름, 전능하신 이름을 밝힌 하나님께서 함께 하시겠다는 사실입니다.

우리가 알 것은 하나님의 일은 믿음으로 공포가 제거되어야 이룰 수 있습니다. 하나님의 일을 하는데 장애물이 있습니다.

① 그것은 자신의 허약감입니다.

그래서 "내가 누구관대" 아무도 당할 수 없는 강성대국의 제왕인 바로 앞에 간단 말입니까?

② 무지감에서 나오는 장애물입니다.

하나님이 모든 장애물을 제거해 주실 것인데 무지감 때문에 못한다는 것입니다. 비극 중에 비극은 무지입니다.

무지 중에 무지는 하나님 모르는 무지입니다.

하나님이 우리와 함께 하시면 하나님이 나와 함께 하시면 나의 약함이 문제가 되지 않습니다. 나의 부족이 문제가 되지 않습니다.

스가랴 4:6에 보면 "오직 나의 신으로 되느니라"고 했습니다.

인간의 힘은 한계가 있습니다. 하나님이 함께 하시고, 하나님이 도와주시면 "큰 산도 평지가 됩니다."(슥 4:7-10)

세상의 금력, 지력, 권력은 오래 가지 못합니다. 그러나 하나님이 함께 하시면, 성령이 함께 하시면, 아말렉도 이기고, 여리고도 무너지게 됩니다.

다윗은 하나님이 함께 했습니다. 그러므로 키가 3m 가까이 되는 골리앗을 이겼습니다.

요셉은 하나님이 함께 하셨습니다.

다니엘은 하나님이 함께 하셨습니다.

요한도 베드로도 바울도 하나님이 함께 하셨습니다.

힘 중에 힘은 영적인 힘입니다. 영적인 힘은 성령의 힘입니다.

하나님의 힘입니다. 우리가 하나님 앞에서 온전한 신앙을 가지면 하나님께서 원수의 목전에서 상을 베푸십니다.

사망과 죽음의 환난 속에서도 구원하여 주십니다.

우리와 함께 하시는 하나님, 그는 스스로 계시는 창조주이십니다. 피조물이 아닙니다. 그러므로 그는 변치 아니하십니다. 영원하십니다.

하나님은 구원자이십니다. 하나님의 백성을 돌보시고 지키시는 구원자이십니다.

이제 말씀을 정리합니다.

모세는 해방자로서 예수 그리스도를 나타냅니다. 모세는 중재자로서 예수 그리스도를 예표합니다. 모세는 인도자로서 예수 그리스도를 예표합니다.

모세와 함께, 정녕 함께 하시던 하나님은 오늘도 이 자리에 계시며 나와 함께 계시며 나를 인도하십니다. 할렐루야!

출애굽기 강해 제4강

【본문】 출애굽기 4:1-17

이 지팡이를 잡고 이적을 행할지니라

하나님께서 하나님의 약속의 백성을 애굽에서 구출하기 위하여 80세 된 모세를 택하셨습니다.

그러나 모세는 계속 자신의 무능을 들어 변명하다가 그 일이 하기 싫다는 마음을 드러내었습니다.(4:1)

하나님은 현재 "네 손에 있는 것이 무엇이냐" 물었습니다. 모세는 "지팡이입니다"하고 대답했습니다.

이 지팡이는 미디안 광야에서 처가의 양들을 돌보면서 살 때에 들고 다니던 것입니다. 하나님께서 "그 지팡이를 땅에 던지라"고 했습니다. 즉시 순종하여 땅에 던지니 뱀이 되었습니다. "그것을 잡으라"고 했습니다. 잡으니 곧 지팡이가 되었습니다.

하나님은 모세에게 이렇게 표적을 보이면서 격려했습니다.

두 번째 표징을 또 보여주었습니다.(4:6-10)

그래도 모세는 궁색한 변명을 늘어놓았습니다.

그때 하나님은 모세에게 자신이 창조주라는 사실을 강조합니다.(4:11)

4:11은 이해하기 어려운 부분 중에 하나입니다. 왜냐하면 하나님이 공평치 않으시다는 비난을 받을 수 있는 구절입니다.

그러나 분명한 것은 자신의 목적을 위해 다양하게 지으셨음을 말하고 있습니다.

하나님은 모세에게 지팡이를 이용해서 이적을 행하라고 권능을 주셨습니다.

모세는 다섯 번이나 변명했지만, 하나님은 기어코 모세를 쓰셨습니다. 그에게 권능을 주셨습니다.

하나님은 모세의 핑계나 반응에 조금도 꾸짖지 아니하시고, 계속 증거와 약속을 하시면서 설득시켰습니다.

하나님은 권위를 가지신 분이시지만 사람을 다룰 때 권위주의적으로 하지 아니하시고 끝까지 대화로 설득하셨습니다.

소명에 대한 모세의 회피는 환경을 구실로 삼기도 했고, 자신의 구비조건을 구실로 삼기도 하고, 자신의 부적절함을 구실로 삼는 변명이었습니다.

그러나 하나님은 어떤 일이 있더라도 돌보시고 감찰하십니다.

그리고 하나님은 없는 것으로 통해 역사하시기보다, 현재 내가 가지고 있는 것으로 역사하심을 믿으시기 바랍니다.

모세가 "주여 보낼만한 자를 보내소서"라고 했지만 하나님의 능력으로 행하기 때문에 인간적으로 볼 때 보낼만한 사람과는 상관이 없는 것입니다.

지금 모세가 계속적으로 사양하는 것은 겸손이 아닙니다. 결국 하나님이 계속 사양하는 모세에게 화를 발하시는 것을 볼 때에 참된 겸손이 아님이 분명합니다.

그리고 지나치게 겁이 많은 행동 역시 지도자에게 합당치 못한 마음과 행동인 것입니다.

주님의 일은 내가 받을 자격이 있어서가 아닙니다. 그리스도께서 자격이 있기 때문에 얻은 자리입니다.

그러므로 하나님의 명령에 순종만 하면 되는 것입니다.

그러므로 지팡이가 모세를 돕는 것이 아니라 하나님이 도우시고 역사 하시는 것입니다.

모세가 들고 있는 지팡이가 마술적인 능력이 있는 것이 아니고, 하나님께서 지팡이를 이용해 기적을 행하시므로 하나님이 함께 하심을 보여주고 믿게 하기 위해서인 것입니다.

모세는 양떼와 소떼를 치면서, 짐승만 상대하면서 40년을 살았습니다. 하루 종일 대화의 상대도 없는 삶이었습니다. 그래서 하나님의 사역에 자기를 부르실 때, 하나님은 이미 자기의 약점을 알고 계셨지만, 모세 자신은 자기의 허약성을 알았습니다.

바로 앞에 나타나는 것도, 많은 사람의 지도자가 되는 것도 불안했을 것입니다. 그래서 의무를 모면하고자 하는 태도를 노골적으로 드러내었습니다.

1. 능력을 부여하시는 하나님

하나님은 이런 모세에게 능력을 주셨습니다. 모세의 문제점은 바로의 능력입니다. 그래서 "내가 누구관대 바로에게 가오리까?"(3:11). 왕궁에서 40년 간 산 그는 바로의 능력을 누구보다 잘 압니다.

두 번째는 백성들의 불신입니다.

백성들이 나를 지도자로 믿고 따를 자가 누구냐는 것입니다.

나이 80에 40년 간 광야에 있다가 나타나면 아무도 나를 아는 자가 없는데 누가 나를 믿고 따르겠냐는 의미입니다.

그리고 무엇보다 자기에게는 지도자로서 은사가 없다는 것입니다. 지도자는 우선 말을 잘해야 되는데 입이 뻣뻣하다는 것입니다.

말을 더듬거린다는 것입니다. 그러나 하나님은 기어코 모세를 보내십니다. 문제점을 해결해 주시면서 보내십니다.

모세를 강하게 무장시켜 바로에게 보내십니다.

또한 하나님께서 모세에게 백성들의 불신앙을 극복할 수단도 모세에게 제공하셨습니다.

하나님께서 모세에게 말의 능력도 주시겠다고 약속하셨습니다.

하나님은 모세에게 이스라엘 백성들이 믿을 만한 충분한 증거를 주셨습니다. 즉석에서 이적을 행할 수 있도록 시범을 보이도록 하시면서, 하나님이 함께 하실 것을 약속하시고 보여주셨습니다.

2. 모세의 잘못된 고정 관념

모세는 인간이 지니고 있는 기능, 그것이 선천적이든 후천적이든 그것이 없으면 지도자도 될 수 없고, 봉사도 할 수 없다고 생각하는 고정관념입니다.

다시 말씀드립니다. 사람이 가지고 있는 기능이나 재능이 봉사하는데 절대적인 것으로 생각하고 있다는 것입니다. 물론 그런 것들이 전혀 필요 없다는 말은 아닙니다.

우리는 내가 가진 기능 중 달란트를 과소평가하는 것도 문제이지만 과대평가 하는 것은 더 큰 문제입니다. 예를 들면 말을 잘하는 은사가 있어서 무익한 말을 청산유수로 내어놓은 것보다는 하나의 위대한 진리를 더듬거리며 이야기하는 편이 훨씬 더 좋다는 것입니다.

몇 주 전 박재호 집사님이 더듬거리는 말로 1시간 반이나 간증했지 않습니까?

우리 모두 은혜 받았는데 엄선된 말로 번지르르하게 거짓말로 속이는 말보다는 훨씬 더 낫지 않습니까?

모세는 인간의 기능은 과대평가하고 하나님의 능력은 과소평가했습니다. 모세는 하나님이 자기를 왜 지도자로 택했는지 다 알아야 되는 줄 알고 있습니다.

여러분, 우리가 믿을 것은 하나님이 쓰시기만 하면 되는 것입니다. 내 기능보다 하나님이 쓰시는가, 쓰시지 않는가가 중요합니다. 내 기능이나 자격이나, 형편이 어떠하든 간에 하나님이 택하시고 부르시고 쓰시기만 하면 되는 것입니다.

또 한 가지는 하나님이 쓰시고자 하면 아무리 주저해도, 못한다 해도 피하려고 해도 쓰시고야 만다는 것입니다. 기어코 쓰십니다.

때로는 하나님이 노하시면서 쓰십니다. 이것이 하나님의 은혜입니다.

여러분, 재능을 무시하지는 말아야 하지만 재능만 믿지는 마십시오. 하나님의 뜻이 더 중요합니다. 하나님의 의지가 더 중요합니다.

하나님이 하시고자 하면 되는 것입니다.

하나님이 함께 하시느냐가 중요합니다. 핵심입니다.

하나님은 인간의 허약을 채우십니다.

3. 동역자도 필요합니다.

모세의 사양은 겸손이 아닙니다. 하나님 앞에 자기의 부족을 내세워 못하겠다는 것은 겸손이 아닙니다. 하나님은 말 잘하는 아론을 동역자로 주셨습니다.

하나님은 동역자 없이도 하게 하실 수 있습니다. 그러나 지도자는 동역자가 필요합니다.

그래서 아론을 동역자로 주셔서 모세를 끝까지 도왔습니다.

바울도 동역자들이 많았습니다.(롬 16:2, 4-6, 8-9)

예수님께서도 제자들을 선택하시고 함께 일하셨습니다. 우리는 하나님의 일을 할 때 혼자 잘하기보다 함께 잘하는 훈련을 해야 합니다.

하나님은 모세에게 지팡이를 사용하게도 하시고, 사람들과 동역하게도 하셨다는 사실을 명심해야 합니다.

사랑하는 성도 여러분!

하나님이 저와 여러분을 쓰시고자 부르셨습니다.

여러분이 가진 달란트를 과소평가도 마시고, 과대평가도 마시기 바랍니다. 그리고 내가 재능이 있고 없고 상관없이 하나님 쓰시고자 하면 쓰십니다.

어떤 방법으로든지 쓰십니다. 동역자도 붙여주시고, 지팡이를 통해 능력을 행하게 하시기까지 하시면서 일을 맡깁니다.

저는 정말, 저의 기질이나 체질에 맞지 않습니다. 얼마나 맞지 아니했으면 심방하다가 한바탕 대판 싸우고 와서 또다시 심방을 했습니다.

수틀리면 다음 생각 전혀 안 했습니다. 이판사판이었습니다.

그러나 제가 깨달은 것은 주님이 쓰시고자 하면 내 재능이나 내 의사나 내가 원하는 것과는 상관이 없다는 것입니다.

내가 원하든 원치 아니하든 하나님은 쓰시고야 맙니다. 그러므로 우리가 함부로 인간의 잣대로 생각하거나, 판단하지 말아야 하는 것입니다.

"이 지팡이를 잡고 이것으로 이적을 행할지니라"

우리는 오로지 순종만 있으면 됩니다.

하나님이 능력을 주십니다. 동역자를 붙여 주십니다.

핑계하고, 못하겠다 한다고 하나님이 물러서실 분이 아니시라는 사실을 알아야 합니다. 순종하면 됩니다. 아멘 하면 됩니다. 할렐루야!

출애굽기 강해 제5강

【본문】 출애굽기 4:18-31

애굽으로 돌아가라

모세가 애굽에서 도망 나온 지 40년이 지났습니다.

하나님이 모세를 부르셔서 이스라엘과 맺은 약속을 이루기를 원하셨습니다.

모세는 하나님의 소명에 대해 "보낼만한 자를 보내소서"(13)하면서 자신이 지도자로 부적절함을 고했습니다.

우리는 하나님이 부르실 때 환경을 구실로 삼아 회피하든지, 자신의 구비조건을 구실로 삼아 회피하지 말아야 합니다.

또한 자신이 부적절함을 구실로 변명하거나 회피하려고 하지 말아야 할 것입니다.

그것은 하나님이 부르실 때는 이미 하나님이 이루어 놓으시고, 또 그때마다 차질 없이 도와주신다는 사실을 명심해야 합니다.

하나님께서 애굽으로 돌아가라고 반복적으로 명령한 것은 애굽에서 살기 위해 돌아가라는 것이 아닙니다. 애굽에서 종살이하고 있는 이스라엘을 구하기 위해서입니다. 동족을 구하기 위해서입니다.

하나님의 명령에 순종하면 하나님이 다 책임지시고, 인도하여 주실 줄 믿습니다.(31)

우리를 돌보시는 하나님은 세밀하게 감찰하십니다.

감찰이란 말은 '세밀히', '골고루 보고 계신다'는 의미입니다.

다윗은 그 어떤 환경 속에서도 하나님이 보고 계심을 믿었기에 담대했습니다. 초연했습니다.

1. 하나님의 백성들을 표가 나게 구별하셨습니다.

그것이 바로 할례의식입니다. 할례의식은 성별의식입니다. 더더구나 이스라엘은 율법을 전달해야 할 책임을 받은 민족입니다.

또한 그리스도를 모르는 자들에게 복음 증거의 사명이 있습니다.

그러나 이스라엘 민족이라도 할례를 받지 아니하면 참 이스라엘 백성이 아닙니다.

모세의 아내 십보라는 히브리인이 아니었습니다. 그러므로 그는 아브라함과 언약하신 할례의 중요성을 알리 만무합니다.

그래서 자기의 두 아들 가운데 하나는 할례를 하지 아니했습니다. 그래서 하나님이 화를 내시고, "모세를 죽이려고" 한 것입니다.

2. 여호와를 알지 못하는 바로

아닌 게 아니라 모세 앞에 실제적인 도전이 나타났습니다.

하나님이 말씀하신 대로 바로의 마음은 강퍅한 마음이었습니다.

그의 마음은 돌 자갈 밭이었습니다. 또한 당시 애굽인들은 다신교를 믿었습니다. 즉 태양신, 달신, 여러 별의 신과 비의 신등입니다. 바로는 모세의 설명을 듣고 "도대체 여호와가 누구냐?" 했습니다.

세상에서 가장 어리석은 자는 하나님 없다고 하는 자요, 하나님에 대해 전혀 모르는 자입니다.

하나님을 모르는 자는 마음이 강퍅할 수밖에 없습니다.

무신론 독재자는 다 마음이 악하지 않습니까?

3. 말씀 전파와 이적

40년 만에 형 아론을 만났습니다. 모세와 아론은 하나님이 명하신 대로 담대히 그 말씀을 전했습니다. 그리고 백성 앞에서 이적도 행하였습니다.

그리고 이스라엘의 원로들인 장로들에게 애굽에서의 이스라엘 구원계획, 즉 하나님의 계획을 그들에게 전달했습니다.

백성의 구원자로 부름 받은 저들, 즉 모세는 이제 아론과 함께 이스라엘 백성들에게 그 사실을 알리게 되었습니다. 또한 이적은 하나님이 보내셨다는 사실을 뒷받침해주는 것이었습니다.

그리고 하나님의 계획 속에는 대적자들도 들어 있다는 사실입니다.(신 2:30)

마치 양무리 속에 염소가 있는 것과 같습니다.

열두 제자 속에 가룟 유다가 들어있고 초대교회 멤버 속에 아나니아와 삽비라가 들어 있고, 사도 바울의 사역 속에 구리 장색 알렉산더가 들어 있습니다.

사도 요한의 사역 속에 디오드레베가 들어 있습니다.

그러나 모세와 아론은 바로에게 하나님이 시키시는 메시지를 전달했습니다.

그것은 "이스라엘은 내 아들 내 장자"라는 것입니다.

하나님은 이스라엘의 아버지이십니다. 하나님은 오늘날 성도들의 아버지이십니다. 이 사실을, 이 신분을, 바로에게, 마귀에게 전해야 되는 것입니다.

그리고 모세는 여호와께서 명하신 말씀을 이스라엘 백성에게 다 고하고, 백성 앞에서 이적을 보였습니다. 그때 백성들이 믿고 경배했습니다.

40년 만에 나타난 늙은 모세, 아는 자들도 별로 없기 때문에 하나님이 보내셨다는 증거로 이적을 보여 주게 된 것입니다.

우리가 분명히 알 것은 모든 이적은 하나님을 믿게 하기 위함이어야 합니다. 모든 목적은 사람을 구원하는데 두어야 합니다. 예수 믿고 구원 얻게 하는데 두어야 합니다.

내일부터 다시 세상으로 내려가서 이웃을, 동족을 구해야 합니다. 우리의 사역지는 세상입니다.

교회는 훈련장이지 사역지가 아닙니다.

교회에서 말씀과 기도로 무장해서 세상 속, 즉 사역지로 나가야 됩니다. 직장 속으로 들어가야 됩니다. 사업장에 들어가야 됩니다.

거기서 복음화 시켜야 합니다. 거기서 하나님의 이름을 높이어야 합니다.

하나님이 함께 하십니다. 하나님이 도와주십니다.

출애굽기 강해 제6강

【본문】 출애굽기 5:1-21

해방요구가 거절당했습니다.

마귀는 자기가 사로잡고 있던 사람이 자기 수하에서 빠져나가는 것을 결단코 좋아하지 않습니다.

이스라엘은 모세를 통하여 하나님께서 애굽의 압제에서 해방시켜 약속의 땅에 들어가게 하신다는 소식을 들었습니다. 그러자 그들은 머리 숙여 경배했습니다. 그리고 당장 애굽에서 나가려고 짐을 꾸렸습니다. 그러나 애굽왕 바로는 이스라엘 백성들을 놓아주기를 원치 아니했습니다.

모세와 아론이 바로에게 가서 담대히 전달했습니다.

"이스라엘 하나님께서 내 백성을 보내라. 그들이 광야에서 절기를 지킬 것이니라"고 말했습니다.

"그들을 풀어 가게 하라"는 것은 이스라엘은 지금 바로의 통제와 속박 속에 살아가고 있다는 것입니다.

그들에게는 자유가 없습니다. 그들의 힘으로 벗어날 수도 없습니다.

"그들을 풀어 가게 하라" 이것이 하나님의 은혜입니다. 하나님의 사랑입니다.

그러나 바로는 쉽게 허락하지 아니했습니다. 그러므로 우리는 담대해야 됩니다. 믿음으로 도전해야 됩니다.

불신과 반대에 부딪친다는 것을 알아야 됩니다. 그러나 담대히 증거 해야 합니다. 믿음으로 도전해야 합니다. 사단이 사로잡고 있는 사람, 사단이 쉽게 놓아주지 아니합니다.

그 당시 바로는 세계 최대의 강국 지도자(지배자)로서 그 권세가 대단했습니다. 거기에 반하여 모세와 아론은 노예 이스라엘을 대변하는 초라한 지도자였습니다.

그러니까 바로는 "여호와가 누구관대 내가 그의 말을 듣고 이스라엘을 보내겠느냐"(2) 라고 했습니다.

"여호와가 누구관대" 하나님에 대한 무지입니다.

또한 모르면 알려고 하는 자세는 전혀 없는 태도입니다.

무지한 자의 특징은 알려고 하지 아니한다는 것입니다.

더더구나 영적인 무지는 비극중의 비극입니다.

하나님을 모르는 자는 그 누구도 지도자가 될 수 없습니다. 지도자가 아니라 지배자입니다.

모세와 아론은 또다시 하나님의 말씀을 전했습니다.(5:3)

그러나 바로의 반응은 모세와 아론을 책망했습니다. 그리고 간역자들과 패장들을 시켜서, 까다로운 규칙들을 만들어 더욱 괴롭혔습니다.(5-9)

업무가 더욱 가중되었습니다. 조건도 열악했습니다. 불가능한 독촉으로 괴롭혔습니다.

우리는 바로의 강퍅한 마음과 행동을 통해 하나님을 모르는 자의 태도를 알 수가 있습니다.

1. 자기 힘을 믿고, 하나님을 부인하고, 믿지 아니하는 자, 그는 멸망 받을 자입니다.

2절 "여호와가 누구관대 내가 그 말을 듣고 이스라엘을 보내겠느냐"고 했습니다.

이것은 이미 말씀드렸습니다만 하나님을 무시하는 표현입니다.

여호와가 계시든지 아니 계시든지 상관없고, 하나님을 믿고자 하는 자세도 없고, 자기를 최고로 생각하는 아주 교만한 자세입니다.

하나님의 권위를 무시합니다. 하나님의 명예를 손상시키려는 교만이 가득 찬 마음입니다.

우리가 알 것은 멸망 받을 자의 특징이나 공통점은 하나님을 무시한다는 것입니다.

블레셋 장군 골리앗이 그러했습니다. 사울이 그러했습니다.

헤롯이 그러했습니다. 예수님을 십자가에 못 박도록 허락해준 빌라도가 그러했습니다.

교만과 강퍅은 정말 저주받은 심령입니다.

이들은 하나님의 말씀의 경고를 건성적으로 듣습니다.

복 받을 말씀을 귀담아 듣지 아니합니다.

2. 멸망 받을 자는 하나님의 말씀을 명심하여 듣지 않고, 눈앞에 보이는 것만 중요시합니다.

바로는 하나님의 말씀을 전달하는 모세의 말에 귀를 기울이기보다 자기의 정치적 이권, 노동력 착취, 현실적인 문제만 생각했습니다. 그래서 백성들이 일하기 싫으니까 꾀를 부린다고 생각했습니다.

노아 홍수 시대에도 백성들이 노아가 전하여준 하나님의 경고의 메시지를 귀담아 듣지 아니했습니다.

소돔성에 거하는 롯의 두 사위도, 롯의 경고에 오히려 비웃었습니다. 이들은 모두 보이는 것만 중요시하고 앞으로 닥칠 보이지 않는 세계나 문제를 무시했다는 것입니다.

현실주의, 육체주의는 멸망 받을 자의 행위입니다.

3. 은혜 받지 못한 자는 마음이 점점 더 강퍅해집니다.

우리의 마음은 늘 옥토로 만들어야 됩니다. 눈물의 기도와 겸손한 마음, 항상 은혜를 사모하는 마음입니다. 말씀에 순종하고 말씀대로 살려고 노력해야 됩니다.

은혜 받지 못하면 멸망 받습니다.

구원은 죄와 세상과 마귀로부터 해방입니다.

이스라엘 백성들을 위한 해방 요구가 거절당했으나 그들은 계속 담대히 증거했습니다. 고통 속에서도 참고 인내했습니다. 더더구나 낙심치 말고 기도해야 합니다.

22-23 "모세가 여호와께 돌아와서 고하되 주여 어찌하여 이 백성으로 학대를 당케 하셨나이까? 어찌하여 나를 보내셨나이까? 내가 바로에게 와서 주의 이름으로 말함으로부터 그가 이 백성을 더 학대하며 주께서도 주의 백성을 구원치 아니 하시나이다."

모세의 기도입니다.

우리는 사명을 감당코자 할 때 찾아오는 시련을 각오해야 합니다. 그리고 이겨야 합니다. 하나님께 부르짖어야 합니다.

출애굽기 강해 제7강

【본문】 출애굽기 5:22-6:13

너희 하나님 여호와인 줄 너희가 알지라

신앙생활의 첫째도 둘째도 핵심도 하나님을 바로 아는 것입니다. 하나님을 잘못 아는 상태나, 모르는 상태에서 드리는 예배나 기도, 그 어떤 것도 진실 되고 바른 예배나 기도를 드릴 수 없는 것입니다.

하나님을 믿지 않는 것도 하나님의 명령을 순종하지 않는 것도 하나님을 잘못 믿는 것도 모두 하나님을 잘못 알거나, 모르는 데서 기인되는 것입니다.

불신앙보다도 잘못 믿는 신앙이 미치는 악영향은 더 큽니다. 더더구나 이스라엘 민족은 약속의 당사자들입니다. 그러기에 이스라엘은 하나님을 알아야 합니다. 알되 바로 알아야 합니다.

모든 명령, 모든 이적은 하나님을 알리는 행위입니다. 그러므로 타락한 인간 스스로는 영적인 지각이 죽어 있기 때문에 하나님을 바로 알 수 없기에 하나님이 보여 주시고, 가르쳐 주셔야 알 수 있기에, 하나님 편에서 하나님을 여러 모양과 여러 방법으로 계시하여 주신 것입니다.

또한 그것이 바로 성경의 역사와 성경의 내용이요, 성경의 목적입니다. 하나님은 진리의 본체이십니다. 세상의 이치는 인간의 노력이나 지안이 열림으로 알 수 있으나, 진리는 빌라도도 "진리가 무엇이냐" 할 정도로 몰랐습니다.

무식했습니다. 그래서 은혜의 첫 단계는 깨닫는 단계, 깨달음의 은총입니다.

세상 학문에 밝고, 인간의 경험이 풍부하면 진리를 깨닫는데 필요하기보다, 깨닫고 난 뒤, 정리하고 발전하는데 도움을 줄 수 있지만, 깨닫게 하시는 이는 성령이십니다. 성령이 오셔야 깨닫습니다. 이것을 좀 더 확대해석하면, 교회생활이나 신앙생활에 있어서도 동일합니다.

경우에 따라서는 너무나 잘못된 신앙생활, 근본이 잘못되어 있어도, 초신자는 깨달으나, 모태 신자는 깨닫지 못할 수도 있고, 베드로처럼 닭 우는 소리만 듣고도 깨달으나, 바로처럼 10가지 재앙을 만나도 깨닫지 못할 수도 있다는 것입니다. 그러므로 공부나 운동이나 모든 기술에 기초가 가장 중요합니다.

기초 훈련이 제대로 안되면 지속적인 벌진이나 든든한 바탕 위에 세워지지 못합니다. 그러기에 인격도 기초 인격이 가장 중요합니다. 그래서 천주교에서 7세 이전에 천주교에 맡기면 평생 천주교를 떠나지 않는 신자를 만들겠다고 장담하지 않습니까?

유대인들이 유아교육을 중요시하는 이유도 여기에 있습니다. 도중에는 힘듭니다. 물론 불가능하다는 말은 아닙니다. 그러나 힘듭니다. 예수님께서도 제자들을 성령 충만 임하기 전에 기초 훈련시키는데 3년이 걸렸지 않습니까?

오늘 본문 5:22-23은 모세의 호소입니다.

그는 하나님께 부르짖습니다. 바로에게 거절당했지요. 백성들에게 외면당하지요.

이제 의지할 분은 하나님밖에 없습니다. 하나님은 꼭 기도하도록 하셔서 이루어 주십니다. 모세는 하나님 앞에 호소합니다. 주여! 어찌하여 이 백성으로 학대를 당케 하셨나이까?

어찌하여 나를 보내셨나이까?

그래서 차라리 죽기를 원하기까지 했습니다. 이것이 일이 제대로 이루어지지 아니할 때의 지도자의 심정이기도 합니다.

우리가 알 것은 하나님이 쓰시는 사자, 하나님께 부름 받은 종이라고 해서 언제나 승승장구하는 것이 아닙니다.

때로는 좌절의 쓰라린 고비도 맛보게 된다는 사실을 알아야 합니다.

너무나 정당한 일이고 합당한 일이고 틀림없는 하나님의 일이라도 그 시행과정에 고비와 난관이 있다는 사실도 기억해야 합니다.

사실 이스라엘 백성들의 신앙은 죽은 지 오래된 상태입니다.

그러기에 모세의 기도는 동족에 대한 애틋한 사랑이 들어 있는 기도를 드리게 된 것입니다.

재앙과 기적을 보고도, 바로는 더욱 더 강퍅해지고, 이스라엘 백성에 대한 학대는 더 심해졌습니다. 그는 하나님을 무시했습니다.

하나님께서는 이스라엘의 형편을 너무나 잘 알고 계십니다.

그러나 모세의 기도를 통해서 이제부터 이스라엘과 함께 하시겠다고 말씀하심을 볼 수 있습니다.

이와 같이 하나님은 어떤 난관과 고통이 주어진다고 하더라도 차분히 기도로써 하나님의 은혜를 요청할 때 우리와 함께 하시는 줄 믿으시기 바랍니다.

우리가 교만하거나 자신만만할 때, 하나님보다 자기 자신을 신뢰할 때 하나님은 함께 하시지 아니하십니다.

그러나 하나님께 아뢰고 하나님께 부탁할 때 하나님은 관심을 가지고 도와주시고 함께 하십니다.

그러므로 불신자가 기도하지 아니하는 것이야 상관없지만, 신자가 기도하지 아니하거나 어려움 속에서도 기도하지 않는다면 그것보다 더 어리석은 일은 없다는 사실을 깨달아야 합니다.

6장은 모세의 기도에 대한 하나님의 응답입니다.

6:1 "이제 내가 바로에게 하는 일을 네가 보리라"고 했습니다.

이것은 인간의 눈으로 볼 수 있게 하나님의 능력과 하나님의 관심을 나타낸다는 것입니다.

그럴 때 바로는 이스라엘 백성을 그 땅에서 쫓아내게 된다는 것입니다. 이것은 말로 할 때 순순히 순종하는 것이 아니라, 하나님의 강한 능력 앞에 굴복하는 자세를 말합니다.

강퍅한 자는 말로는 안 됩니다. 경우에 따라서는 두 번, 세 번, 열 번 재앙을 만나도 안 됩니다. 완전히 굴복하도록 죽이든지 거의 죽을 지경에 이르도록 해야 합니다. 따지고 보면 영육이 불행합니다.

6:2에 하나님께서 모세에게 조상과의 언약했던 것을 강조하고, 상기시킵니다. 그리고 하나님의 역사를 보고는 이스라엘 백성들이 여호와가 너희 하나님 여호와인줄 너희가 알리라고 했습니다.

이것은 영적인 지각이 죽어 있는 이스라엘 백성들의 신앙을 회복시키겠다는 것입니다.

하나님은 이스라엘의 조상 아브라함에게 전능하신 하나님으로 나타나셨습니다.(창 17:18-19)

이삭에게도 전능하신 하나님으로 나타나셨습니다.(창 26:4)

야곱에게도 전능하신 하나님으로 나타나셨습니다.(창 28:13)

17:1에는 아브라함에게, 그러니까 아브라함의 나이 99세 때입니다. 하나님이 아브라함에게 나타나서서, "나는 전능한 하나님이라. 너는 내 앞에서 행하여 완전하라"고 했습니다.

하나님께서 가나안 땅을 약속한 것을 이스라엘 백성들의 신음소리를 듣고 나의 언약을 기억하노라고 했습니다.

그리고 하나님이 이스라엘을 구원해 주시겠다고 약속하시면서,

이 사실을 이스라엘에게 전하라고 했습니다.

모세는 그 사실을 전했습니다. 그러나 이스라엘 백성들은 지치고, 곤고하고, 마음이 상해서 듣지 아니했습니다. 저들은 노예습성에서 벗어나지 못했습니다.

그리고 모세 역시 아직도 모순에서 벗어나지 못하고 있습니다. 전능자 하나님을 전하면서 "나는 입이 둔한 자"라고 말합니다. 핑계라기보다 사실입니다.

그러나 말을 잘하기보다, 말의 내용이 중요합니다. 예를 들면 매끈한 말로 100만원 준다는 말보다 더듬거리는 말로 천만 원을 준다는 말이 더 권위가 있지 않습니까? 말 잘하는 것보다 말의 내용이 중요합니다.

우리가 전능한 하나님을 믿는다고 하면서, 또는 전하면서, 전능하지 않는 분도 할 수 있는 것을 두려워하거나 주저하면 안 되는 것입니다.

여기 여호와를 안다는 말은 체험하는 것, 확실하게 아는 것을 의미합니다. 하나님은 하나님의 백성들에게 분명하게 알도록 인도하시는 줄 믿으시기 바랍니다.

특히 모세처럼 아직은 앞뒤가 맞지 않게 알면 부족합니다.

전능하신 하나님을 전하면서 불가능을 얘기하면 곤란합니다. 그러므로 인간적으로 따지고 계산하는 사람, 아무 것도 못하지 않습니까?

믿음의 역사 체험하지 못합니다.

우연 같기도 하고, 하나님 역사 같기도 한 상태에서 머무는 것이 아니라, 전능하신 하나님 손길이 아니면 절대 불가능한 역사의 체험 속에 하나님을 아는 믿음을 가지시기 바랍니다. 할렐루야!

출애굽기 강해 제8강

【본문】 출애굽기 6:14-30

모세와 아론에게 사명을 주심

하나님이 부르시어 사용하시는 사명자에게 족보가 필요합니까?

"그 조상을 따라 집의 어른은 이러하니라."

이스라엘 민족에게는 족보가 중요합니다. 모세의 조상들의 어른들은 아브라함, 이삭, 야곱 등 족장들입니다. 그리고 야곱의 12아들들이 12지파가 됩니다. 그 중에 장자인 르우벤에서부터 언급하고 있습니다.

여기에 언급한 족보는 바울 사도가 비난했던 그런 것과 같은 '끝없는 족보' 이야기가 아닙니다.(딤전 1:4)

르우벤에서 시작된 족보이야기는 그의 아들들의 이름과 시므온의 아들들의 이름이 나오고 그 다음 레위가 나오고 그의 세 아들들의 이름이 나옵니다.

이것은 모세가 이스라엘 백성과 함께 애굽에서 자랐으면 잘 알 것인데 40년 만에 고향 땅에 와서 그들의 지도자가 되려고 할 때 즉 보냄 받았을 때, 이스라엘 백성들은 모세가 누구이며, 아론이 누구인가를 알아야 합니다.

즉 그 선조가 누구인지 알아야 모세와 아론의 권위가 합법적임을 깨닫게 된다는 것입니다. 모세는 레위지파의 계통입니다. 그리고 아론은 아므람과 요게벳의 장자입니다.

아므람은 레위의 아들인 고핫지파에 속하였던 것입니다. 하나님은 모세를 부르셔서 강한 손으로 바로의 손에서 이스라엘을 구원하실 것을 약속하셨습니다.

이것은 모세의 조상 아브라함 때로부터 시작, 이삭, 야곱의 때에 계속 천명한 약속입니다. 그 약속, 그 언약을 지키시는 하나님이시라는 사실을 강조하는 것입니다.

하나님은 조상의 하나님이시기에 그 후손의 하나님이십니다. 하나님은 조상과의 약속을 기억하셔서 이스라엘을 바로의 손에서 구원하시겠다는 것입니다.

그러나 모세는 계속 사양합니다. 이스라엘 백성들도 내 말을 믿지 아니할 것이요, 바로는 물론 듣지 않을 것이라고 했습니다.

거기에다가 모세는 입이 둔하다는 것입니다. 이미 말씀드렸지만 40년 간 양떼나 짐승만 상대하여 살아왔기에 입술이 둔할 만하기도 합니다. 여기에서 두 가지 사실을 깨달을 수 있습니다.

① 사명은 하나님이 시키시면 할 수 있다는 것입니다.

지도자는 입술이 중요한데 입술이 둔해도 하나님이 시키시면 해야 되고, 할 수 있다는 사실입니다.

② 하나님이 사명을 주실 때 그 사역을 맡아 감당할 수 있는 능력과 권위도 함께 부여하신다는 것입니다.

하나님은 유능한 자에게만 사명을 주시는 것이 아니라 때로는 볼품없는 자에게도 사명을 주신다는 사실입니다.

1. 사명 받은 모세

하나님은 족보도 무시하지 않으셨습니다. 이것은 그 당시 문화입니다. 그래서 아론과 모세의 순으로 족보 중심으로 나오던 이름과 순서가 모세가 사명을 받고 난 뒤 즉 모세에게 사명을 부여한 이후부터는 모세의 이름이 먼저 나오고 다음 아론이 나옵니다.

아론은 단지 모세의 사역의 동반자요, 협력자였습니다.

족보보다 사명이 우선이라는 것입니다.

2. 모세가 받은 사명은 하나님이 계심을 그 하나님이 여호와라는 사실을 고하라는 것입니다.(29-30)

모든 사명은 하나님이 계심을 깨닫게 하는 것입니다. 바로는 자기가 하나님이기에 자기보다 높은 분은 없는 줄 알고 있습니다.

모세는 바로에게 가서 이스라엘의 하나님을 전하는 것입니다. 바로에게 이스라엘의 하나님을 전하고 알게 한다는 것은 바로 애굽 백성들이 야훼가 하나님 되심을 알게 한다는 의미이기도 합니다.

하나님은 하나님을 알게 하기 위해서 이집트(애굽)에는 하나님의 심판 행동이 실시되고, 이스라엘 백성들에게는 이스라엘을 구원(해방)시키는 하나님의 구원행동이 전개된다는 것입니다.

하나님께서 이스라엘을 해방시키는 것은 하나님의 창조 목적과 선택 목적을 성취해 나가는 과정이기도 한 것입니다.

그러나 바로는 모세의 말에 귀를 기울이지 아니했습니다. 하나님은 바로의 마음을 강퍅케 하시고 표징과 이적을 행하심으로 자신이 목적하신 대로 이루어 가시는 것입니다.

모세는 바로가 거절한다고 낙심하지 말아야 할 것입니다. 때가 되면 이스라엘을 내보내지 않고는 견딜 수가 없을 것입니다.

하나님은 어디든지 계십니다.

사람은 보지 못해도, 하나님은 보고 계십니다.

사람을 듣지 못해도, 하나님은 듣고 계십니다.

하나님은 자기 백성들을 끝까지 살피시며 인도하십니다.

하나님도 족보를 따집니다. 그 족보는 세상 족보와는 다릅니다. 하나님이 이스라엘 조상과 약속한 약속의 족보이기 때문입니다.

아무리 인자와 자비가 풍성해도, 염소를 양으로 취급하지는 않습니다. 가라지를 곡식 되도록 기다리지는 아니합니다.

염소는 양의 우리 속에 있어도 염소입니다.

그러기에 족보를 나열한 것입니다.

여러분! 우리는 하나님의 자녀임을 믿습니까? 만세 전에 택하신 자입니다.

때가 되매 부르신 것입니다. 그러므로 씨가 다른 것입니다. 족보가 다른 것입니다.

3. 이스라엘 백성들도 하나님의 행동을 눈으로 보고 야훼가 그들의 하나님이심을 알게 될 것입니다.(7:5)

이스라엘은 애굽의 종살이 속에 하나님의 약속을 잊어버리거나 희미하게 될 수도 있습니다. 그래서 다시 생각나게 하시는 것입니다.

예수님께서도 제자들에게 자신이 하나님의 아들이라는 사실을 전하면서 그래도 믿어지지 아니하거든 행하는 일을 보고 믿으라고 했습니다.

우리는 하나님을 알아야 되고 내가 아는 하나님을 전해야 하는 것입니다.

누구에게든지 전해야 합니다. 강퍅한 바로 같은 자에게도 전해야 됩니다.

출애굽기 강해 제9강

【본문】 출애굽기 7:1-25

하나님의 능력과 술객들의 흉내낸 이적

하나님은 모세에게 두 번째 바로 앞에 나아가 출애굽을 요구할 수 있도록 용기와 힘을 북돋우어 주었습니다.

바로의 강퍅한 마음 때문에 물이 피가 되는 기적의 재앙이 내렸습니다.(1-3)

출애굽기 7:14-22 물이 피가 되는 재앙이 시작됩니다. 그 피는 결국 이스라엘의 젖줄과 같은 나일강을 오염시키는 피입니다. 나일강은 애굽 사람들의 생활의 젖줄과도 같습니다. 그러나 그것 이전에 나일강은 애굽의 여러 신중 중요한 신의 하나였습니다.

그래서 애굽 사람들은 모두가 예외 없이 나일강을 섬겼습니다. 즉 제사를 드렸습니다.

그러나 이제 애굽의 여러 우상들, 즉 잡신들은 여호와의 도전을 받게 되었습니다. 이들이 섬기던 여러 신들은 이스라엘 백성이 섬기는 여호와라는 신보다는 약하고, 즉 여호와라는 신이 훨씬 위대하고 강하다는 사실을 알게 되기 시작했습니다.

나일강은 정기적으로 붉은 빛으로 변한다고 합니다.

또한 적조 현상이 일어나면 플랑크톤들이 바다를 붉은 색으로 변하게 하고, 산소를 없애므로 심한 냄새가 나고, 고기들은 살 수 없어 떼죽음을 당한다고 합니다.

그러나 여기 나일강이나 모든 물이 피가 된 것은 그런 자연현상이 아닙니다. 물론 하나님이 자연 현상을 이용할 수도 있지만 이것은 자연 현상이 아니고, 하나님께서 주권적으로 행하신 것입니다.

하나님이 시키시는 대로 모세가 지팡이를 들어 하수를 칠 때 그 물이 다 피로 변했습니다.(20)

피로 변하게 되니 하수의 고기들이 다 죽고 그 물에서 악취가 나게 되었던 것입니다. 그러므로 자연현상이 아니라, 하나님의 예언대로(말씀대로) 된 것입니다.

그런데 이곳에서 우리가 관심을 끄는 또 하나의 사건은 바로의 술사들이 "그와 같이 행하므로" 바로의 마음이 또다시 강퍅해졌다는 것입니다.

바로는 믿지 아니하려고 노력하는 자입니다.

그러나 술사들의 행위는 '하수'가 아닌 어떤 제한된 범위 안에서 행했지만 우리가 알 것은 사단의 위력도 사람들이 속아 넘어가기에 충분하다는 사실입니다.

사단은 믿음을 깨뜨리고, 믿지 못하게 하기 위해 온갖 사기 행각을 다 동원하는 것이 사단의 사역이요 본성입니다.

성령은 믿게 하고, 믿음을 일으키고, 북돋아주는 역할을 하지만, 사단은 믿음을 떨어뜨리기 위해 밀 까불듯이 흔들고, 온갖 수단과 방법을 다 동원한다는 사실을 알아야 합니다.

시편 저자는 바로의 마음이 강퍅하므로 그 땅의 백성들이 몸서리나는 재앙을 받게 되는 것을 간단하게 표현하고 있습니다.

시 105:26-36 "또 그 종 모세와 그 택하신 아론을 보내시니 저희가 그 백성 중에 여호와의 표징을 보이고 함 땅에서 기사를 행하였도다. 여호와께서 흑암을 보내사 어둡게 하신 그 말씀을 어기지 아니하였도다. 저희 물을 변하여 피가 되게 하사 저희 물고기를 죽이셨도다. 그 땅에 개구리가 번성하여 왕의 궁실에도 있었도다. 여호와께서 말씀하신 즉 파리 떼가 오며 저희 사경에 이가 생겼도다.

비 대신 우박을 내리시며 저희 땅에 화염을 내리셨도다. 저희 포도나무와 무화과나무를 치시며 저희 사경의 나무를 찍으셨도다. 여호와께서 말씀하신 즉 황충과 무수한 메뚜기가 이르러 저희 땅에 모든 채소를 먹으며 그 밭에 열매를 먹었도다. 여호와께서 또 저희 땅의 모든 장자를 치시니 곧 저희 모든 기력의 시작이로다."

지도자가 우상을 섬기고 마음이 강퍅하면 백성들이 고난을 당하게 됩니다.

지금 우리는 지도자의 무능과 심각한 지도자 흉년으로 국가의 정체성이 흔들리고, 구역질나고 악취가 나는 일들이 많이 터지고 있습니다.

아무래도 하루라도 빨리 하야를 하는 것이 최선의 대안이 아니냐고 생각해 보기도 합니다.

역사는 하나님을 거역하는 지배자나 민족은 망하는 것이 만고불변의 진리입니다. 오늘날 국가가 추진하는 통일정책은 오히려 통일을 지연시키는 정책이며, 이미 용도 폐기처분된 공산주의가 마지막 북한에 사경에 이르러 최후의 신음을 하고 있는데 링거 주사를 꽂아주는 식의 정책을 쓰고 있는 방법이라는 것입니다.

공산주의는 협상은 안 되는 사상입니다. 망해야 되는 것입니다.

망하기 전에는 최후의 순간까지 포기하지 않는 것이 공산주의의 본질이요, 악질입니다. 마치 사단이 심판 전에는 최후의 순간까지 발악하는 것과 같습니다.

바로는 최후의 순간까지 버티는 강퍅한 왕이었습니다. 그러나 결국 그는 지팡이 하나만 들고 나타난 하나님이 보내신 모세에게 항복하고야 맙니다.

사단의 세력은 강하지만, 하나님의 능력 앞에는 속수무책인 것입니다.

다시 강조합니다. 모든 표적은 하나님이 하나님이심을 드러내는 데 있고, 자기 백성을 지키시고 보호하는 데 있습니다.

하나님은 자기 백성을 기적을 행하셔서라도 지키시고 보호하십니다. 인도하십니다.(7:17)

뿐만 아니라 세상의 모든 권력도 하나님의 손안에 있음을 보여주십니다. 하나님의 방임이 아니면 불가능합니다.

우리는 흔히들 '필요악'이란 말을 합니다. 하나님은 바로의 마음이 강퍅함으로 더 많은 기적을 보여주게 되고, 하나님이 하나님 되심을 더 많이 알리게 되는 기회가 되기에 '필요악'이란 말을 바로에게 붙여도 되는지 모르겠습니다.

만일 바로의 마음이 강퍅해지지 아니했다면 한두 번의 이적으로 끝났을 것입니다.

피조물을 숭배하는 애굽인들은 자연의 변화에 민감한 농사가 그들의 주업이었기에 하나님의 창조의 권세를 발휘해서 '생명의 신'으로 섬기는 나일강과 모든 하수의 물이 죽은 피가 된 것은 전무후무한 역사였습니다.

그러나 사단은 쉽게 굴복하지 아니했습니다. 그것이 사단의 체질이기도 합니다.

다시 말씀드립니다. 인생의 비극 중에 또 하나의 비극은 여호와에 대해 무지한 지배자 아래 있는 자들입니다.

권력 실세들의 교묘한 기독교 압박 정책은 실패하고야 말 것입니다. 성경에 이적의 발생에 집중적으로 기록된 시대는 모세 시대에 모세를 통하여 나타난 이적들과 다음 엘리야와 엘리사 시대입니다. 그리고 예수님과 그의 제자들 시대입니다.

그런데 공통점은 모두 시대가 어려울 때 하나님의 백성들이 고통 받는 때라는 것입니다.

하나님은 하나님의 백성들을 여섯 가지 고통과 일곱 가지 환난에서 지켜 주시고 보호해 주십니다.

여러분들이 어려움에 처해 있습니까? 사방팔방 우겨 쌈을 당합니까?

기가 막힐 웅덩이에 빠져 있습니까? 하나님의 기적이 나타날 절호의 찬스입니다. 기도하십시오. 순종하십시오.

술객들의 흉내 낸 이적에 속지 마십시오. 사단의 속임수에 속지 마십시오.

출애굽기 강해 제10강

【본문】 출애굽기 8:1-32

개구리, 티끌, 파리 재앙

바로를 닮은 사람은 재앙을 많이 당하게 됩니다.

또한 어려운 처지에 빠지면 하나님께 매달려 이 일만 면하게 해 주신다면 이런 저런 것을 하겠다고 서원까지도 합니다.

그러나 막상 하나님께서 봐주면 그만에 서원도 다 잊어버립니다. 하나님과 약속한 것도 지키지 않습니다.

그러나 하나님은 지겹도록 오래 참으십니다. 재앙은 언제든지 사전 경고가 있습니다. 물론 특별한 경우 사전 경고 없이 내려질 수도 있습니다.

재앙은 당하지 않을수록 좋습니다. 재앙은 만일 당한다면 한번으로 족해야 합니다.

1. 둘째 재앙, 개구리 재앙

애굽 사람들은 개구리를 신으로 여기고 섬겼습니다. 고대 비석 중에 개구리신앙이 종종 나오는 것은 개구리를 신으로 섬겼다는 증거가 됩니다.

하나님은 애굽 사람이 섬기는 개구리를 가증한 것이 되도록 했습니다. 술사들이 술법으로 개구리를 애굽 땅에 올라오게 하였습니다.

술법은 하나님의 능력으로 이루어진 재앙과는 다른 것입니다.

그들은 개구리를 제거할 능력이 없었습니다. 개구리 재앙 때문에 바로의 마음은 약간은 돌아왔으나 또다시 파렴치하게 약속을 어기고 이스라엘 백성들을 놓아주지 아니했습니다.

여기에서 인간의 욕심이나 권력이 얼마나 포기하기가 힘들다는 사실을 보여줍니다.

그리고 하나님의 백성이 아닌 경우에는 아무리 재앙이 임해도 믿지 아니합니다. 그러나 하나님의 백성은 재앙이 없어도 믿습니다. 정말 흥미로운 처신입니다.

2. 셋째 재앙, 이 재앙입니다.

이 재앙은 바로에게 경고 없이 내려졌습니다. 개구리 재앙이 내려졌음에도 바로의 강퍅함은 여전했습니다.

그래서 예고 없이 이 재앙을 내렸습니다. 이 재앙은 피부로 겪게 되는 재앙입니다. 하나님은 무생물인 티끌로 이를 만드셨습니다. 애굽의 왕궁 전용 마법사들은 드디어 항복하고 말았습니다.

오늘날도 하나님의 능력을 흉내 내는 자도 있지만 결국은 한계를 드러내고 있습니다.

이 재앙은 이스라엘 백성들에게는 해당되지 아니했는지 기록은 없습니다. 하나님은 애굽인과 이스라엘 사람들을 분명하게 구별하셨습니다.

하나님은 이스라엘을 보호하시는 하나님이십니다. 그러므로 이스라엘 백성들에게는 재앙 대신 연단을 주시고, 경고 대신 소망을 주시는 것입니다.

3. 넷째 재앙, 파리 재앙

파리 재앙은 개구리 재앙처럼, 예고가 된 재앙입니다.

그런데 파리 재앙은 하나님이 분명히 구별해 주셨습니다.

고산 땅에는 파리 재앙의 영향을 받지 않도록 하셨습니다. 하나님께서는 이스라엘 백성들을 특별 취급하셨습니다.

바로는 마지못해 제한적으로 허락을 했습니다. 파리 재앙도 모세의 기도를 들으시고 물러가도록 했습니다.

그러나 바로는 다시 파렴치하게 강퍅해졌습니다. 이스라엘 백성을 보내지 아니하려 했습니다.

다시 강조합니다. 권세와 물질은 인간을 철저하게 파렴치하고 수치스러운 자로 만들어 버립니다.

우리는 재앙의 대상이 되지 아니해야 합니다. 불신자 중에는 교회 다니지 아니하는 불신자와 교회 다니는 불신자가 있습니다.

가라지가 자랄 때는 곡식밭 속에 가리지만 곡식이 아니듯이 불신자는 재앙의 대상이지, 연단의 대상이거나 축복의 대상이 아닙니다.

그러나 신자에게는 연단은 있으나 재앙이 없습니다.

그러므로 우리는 하나님께 늘 감사하며 승리해야 될 줄 믿습니다. 바로는 교만의 상징이요, 하나님을 대적하는 원수입니다.

교만은 자신을 높이는 것, 오만불손, 거만, 오만, 건방, 잘난 체하다는 의미입니다.

자신을 하나님보다 높이는 것이 교만 중에 교만이요, 하나님의 영광을 도적질하는 행위입니다. 교만은 가장 어리석은 행동이요, 패망의 선봉입니다.(잠 16:16)

하나님은 교만한 자를 가장 싫어합니다.(약 4:6)

교만은 미련에서 옵니다. 교만은 강퍅함에서 옵니다. 교만은 배부를 때 생길 수 있습니다. 우리는 겸손해야 합니다. 예수님의 속성(인성)이 온유 겸손입니다.

겸손은 깨어지고, 낮아지고, 복종하는 자세입니다.

겸손은 친절, 공손, 낮추는 자세, 하나님 앞에 자신을 낮추고 사람 앞에 자신을 낮추는 것입니다.

머리 숙여 하나님께 예배드리는 겸손입니다. 그래서 구약에 예배하다는 말 '솨하'라는 말이나, 겸손하다는 의미의 '솨하'나 같은 말입니다. 다른 사람을 나보다 낫게 여기는 것이 겸손입니다.

겸손한 자는 순종합니다.

겸손한 자는 축복 받습니다.

겸손한 자는 마음이 편합니다.

겸손한 자의 기도는 응답됩니다.

겸손한 자 지혜를 얻습니다.

겸손한 자 하나님이 함께 하십니다. 겸손한 자 배부르게 됩니다.

왕상 21:29 겸손한 자 재앙을 막는다고 했습니다.

바로는 교만의 대표입니다. 다윗처럼 겸손하고 예수님처럼 겸손해집시다.

출애굽기 강해 제11강

【본문】 출애굽기 9:1-35

계속되는 재앙들

다섯 번째, 여섯 번째, 일곱 번째 재앙이 내렸습니다.

재앙은 같은 재앙의 반복이 아닙니다. 각각 다 다른 재앙입니다.

다섯 번째 재앙은 악질 재앙이고, 여섯 번째 재앙은 독종 재앙입니다. 그리고 일곱 번째 재앙은 우박재앙입니다.

여덟 번째부터는 10장에 기록이 되어 있습니다.

하나님은 공의의 하나님이십니다. 하나님은 공연히 재앙을 내리시는 분이 아니십니다.(2)

다섯 번째 재앙은 가축의 전염병 재앙입니다. 하나님은 여기서도 이스라엘의 생축과 애굽의 생축을 구별했습니다.

이스라엘 자손에 속한 것은 하나도 죽이지 아니했습니다.

바로는 신하들을 보내어 재앙의 결과를 조사했으나 그는 여전히 강퍅한 상태였습니다. 여섯 번째 재앙은 심한 피부병 재앙입니다. 독종 재앙은 사람만이 아니고, 짐승까지도 괴롭혔습니다.

애굽의 술객들은 더 이상 따라 할 수 없었습니다. 하나님과 바로와의 싸움은 계속되었습니다. 하나님은 이스라엘을 위하여 바로와 싸우시는 것입니다. 우박 재앙 후 바로는 회개했으나 진정한 회개인지 기다려 봐야 할 것입니다.

27절에 보면, "이번은 내가 범죄하였노라 여호와는 의로우시고 나와 나의 백성은 악하도다"라고 했습니다.

바로는 모세에게 애원을 했습니다.

모세는 하나님께 기도합니다. 그래서 뇌성과 우박을 그치게 했습니다. 그러나 바로는 평온해지자 약속을 지키지 아니했습니다.

하나님은 자비로우시고, 오래 참으시는 분이십니다. 그것은 바로에 대한 재앙 과정에도 잘 나타나고 있습니다.

하나님은 재앙 받아 영원히 멸망 받아야 마땅함에도 불구하고 계속 기회를 주시고 믿음을 가지도록 하십니다.

그러나 바로는 이러한 하나님이 주시는 은혜와 시간, 기간임을 깨닫지 못했습니다. 하나님의 백성의 두드러진 특징이 있습니다. 그것은 말씀 순종입니다. 하나님의 백성이 아닌 자 즉 택함 받지 않은 자들은 순종하지 아니합니다.

순종과 불순종은 복과 저주로 갈라서게 됩니다.

순종과 불순종은 생명과 죽음으로 갈라서게 됩니다.

바로는 계속 강퍅해져서 계속 거역했습니다.

나의 마음은 옥토입니까?

잡초가 우거진 상태는 아닙니까?

강퍅한 지배자 때문에 백성들이 고통을 당하고, 짐승까지 고통과 죽음을 당하게 됩니다.

가정에 강퍅한 자가 없어야 됩니다.

교회에 강퍅한 자가 없어야 됩니다.

모든 조직에 강퍅한 자가 없어야 됩니다.

하나님 두려워하는 자, 순종하는 자, 옥토 같은 마음을 가진 자가 되어야 합니다.

재앙은 한번으로 족합니다.

연단은 이기면 큰 축복 받고, 크게 쓰임 받습니다. 할렐루야!

출애굽기 강해 제12강

【본문】 출애굽기 10:1-29

여호와를 섬겨라

재앙은 바로의 강퍅한 마음에 대한 결과입니다.

물론 그 마음도 하나님이 주관하십니다.

그러나 이 재앙 때문에 이스라엘 백성과 애굽 사람들까지 여호와 하나님을 알게 되었습니다.

물이 피가 되는 재앙으로 시작하여 개구리 재앙, 이 재앙, 파리 재앙, 악질 재앙(가축), 독종 재앙, 우박 재앙, 메뚜기 재앙, 흑암 재앙, 그리고 열 번째 장자 사망 재앙으로 열 재앙이 끝납니다.

이 모든 재앙은 자연과 생명에 내린 재앙입니다.

다시 정리합니다.

바로의 마음이 강퍅한 연고로 10재앙이나 내리게 되었습니다. 그런데 마음이 강퍅해진 것은 하나님이 그렇게 되도록 했다는 것입니다.

즉 하나님이 당장 쳐서 굴복시키거나 죽일 수 있으나 하지만 보다 큰 뜻을 이루시기 위하여 바로의 강퍅함을 일정기간동안 놓아두셨다는 것입니다.

이 말은 바로의 마음을 완악하도록 부추기셨다는 말이 아니라, 다만 하나님은 바로와 그 신하들의 마음이 강퍅한 것을 당신이 정하신 때가 이를 때까지 방임하셨다는 의미입니다.

왜 그렇게 했습니까?

① 하나님의 영광을 나타내기 위해서입니다.

하나님의 권능을 나타낼 기회를 만들기 위해서입니다.

② 후손들에게 신앙의 증거를 전하기 위해서입니다.

하나님은 재앙을 통하여 자신을 알리기도 하시지만, 연단을 통하여 자신을 알리기도 하십니다.

또한 성령과 계시도 통하여 하나님을 알게 하십니다. 우리의 마음을 온유하고 겸손한 가운데 하나님을 알게 하시는 방법과, 인간의 마음을 강퍅한 대로 버려 두사 재앙을 통해 하나님을 알게 하는 방법이 있습니다.

그러나 재앙으로 인해 아는 것은 두려운 마음으로 알고, 믿음이 잘 생기지 않습니다. 겸손히 하나님을 사모하는 가운데 하나님을 알아야 믿음이 생기고, 믿음이 자랍니다.

강퍅한 마음은 교훈을 듣지 아니합니다.(렘 33:33)

강퍅한 마음은 하나님의 말씀에 등을 돌립니다.(슥 7:11)

강퍅한 마음은 의에서 멀리 떠납니다.(사 46:12)

강퍅한 마음은 굳은 마음입니다.(사 48:4)

강퍅한 마음은 여호와의 저주가 내립니다.(말 2:2)

강퍅한 마음은 화를 입게 됩니다.

우상을 섬기면 마음이 강퍅해집니다.(삼상 15:23)

사랑이 없으면 마음이 강퍅해집니다.

우리는 은혜를 사모하는 맘으로 하나님을 잘 섬겨야 합니다.

그리고 하나님 섬길 자는 병든 자나, 가난한 자만이 아닙니다.

1. 노인이나 젊은이나 하나님을 잘 섬겨야 합니다.(8-11)

그러므로 교회는 어느 한 그룹을 위한 교회가 아닙니다.

2. 남자나 여자나 하나님을 잘 섬겨야 합니다.

하나님을 섬기는 데는 성별의 차이가 없습니다.

하나님 앞에서는 남녀평등입니다.

3. 우양도 하나님을 잘 섬겨야 합니다.

이것은 그들이 가지고 있는 것 전부를 가지고 하나님을 섬기고 봉사해야 합니다.

여덟 번째의 재앙인 메뚜기 재앙이 온 들과 밭을 덮을 때에 바로의 신하들이 왕께 권면했습니다. 하나님의 권능에 대하여 두려워하기 시작했습니다. 그래서

"그 사람들을 보내어 그 하나님 여호와를 섬기게 하소서"

라고 했습니다.

"왕은 아직도 애굽이 망한 줄을 알지 못하시나이까?"

신하들이 깨닫고 바로에게 간언했습니다.

바로의 신하들은 자기의 고집만 내세우는 바로에게 이 같은 애굽의 현실을 직시하도록 진언했습니다.

바로의 신하들은 애굽의 여러 가지 무서운 재앙이 임하는 이유가 이스라엘 백성들을 붙잡아 두는데 있다는 사실을 깨닫고 신하들이 함께 진언했다는 것입니다.

바로는 어쩔 수 없이 허락을 하는데 남자들만 보내려 했습니다.

바로가 모세를 불러 하나님께 예배드리러 광야로 나갈 자가 누구누구인가 물었습니다. 그때 모든 백성이 다 가야 된다고 했습니다. 그러나 바로는 남자들만 허용했습니다.

이것은 부녀들을 붙잡아 둠으로 남자들이 광야에 가서 제사 드린 후 도로 돌아오게 하고자 하는 얄팍하고도 엉큼한 수법이었습

니다. 바로는 진실 되게 굴복하거나 허락한 것이 아닙니다.

재앙으로 인한 굴복은 재앙이 끝나면 또다시 마음이 달라질 경우가 많습니다. 그래서 또다시 여덟 번째 재앙인 메뚜기 재앙이 내린 것입니다.

메뚜기 재앙은 밭의 모든 채소를 갉아먹어 버림으로 대흉년을 당하게 합니다. 또한 곡물만이 아니고 나무까지, 푸른 것은 하나도 남아 있지 않게 하는 것이었습니다. 이런 재앙은 전에도 없었고, 후에도 없었습니다.

바로가 다시 모세를 불러 이번만 용서하고 이 죽음만을 내게서 떠나게 하라고 범죄를 고백하며 용서를 빌었습니다.

모세는 또다시 기도했습니다. 그럴 때 강렬한 서풍이 불게 해서 메뚜기를 홍해에 몰아넣어 버렸습니다.

그러나 또다시 바로의 마음이 강퍅해져서 이스라엘 자손을 보내지 아니했습니다. 그래서 흑암 재앙, 애굽의 장자 사망 재앙이 내리게 됩니다.

우리는 우리의 마음이 강퍅해지지 않도록 조심하고, 노력해야 할 것입니다. 그리고 성경은 전체가 하나님을 알리는데 목적이 있습니다. 예수님도, 성령님도 하나님 증거하기 위해 오시고, 보냄 받았습니다. 그러므로 우리의 사명도 하나님을 알리는 데 있습니다.

하나님은 이스라엘을 복음의 그릇으로 사용하셨습니다.

그러나 담아 있기만 하고, 전달하는데 노력은 빈약했기에 핍박을 받게 하셔서 흩어지게 하셨고, 바울을 들어 사용하셨습니다.

이제 우리는 하나님의 권능을 힘입어 하나님을 알리는 복음을 전하는데 착하고 신실한 종이 되어야 될 줄 믿습니다.

출애굽기 강해 제13강

【본문】 출애굽기 11:1-10

재앙 체질이 되지 맙시다.

재앙은 안 받는 것이 좋습니다. 그러나 인간이 무지하고, 깨닫지 못하여 예방하지 못할 때는 한번으로 끝나야 됩니다.

① 권력은 영의 눈을 어둡게 합니다.

② 물질은 영의 지각을 둔하게 합니다.

그래서 재앙의 횟수가 계속 추가됩니다. 이제 모세는 바로에게 애굽에 임할 마지막 재앙을 선포했습니다. 그것은 애굽의 모든 장자뿐 아니라 생축의 처음 난 것까지 죽게 된다는 것입니다.

장자는 그 당시 전통과 문화로서는 축복의 계승자입니다. 이것은 축복을 끊어버리는 재앙입니다. 그런데 이런 경고를 듣고도 바로의 마음은 더욱더 강퍅해졌습니다.

그래서 이스라엘 백성을 보내주지 아니했습니다. 이것이 문제입니다. 전에도 말씀드렸지만, 영의 지각이 어두운 자는 우연으로, 또는 재수가 없어서 당하는 일로 해석해 버립니다.

그러나 영안이 열리면 그 전에 깨닫지 못하는 사건이 있다는 것을 알아야 합니다.

'이영수 목사님 사건 때'도 제일 주동자가 그 다음 해에 심장마비로 50대 건강하던 자가 죽었습니다. 원동교회에서 동원교회로 갈려나가 온갖 애매한 누명을 씌운 자가 3년 만에 죽었습니다. 이영수 목사님 사건은 주동자 3명이 다 중풍 걸리고 죽고 했습니다.

답은 지혜 있는 자는 미리 알지만, 어리석은 자는 발표하고 난 뒤 압니다.

마지막 재앙은 밤중에 일어날 것을 예고했습니다. 그러나 이스라엘은 절대적으로 보호하셨습니다. 짐승 하나도 다치지 않게 하셨습니다.

우리는 출애굽 과정의 재앙 사건에서 하나님의 절대주권을 볼 줄 알아야 합니다. 또한 하나님은 자기 백성을 끝까지 지키신다는 사실을 깨달아야 합니다.

뿐만 아니라 역사의 주관자는 주님이심을 분명히 알아야 합니다.

1. 재앙을 피하는 길은 말씀에 귀를 기울여야 합니다.

사람의 말로 받지 말고, 하나님의 말씀을 대신 전하는 전달자의 말로 받아야 합니다.

2. 자신을 버려야 합니다.

교만・위선・체면・지위 이런 것들 때문에 버릴 것을 못 버린다는 것입니다. 버리지 않고는 변화되지 않습니다.

바로는 지금까지 강퍅할 수밖에 없는 체질로 굳어진 생활이었습니다. 체질화된 것이 문제입니다.

교회도 교회생활 잘못하면서 오래 하면 그것이 체질화되어서 오히려 옳은 줄 알게 된다는 것입니다.

3. 은혜 받지 못하면서 오랜 세월 교회 생활하면 그것은 틀림없이 잘못된 생활이 체질화됩니다.

4. 잘못 배우면서 오랫동안 신앙생활하면 신앙 체질이 잘

못 되어 버립니다.

5. 거듭남의 체험 없이 오랜 세월 교회 다니면 잘못된 체질의 신앙생활이 됩니다.

이스라엘 백성들 430년 종살이에서 원망 불평 체질이 되어 버렸듯이 잘못된 신앙이 체질화되어 버리면 그것을 고치기 위해 엄청난 재앙을 받아야 된다는 것입니다.

6. 선천적인 본성과 후천적인 본성과도 관계가 있습니다.

양계장 하는 장로님들로 형성된 교회는 아파트가 들어서고 해도, 계란 한 판 두 판 값 얘기를 하니 교회는 더 이상 발전이 없고, 양계장 안 하는 교회로 다 모여들어, 그곳에는 10배의 부흥을 가져오게 되어 부득불 나와서 개척하여 역시 그 교회보다 훨씬 더 알차고 크게 부흥되었다는 사실입니다.

그러므로 선천적인 본성과 후천적으로 형성된 본성이 상관이 있다는 것입니다.

재앙 체질을 바꾸기 전에는 열 재앙을 다 만날 때까지 변화되지 아니하는 것입니다.

우리는 하나님의 무서운 경고 속에서도 하나님의 자비를 볼 수가 있습니다. 그러므로 우리는 하나님의 경고에 겸비한 자세로 하나님의 자비를 받아 감사해야 할 것입니다.

출애굽기 강해 제14강

【본문】 출애굽기 12:1-14

구원의 피(유월절)

이스라엘의 유월절은 단순히 그들이 당하던 육체의 억압에서 해방 받는 것으로 그친 것이 아니라, 새로운 역사의 시발점이 되었습니다.

이런 말이 있습니다.

Pilgrim Father : "청교도들이 향수병에 굴복하였더라면 오늘과 같은 미국은 존재하지 않았을 것이다."

이스라엘은 이제 애굽과의 관계를 끊음으로써 새로운 역사, 전적으로 하나님의 인도와 보호하심의 역사가 시작되게 된 것입니다.

출애굽의 현대적 의미는 죄의 속박에서 구속입니다. 다시 말해서 우리가 죄의 종노릇하다가 예수 그리스도의 구속의 은총을 받은 것을 말합니다. 그러므로 참된 인생을 새롭게 시작하는 것을 말합니다.

세상과 구별된 생활의 시작이요, 영원한 생명의 시작입니다.

에든버러 대학의 유명한 교수인 '심프슨 경'은 수술할 때 사용하는 마취제를 처음으로 발명해낸 의사입니다. 그는 많은 것을 발명해낸 사람입니다.

한 학생이 심프슨 교수에게 물었습니다. 선생님께서 발견한 것 중에서 어느 것이 가장 훌륭한 발견이라고 생각합니까?

이때 심프슨은 서슴없이 대답했습니다.

"그것은 내가 큰 죄인이라는 것과 예수 그리스도께서 나의 구세주라는 것입니다."

오늘은 유월절의 피, 즉 구원의 피에 대해서 말씀드리겠습니다.

이스라엘이 사는 길, 장자가 죽지 않는 길, 그리고 애굽에 승리하는 길은, 억압에서 구원받는 길은 어린양의 피입니다. 문설주와 문지방에 뿌리는 보호의 피요 구원의 피입니다.

예수님은 세상 죄를 지고 가는 하나님의 어린 양으로 오셨습니다. 피를 흘리셨습니다.

온 인류는 예수 그리스도의 피의 권세와 영향으로 그를 믿고 순종하는 자는 구원 얻습니다.

이스라엘 백성은 열 번째 재앙을 피할 수 있는 유월절 규례를 가르쳐 주셨습니다. 그리고 그 말씀대로 순종한 이스라엘은 죽음의 고통을 넘어서(passover) 드디어 해방의 날을 맞이했던 것입니다.

유월절에 준비된 어린양이 한 식구가 먹기에 너무 많으면 이웃과 함께 숫자를 맞추라고 했습니다. 그리고 그 양의 피를 각각 집 좌우 설주와 인방에 바르고, 그 날 밤에 그 양고기를 불에 구워 무교병과 쓴 나물과 함께 먹으라고 했습니다.

그리고 먹는 자세도 지시했습니다.(11) 다시 강조합니다. 핵심 진리는 피입니다.

어린양을 잡으면서 흘린 피입니다.

이 피가 살리는 역사, 죽음의 재앙을 넘어가게 하는 역사를 하게 합니다.

소금을 뿌린다고 되는 것이 아닙니다.

천하대장군을 세워 놓는다고 되는 것도 아닙니다.

어린양의 피가 보호해 줍니다.

1. 어린양의 피는 하나님의 구원의 방법입니다.(3)

인간은 죄인입니다. 죄인이 구원받으려면, 그 죄를 대속해줄 어린양이 필요했습니다. 장자나 아무 죄 없는 대속물들 중의 하나가 죽어야만 했습니다.

이것이 하나님의 속죄방법입니다. 이 방법 외에는 다른 방법이 없습니다. 예수님의 피는 속죄의 피입니다. 그러므로 죄의 열매인 재앙을 막는 길입니다.

죄인의 피는 효력이 없습니다. 물에 빠져 죽어 가는 자가 물에 빠진 자를 구할 수 없듯이, 죄인의 피가 죄인을 용서하고 구할 수는 없는 것입니다.

예수 그리스도의 피는 의인의 피입니다. 죄가 없는 피입니다.

영생하는 피입니다.

2. 어린양의 피는 하나님께서 사유하시는 방법입니다. 하나님이 살길을 만들어주신 방법입니다.

"그 피를 양을 먹을 집문 좌우 설주와 인방에 바르고"

양의 피가 그 집 문 설주와 인방에 바르기 전에는 아무런 효력이 없습니다. 바를 때 효력이 나타나는 것입니다. 마찬가지로 예수 그리스도의 십자가의 죽음이나 구속의 피가 믿음으로 내 가슴에 받아들일 때 효력이 있습니다.

내가 믿지 아니하면 효력이 내게는 나타나지 않습니다. 믿는 자에게만 나타납니다.

죄의 보복은 하나님의 방법인 예수 그리스도의 피에 의해 침노하지 못하게 되는 것입니다.

3. 어린양의 피는 이스라엘 백성들에게 순결과 순종을 요구하시는 것이었습니다.

"유월절 첫날에 누룩을 제하라"고 하신 것은 누룩은 죄의 상징입니다. 먼저 회개하고 죄를 씻어 없애라는 의미입니다.(15) 그 일은 첫날에 행해야 하는 것입니다.

죄를 씻은 후에 어린양을 잡아 그 피를 문설주에 발라야 했습니다.

하나님의 말씀대로 순종한 이스라엘은 하나님의 사자가 애굽의 장자를 치시려 두루 다니실 때에 넘어갔습니다. 구원되었습니다.

살생부에서 그 이름을 뺐습니다. 생명책에 기록했습니다.

그와 같이 우리가 구원받기 위해서는 먼저 육과 영의 온갖 더러운 죄에서 자신을 깨끗케 해야 하는 것입니다. 예수님은 우리가 우리 죄를 자백하면 저는 미쁘시고 의로우사 다 용서해 주십니다. 믿습니까?

이스라엘 백성들은 한 사람도 집문 밖에 나가지 말아야 했습니다.(22)

이것은 주님 안에서의 절대 보호를 의미합니다.

우리는 주님 안에 있을 때 재앙에서 보호받습니다.

환난에서 보호받습니다. 사단의 공격에서 보호받습니다.

주님 안에는 평강이 있습니다. 안전이 있습니다.

주님의 피가 뿌려진 곳이 성도의 피난처입니다.

주님의 피는 의인의 피입니다. 영생의 피입니다.

구원의 피입니다.

그 피가 우리를 구원했습니다. 할렐루야!

출애굽기 강해 제15강

【본문】 출애굽기 12:15-28

영적인 색깔론(거룩한 색깔)

피는 물보다 진합니다. 피는 생명입니다. 피는 이스라엘의 구속을 위한 수단이었습니다. 하나님은 피가 묻은 집은 그냥 넘어가겠다고 친히 약속하셨습니다.

피는 이스라엘을 위한 표징이지, 하나님을 위한 것은 아닙니다.

캄캄한 밤인 한밤중에 이루어진 죽음의 재앙은 붉은 피가 뿌려진 가정은 생명을 보호받게 되는 언약의 피인 것입니다.

하나님께서 유월절이 시작되는 날부터 7일 동안 누룩이 들어 있지 않은 떡을 만들어 먹으라고 했습니다.(15, 19)

반면 누룩을 넣어 만든 유교병을 먹는 자는 하나님의 구원을 별 가치 없는 것으로 생각하기 때문에 이스라엘에게서 끊어지리라고 하셨습니다.

하나님께서 무교절 첫날과 끝 날에 거룩한 집회로 모이라고 하셨고 식사준비 외에는 그 어떤 노동도 금지하셨습니다.(16)

하나님께서는 이스라엘이 출애굽한 후에도 이 규례를 대대로 지켜야 한다고 말씀하셨습니다.(14)

하나님께서 이스라엘 백성들에게 명하신 유월절은 신약시대의 성찬 예식을 예표하고 있습니다.(요 6:53)

모세는 하나님의 말씀을 순종하여 이스라엘의 모든 장로들을 불러 가족대로 어린양을 택하여 잡고, 그 피를 문인방과 좌우설주에 바르고 집밖으로는 아무도 나가지 말라고 명했습니다.(21, 22)

그러면 하나님이 보내신 죽음의 사자가 애굽 사람을 치러 다니실 때에 그 피를 보고 그 집을 치지 않을 것이라고 약속하셨습니다.(23)

그리고 이 일을 영원한 규례를 삼아 대대로 지키고(24), 자녀들이 이 예식에 대하여 물으면(26) 자손만대에 하나님의 구원을 가르치라고 하셨습니다.(27)

이스라엘은 순종했습니다.

하나님께서는 애굽의 모든 장자들과 짐승의 초태생까지 치셨습니다.(29)

그러자 애굽땅의 사람들의 가정 가정마다 통곡소리가 천지를 진동했습니다.

기가 막힌 재앙이었습니다. 그리고 바로는 무조건 항복의 손을 들게 되었습니다. 하나님의 심판은 그 누구도 피할 수 없습니다.

오늘날도 우리는 애굽 같은 세상에 삽니다. 인간은 누구나 다 죄인입니다.

그리고 이 죄 때문에 예외 없이 모든 인간은 죽어가야만 합니다.

이처럼 비극적 운명에 처해있는 인간에게 하나님께서는 죽음에 이르는 죄를 해결할 수 있는 한 방법을 마련해 주셨습니다. 그것은 어린양의 희생의 피가 이스라엘을 살렸듯이 짐승의 피 대신 영원한 대속의 제물이신 예수 그리스도의 피로 죄에서 구원받고, 죽음을 유월하게 된 것입니다.

1. 거룩한 색깔인 어린양 되신 예수님의 피는 하나님의 구원 약속의 피입니다.

이 피는 죽은피가 아닙니다. 병든 피도 아닙니다.

죄인의 피도 아닙니다. 하나님의 피입니다. 영생의 피입니다.

이것이 생명을 살리는 색깔입니다. 이것이 죄악을 이기는 색깔입니다.

성경은 창세기부터 계시록까지 색깔이 분명합니다.

창세기 3:15에 나타난 붉은 피는 계시록까지 점점 힘차게 흐르고 있습니다.

예수 그리스도의 피는 생명의 피입니다. 이 피의 색깔은 산 피이기 때문에 변하지 아니합니다.

히 9:22에 피 흘림이 없으면 사함이 없다고 했습니다. 이 피는 예수님의 피, 의인의 피를 의미합니다.

나의 죄를 씻기는 예수의 피 밖에 없습니다. 그러므로 예수 그리스도의 피 뿌림이 있어야 악한 원수 마귀 한 길로 왔다가 일곱 길로 도망갑니다.

크리스천은 색깔론자들입니다. 영적인 색깔, 거룩한 색깔을 가진 자들입니다.

그리스도의 불변의 피가 있어야 합니다. 죄인의 피, 병든 피, 죽은 피, 더러운 피는 색깔이 변합니다.

의인의 피는 영원히 변하지 않는 생명의 피입니다. 영생의 피입니다.

2. 영적인 색깔은 인간을 구원하는 능력의 피입니다.

산 피는 생명인 동시에 능력입니다. 그리스도의 피는 인간을 구원하는 능력의 피입니다.

하나님의 구원의 근거는 집안에 사람이 젊었느냐? 늙었느냐? 남자냐? 여자냐? 배운 자이냐? 못 배운 자이냐가 중요한 것이 아니라 어린양의 피가 문설주에 뿌려져 있느냐 없느냐가 판가름하는 것입니다.

오늘날 예수 그리스도의 능력의 피는 누구든지 저를 믿는 자는 멸망치 않고 구원을 얻게 되는 능력의 피입니다.

이제 하나님 앞에서 신분이나 환경이나 인종이 문제가 아니라 예수 그리스도의 능력의 피가 있느냐 없느냐가 죽고 사는 문제인 것입니다.

예수 그리스도 안에는 결코 정죄함이 없습니다. 믿습니까?

3. 예수 그리스도의 피는 흠 없고 순전한 피이기에 거룩한 색깔입니다.

유월절 때 희생된 양도 흠 없고 일 년 된 수컷(5)이어야만 했습니다.

성경에서 양은 순결과 온유를 상징합니다. 그리고 실제로 모든 동물 중 양은 순한 동물이요, 깨끗한 동물입니다. 또한 사나운 동물이 아닙니다.

이와 같이 예수 그리스도는 온유하고 겸손하시고, 흠도 점도 없는 하나님의 어린양이십니다.

그 어떤 죄인이라도 깨끗하게 속량할 수 있는 피입니다.

사랑하는 성도 여러분!

우리는 예수 그리스도의 피, 분명한 색깔을 가진 크리스천이 되어야 합니다. 죽음의 사자가 침노하지 못할 색깔을 가지고 있어야 합니다.

생명의 색깔, 구원의 색깔, 능력의 색깔, 복음의 색깔을 가지고 있어야 합니다.

생명의 색깔이 승리합니다.

우리는 반세기 이상을 색깔이 분명한 자들에 의해 자유민주주의를 지켜 왔습니다.

감추고 있는 다른 색깔 때문에 많은 고난도 받았고, 혼란도 겪고 있습니다.

우리는 사상적으로나, 윤리적으로나, 신앙적으로 색깔이 분명한 색깔론자들이 되어야 합니다.

회색분자는 기회주의자입니다.

예수님의 피는 신비입니다.

피의 색깔은 신비입니다.

우리는 한걸음 더 나아가 문학에도, 예술에도, 음악에도, 교육에도, 사상적으로도, 영적으로도 분명한 색깔을 가지고 승리하십시다.

출애굽기 강해 제16강

【본문】 출애굽기 12:29-51

재앙과 축복(해방)

지루하게 반복되던 재앙과 변덕은 이제 12장 29절부터 결판이 납니다. 애굽 사람의 집에 장자 사망의 재앙으로 이스라엘의 430년 간 노예사를 마감하게 됩니다.

이것은 죽음과 해방이요, 재앙과 축복이요, 심판과 구원의 역사입니다.

12:28-36은 비극의 밤과 기쁨의 낮이요, 37-51은 속박에서 자유와 신앙입니다. 그러나 이 죽음의 재앙은 어쩔 수 없는 방법의 선택이요 심판이지, 이스라엘이 새롭게 얻은 자유로 인해 한없는 기쁨을 누리는 것처럼 애굽의 장자의 죽음이 그들에게 한없는 기쁨을 주는 사건일 수는 없습니다.

오늘 본문에 나타나는 죽음에 관한 이야기와 새로운 생명에 관한 이야기는 한밤중에 이루어진 사건이요, 재앙인 동시에 하나님의 백성들은 심히 많은 짐승들까지 거느리고 애굽을 떠나는 자유함의 시작이었던 것입니다.

인간에게 주어진 자유와 축복은 인간 이외의 것들에게까지 영향을 미친다는 사실을 발견할 수 있습니다. 우리는 여기에서 또한 자유와 축복의 기회는 놓쳐서는 안 된다는 사실을 발견하게 됩니다.

이스라엘의 하나님은 피조물 전체를 구속하시고자 하시는 분이심을 깨달을 수 있습니다.

사 11:6에 보면 "이리가 어린양과 함께 거한다"고 했습니다.

열 번째 재앙은 바로의 장자로부터 죽임을 당하는 재앙이었습니다. 즉 간접적인 재앙에서 직접적인 재앙의 맛을 본 바로는 그 밤에 항복하고야 말았습니다.

재앙에 항복하는 것은 참된 회개가 아닙니다. 물론 재앙을 통해 항복하므로 회개하는 경우도 있겠지만 바로의 경우는 회개가 아닌 것입니다. 바로 왕은 모세에게 자기에게 축복해 달라고 했습니다.

이런 간청은 하나님만이 축복권과 저주권을 가지고 계심을 보여주는 것입니다. 그리고 참 신앙자가 아니라도 위급하고 답답하면 하나님을 찾게 되는 것입니다. 하나님만이 축복과 저주의 주관자이십니다.

1. 재앙의 밤에 내린 이스라엘의 해방

바로는 결국 항복하고야 말았습니다. 양과 소를 몰고 애굽에서 나가라고 했습니다. 여호와께서 애굽 사람들에게 이스라엘이 은혜를 입게 하셨습니다. 그래서 값비싼 은금과 패물과 의복을 가지고 떠날 수 있었습니다.

2. 이스라엘은 드디어 애굽을 떠났습니다.

유아 외에 보행 장정이 60만 가량 되었습니다.

시내산에서 인구조사를 시행했을 때에는 20세 이상의 장정이 603,550명이었습니다.(민 1:46)

여기에 만일 여자와 어린아이를 합한다면 2백만이 훨씬 넘었을 것입니다. 그때는 자녀를 많이 낳을 때요, 이스라엘은 다 건강했습니다.

3. 이스라엘에 소속된 잡족들도 해방을 얻고, 출애굽 대열에 따랐으나 이들이 문제 인물들이 되었습니다.(38)

'중다한 잡족'이란 말은 그 수가 상당하고, 다양함을 나타내고 있습니다. 그러나 이들이 민 11:4에 보면, "이스라엘 중에 섞여 사는 무리가 탐욕을 품으매"라고 했습니다.

모든 불평이 이 잡족들에게서 시작되었습니다. 이것이 전형적인 종의 기질입니다.

① 종의 기질은 불평 기질입니다.

② 종의 기질은 꼭 주인이 없을 때 2부 순서로 불평, 원망을 조성합니다.

모세가 없는 사이 늘 큰 문제를 일으켰습니다.

③ 종의 기질은 고쳐지기 힘들다는 것입니다.

그 많은 기적, 세월이 흘러가도 체질 변화가 잘 되지 아니한다는 것입니다.

④ 그러나 하나님은 잡족들도 차별 없이 사랑했습니다.(신 29:10-13)

하나님은 이스라엘이 이방화 되는 것을 금지하셨지, 이방인이 이스라엘화하는 것을 금하지는 아니했습니다.

4. 이스라엘이 애굽에서의 430년 간 체류기간으로 그들의 문화는 종의 문화로 뿌리내리게 되어 버렸습니다.

변질되지 않기로 유명한 이스라엘이지만 역사와 환경 앞에는 어쩔 수 없는 인간임을 알 수 있습니다.

그래서 그들은 모세와, 여호수아, 갈렙 외에는 40년이란 세월을 훈련을 받았으나 아직도 종의 기질은 남아 있었기에 광야에서 다 죽게 하고 광야에서 태어난 제2세 즉 종살이 경험이 없는 자들을 가나안 땅에 들어가게 하셨던 것입니다.

오늘날도 광야 같은 생활을 하는 거룩한 공동체인 교회가 종의 기질을 벗지 못한 자들이 지도자가 되어 있을 때 교회는 어려움을 당하고, 광야에서 방황해야만 하는 연단을 받게 되는 것입니다.

애굽의 열 재앙은 참신과 거짓 신을 선명하게 폭로하는 구속사적인 사건입니다.

반면 오늘날 우리에게는 믿는 자들에게는 구원을, 믿지 아니하는 자들에게는 죽음을 의미하는 종말론적인 심판을 예표하는 역사적 사건인 것입니다.

5. 절기 준수에 대한 재차 명령(43-51)

해방과 자유의 축복을 받은 자는 가장 기본적인 의무가 하나님의 율례를 순종해야 하는 것입니다.

이것은 가장 기본적인 백성의 의무였습니다.

이것은 하나님의 백성과 하나님의 백성이 아닌 자와의 구별인 것입니다. 애굽에 있을 때 어린양의 피로 구별한 하나님은 계속 하나님의 백성들이 성별된 삶을 살기를 원하셨던 것입니다.

이것이 하나님께서 하나님의 백성이 된 자들에 의한 애착인 것입니다.

사랑하는 성도 여러분!

우리는 늘 하나님의 은혜를 감사하면서 구원의 즐거움을 되새기며 하나님의 백성의 신분의식을 잊어버리지도 잃어버리지도 아니해야 될 줄 믿습니다.

출애굽기 강해 제17강

【본문】 출애굽기 13:1-16

내 것을 구별하라(하나님의 것)

하나님의 백성들이 가장 먼저 배워서 알아야 할 것이 하나님의 것을 구별하여 드리는 것입니다.

시간을 구별해야 합니다. 날을 구별해야 합니다. 물질을 구별해야 합니다.

이스라엘 백성들은 애굽에서 구원해 내신 하나님의 은혜를 잊지 말아야 합니다. 그래서 매년 유월절을 지키면서 기억하고, 새김질하면서 감사해야 하는 것입니다.

그리고 하나님께서 모세에게 말씀하시기를 "이스라엘 자손 중에 사람이나 짐승이나 무론하고 초태생은 다 거룩히 구별하여 내게 돌리라 이는 내 것이니라 하시니라"(13:2)고 했습니다.

사실 장자는 다 죽을 뻔했는데 어린양이 죽어 그 피를 문설주와 문지방, 그리고 인방에 뿌림으로 죽지 않고 살아남게 되었습니다.

그러므로 살아남게 된 장자와 모든 짐승의 초태생까지, 하나님께서는 그것들이 다 내 것이므로 구별하여 거룩히 하라고 명령하셨습니다.

이스라엘 백성들이 유월절을 무교절로 지키는 것은, 애굽에서 종살이 하다가 나온 날을 기념하는 날이기 때문입니다.

무교절은 유교병을 먹지 않는 절기이기 때문입니다.

무교절은 누룩을 넣지 않고 만든 떡을 먹는 날이라는 것입니다.

성경에 나오는 누룩은 죄의 모형으로 나타낼 때가 많습니다.

누룩은 반죽한 것을 부풀게 하듯이 죄는 전체를 부패시키고 퍼져 나가는 것입니다. 우리의 신앙생활에도 조그마한 죄가 우리 신앙 전체를 파괴시키고, 퍼져나가게 하는 것입니다.

그리고 유월절 떡은 예수 그리스도를 예표하는 것으로서 예수님은 하늘에서 내려온 떡으로서 누구든지 이 떡을 먹으면 영원히 굶주리지 않는다고 했습니다.

예수님은 죄가 없기 때문에, 유월절 떡이 예수님을 예표하기 때문에, 그 떡은 누룩 없는 떡이 되어야 하는 것입니다.

1. 우리는 먼저 기억해야 합니다.

이스라엘 백성들은 하나님의 출애굽의 능력을 다시 기억해야 하는 것입니다. 하나님께서 전에 역사 속에서 행하셨던 일들을 언제나 기억해야 합니다.

그러면 두 가지를 깨닫게 됩니다.

① 하나님은 살아 계셔서 역사를 주관하고 계신다는 사실입니다.

② 하나님은 자기 백성을 끝까지 지키시고 계신다는 것입니다.

우리는 하나님께서 전에 행하셨던 놀라운 일들을 잊지 말아야 합니다. 우리는 살아 계신 하나님을 믿음으로 또한 역사 속에서 섭리하신 하나님을 믿음으로 모든 염려와 근심을 쫓아야 합니다.

그리스도인들은 항상 하나님을 알지 못하던 때와 지금의 자신의 격차를 간증할 수 있어야 합니다.

우리의 예배나 신앙이 풍성하지 못하고 감사가 없는 것은 과거의 역사 속에 베푸신 하나님의 은혜를 다 잊어버리기 때문입니다.

타락한 인간은 잊어버려야 할 것은 기억하고, 기억해야 할 것은 잊어버립니다.

우리는 유한하고 무능하지만, 하나님은 무한하시고 전지전능하신 분이십니다.

우리는 늘 하나님의 은혜를, 하나님의 역사를, 하나님의 사랑을, 하나님의 말씀을 기억해야 합니다.

2. 하나님의 것을 구별해야 합니다.

우리가 인간관계나 모든 조직 속에서도 구별이 잘 되어야 질서가 있고 능률이 오르게 됩니다.

내 것과 남의 것 경계선이 분명해야 합니다.

내가 할 일과 다른 사람의 할 일이 구분되어야 합니다.

이것은 이분법이 아니라, 질서입니다. 일의 능률입니다.

우리는 타인의 영역을 침범하면 안 됩니다. 자기에게 주어진 일에 최선을 다해야 합니다.

모세가 계속 팔을 들고 있으면 피곤하니 아론이나 훌이 대신 팔을 들 수는 없습니다. 다만 모세가 계속 팔을 들도록 도와주어야 합니다.

질서가 없는 곳에는 발전도 없습니다. 자기 분야에 최선을 다하면서 상호 협력해야 합니다.

특히 하나님의 것과 내 것을 구별해야 됩니다. 사실은 모두가 하나님이 주신 것이지만, 그 중에 하나님이 구별하라고 하신 것은 구별해야 합니다.

구별의 실패는 신앙의 실패입니다. 초태생은 다 하나님의 것이라고 선언하셨습니다.

이것은 모든 것의 주인은 하나님이심을 알아야 할 것과 특별히 우리의 생명이 하나님께 속해 있다는 사실을 깨닫고 믿게 하기 위해서입니다.

3. 우리는 가르쳐야 합니다.(8)

자녀들에게 가르쳐야 합니다. 하나님의 역사를 가르쳐야 합니다.

우리는 자녀들에게 신앙 교육을 중요시해야 합니다. 하나님의 능력의 역사를 가르쳐 믿음으로 승리하는 삶을 살도록 해야 하는 것입니다.

가르치는데 실패하면 모든 면에서 실패합니다.

자식 낳기만 하고 가르칠 줄 모르면 부모로서 자격을 제대로 갖추지 못한 것입니다.

가정에서 자녀들 신앙교육, 인격교육이 되어야 기본이 든든히 서있는 사람이 되는 것입니다. 기본이 안 되어 있으면 비싼 밥 먹고 아까운 인생을 살면서 멸시천대 받는 것입니다. 자녀들 모두 신앙이 좋으면 다른 것 걱정 안 해도 됩니다.

하나님이 책임져 줍니다.

그런데 자녀들 모두 신앙 제대로 안 되어 있다면 큰 기도의 제목입니다. 앞으로 우리 젊은이들이 이 교회 주인의식을 가지고 우리 교회를 이끌어 가야 될 것 아닙니까?

신앙 없이 나이 들어 그러면서 기득권 행사하려고 할 때 교회는 세속화되고 아무런 역사가 없는 교회로 유구한 세월을 보내게 되는 것입니다. 기억하라, 구별하라, 가르치라는 말씀 중 특히 내 것을 구별하라는 하나님의 말씀을 명심하고 하나님의 말씀에 순종하는 우리 모두 되시기를 바랍니다.

출애굽기 강해 제18강

【본문】 출애굽기 13:17-22

약속의 땅으로 인도하시는 하나님

하나님께서 이스라엘 백성을 인도하셨습니다.

약속의 땅 가나안으로 인도하셨습니다.

하나님은 보이지 아니했습니다. 그러나 하나님은 이스라엘 백성들을 보이고, 움직이고, 인도하는 구름기둥으로 인도하셨습니다.

오늘도 보이지 아니하시는 하나님이 보고 들을 수 있는 하나님의 말씀과 성령의 감동으로 인도하십니다.

하나님이 구름 기둥과 불기둥을 만드신 것같이 성령께서도 성령의 감동으로 말씀을 기록하게 하셔서 하나님의 백성인 성도들을 약속의 땅인 천국으로 인도하십니다.

1. 하나님은 오늘도 우리를 인도하고 계십니다.

하나님은 이스라엘을 애굽의 속박에서 구해 내시고 방치하시는 분이 아니라, 하나님은 백성들의 모든 일과 위험에 동반자가 되셨습니다.

하나님은 그들 앞에 행하셨습니다. 하나님은 모든 두려움에서 구해 주시는 안내자요, 영광이요, 방패이십니다.

하나님은 감당할 수 없는 시험이나 시련은 주지 않습니다.

이스라엘 백성은 아직은 전쟁이라고는 해본 경력이 없습니다.

430년 간 종살이만 했습니다. 그래서 자기 백성의 연약함을 아신 하나님께서 광야 길로 인도하셨습니다.

지중해 연안을 따라 바로 직선거리로 가나안에 가면 블레셋 길의 요새에는 애굽의 국경 수비대가 주둔해 있었을 것입니다.

홍해를 건너는 길에는 수비대가 필요 없지 않습니까?

그리고 광야에는 물도, 곡식도 없기에 사람들이 살지 않습니다.

그래서 광야 길로 인도하신 것입니다. 하나님은 우리가 감당하기 어려운 길에는 다른 길로 인도하십니다.(인도하시는 경우도 있습니다.)

나를 예상치 아니하는 방향으로 인도하실 때도 하나님은 정말 나를 위하고 계심을 알아야 합니다.

오늘도 성령의 인도와 말씀의 역사는 우리를 생명의 길로, 영생의 길로, 소망의 길로 인도하고 계심을 믿으시기 바랍니다.(16)

이제 우리는 사단의 속박 아래 있는 자가 아니라 성령의 인도하심을 받고 있는 것입니다. 믿습니까?

2. 염려 걱정하지 말고 순종으로 따라야 합니다.(17-18)

하나님이 더 잘 아시니 우리는 순종으로 따라가야 합니다.

교회도 기도도 하지 않고, 말씀에 대해서도 무지한 자들이 앞장서면 그만 혼란이 옵니다. 인본주의로 흘러갑니다.

왜냐하면 인간의 생각과 하나님의 생각은 일치하지 않기 때문에 깊은 영성에 들어가지 아니하면 깨달을 수 없습니다.

밭 속에 감추인 보화를 비싼 돈 주고 사는 농부의 마음을 파는 자가 알겠습니까? 주위의 사람들이 알겠습니까? 알 수가 없습니다. 때로는 하나님이 우리를 오래 걸리는 길을 고난의 길을 인도하시는 것 같아도 그것이 더 좋고 확실한 길이기에 인도하신다는 사실을 믿고 따라가야 하는 것입니다. 하나님이 더 잘 아십니다.

부모가 유치원 다니는 학생에게 200kg도 넘는 짐을 지고 오라고 시키는 자가 누가 있겠습니까?

이스라엘은 전쟁의 경험이 없기에 적을 만나면 다 애굽으로 돌아가지 싸울 수 있는 도전력이 없습니다. 종살이 430년은 능동적이고 도전적인 자가 될 수 없습니다.

3. 오직 순종으로 따라가되 질서 정연하게 따라가야 합니다.(18)

약속의 땅, 가나안으로 가는 길에는 하나님이 그 나라 가기까지는 늘 인도하십니다. 그러므로 우리는 질서정연하게 따라가야 합니다.

이스라엘 백성들은 정돈된 상태로 군대와 같이 항오를 지어서 나왔습니다. 그렇기 때문에 정확한 인원수도 파악이 되었습니다.

우리가 교회생활, 신앙생활에도 질서가 필요합니다. 순서를 따라 가야 됩니다.

교회는 무질서의 난장판이 되어서는 안 되는 것입니다.

우리는 자유와 방종을 혼돈하는 경우를 많이 봅니다.

질서와 순서와 조화 없이 살아온 체질은 질서, 순서, 조화를 아주 무시해 버립니다.

지금 역사상 최대의 혼란이 무엇입니까? 무능이 무엇입니까? 질서를 깨어 버렸기 때문입니다.

발전의 과정의 혼란이라고 핑계대지만 역사는 발전 과정에 혼란이 있은 적이 없습니다. 오히려 혼란이 멈추고 정체성을 가지고 힘을 합해 나아갔습니다.

질서가 무너지면 관리가 안 됩니다. 집을 짓는데도 서까래가 기둥 자리에 있고 기둥이 서까래 자리에 가 있으면 되겠습니까? 그

집은 무너지는 것입니다.

우리는 성령의 인도대로 그 길을 질서정연하게 따라가야 합니다.

이 질서는 자발성에 의한 질서입니다.

예수님께서도 베드로, 요한, 야고보만 변화산상에 동반한 적도 있고 겟세마네 동산에서의 마지막 기도의 밤에도 세 제자는 예수님 기도하시는 곳에 가장 가까운 거리에서 기도하도록 하셨습니다.

이것은 무엇을 의미합니까? 차별이 아니라 질서입니다.

예수님이 차별하셨겠습니까? 아닙니다. 질서와 순서입니다.

어떤 분들은 교회 일을 오래해도 무질서한 교회에서 봉사한 경험은 질서 있는 교회에서는 적응이 안 되는 경우가 많습니다.

그러므로 질서 있게 자랐는가, 질서 있게 훈련되었는가는 아주 중요한 것입니다.

4. 오직 순서와 질서를 따라 가면 여호와의 구원과 승리의 노래를 부르게 됩니다.(13-14/ 15:1)

그러나 명심할 것은 여호와의 인도를 따라 갔는데도 때로는 원수의 추격을 받게 된다는 것입니다.(14:8/14:3)

하나님은 구름기둥, 불기둥으로 이스라엘을 인도하셨습니다. 이스라엘은 순종하여 따라 갔습니다. 질서정연하게 대열을 지어 갔습니다. 그런데도 이스라엘의 뒤를 추격하는 원수들이 있었습니다.

우리가 경건하게 살고자 할 때 원수의 박해와 방해가 있다는 사실도 기억해야 합니다. 사단이, 세상이, 죄인들이 우리를 괴롭힙니다. 그러나 두려워 말고, 믿고 나아가면 승리할 줄 믿습니다.

엡 6:11-14 "마귀의 궤계를 능히 대적하기 위하여 하나님의 전신갑주를 입으라. 우리의 씨름을 혈과 육에 대한 것이 아니요 정사와 권세와 이 어두움의 세상 주관자들과 하늘에 있는 악의 영들에게 대함이라. 그러므로 하나님의 전신갑주를 취하라 이는 악한 날에 너희가 능히 대적하고 모든 일을 행한 후에 서기 위함이라. 그런즉 서서 진리로 너희 허리띠를 띠고 의의 흉배를 붙이고"

결국은 승리의 노래를 부르게 됩니다.

시 30:5의 말씀, 제가 너무나 좋아하는 말씀입니다.

그래서 시편 강해 1집의 제목을 삼기도 했습니다.

"저녁에는 울음이 기숙할지라도 아침에는 기쁨이 오리로다" 할렐루야!

시 50:15 "환난 날에 나를 부르라 내가 너를 건지리니 네가 나를 영화롭게 하리로다"

여러분 순종하면 따라가면 눈물을 감격으로, 슬픔을 기쁨으로, 한숨을 춤으로 바꾸어 주실 것입니다. 믿습니까?

모세의 인도를 따라 가듯이 교회의 인도와 목회 방향의 인도를 따라 보십시오. 지금까지 한 번도 체험하지 못했던 일도 일어날 것입니다. 축복의 가정, 창대의 사업, 간증거리가 있는 기적, 믿음과 축복의 후손들로 가득 찬 보람, 놀라운 역사가 일어날 것입니다. 믿습니까?

내가 만난 하나님!

내가 체험한 하나님!

왜 선교와 복음 증거에 목을 매는지 깨달을 것입니다.

깊은 데로 가서 그물을 던지는 베드로의 마음, 다른 사람은 모를 수 있습니다.

하나님은 우리를 이 주간에도 인도하십니다. 믿습니까?

출애굽기 강해 제19강

【본문】 출애굽기 14:1-31

홍해가 갈라져 길이 되다

우리는 때때로 하나님의 말씀대로 순종했는데 하나님의 인도대로 따라가고 있는데 왜 이렇게 어려움이 많고, 난관이 많은가 하고 의아심을 가질 때가 적지 않습니다.

열 재앙을 통하여 애굽에서 나오게 된 이스라엘 백성들은 홍해 길로 나가게 되었습니다.

1절에 "돌쳐서"란 말은 "to turn back"이란 말입니다.

즉 "돌이켜서", "방향을 바꾸어서" 홍해 쪽으로 가도록 인도하셨습니다. 바로는 이스라엘을 보내놓고 엄청난 노동력을 잃어버리게 된 그는 다시 마음의 강퍅함이 발동하기 시작했습니다.

그래서 이스라엘이 막다른 홍해 길로 나아갔다는 소식을 들은 바로는 그들이 길을 잃고 헤매는 줄 알고, 그 뒤를 추격했습니다.

이스라엘은 길을 잃고 헤매고 있는 것이 아니라, 하나님이 그 길로 인도하셨습니다.

왜 그렇게 했습니까? 하나님께서 이스라엘 자손의 항로를 바꾸게 하신 것은 그로 인해 애굽의 추격을 받게 해서 이스라엘과 애굽에게 하나님 자신을 알리기 위함인 것입니다.

하나님께서 이스라엘을 극한 상황으로 몰아넣어서 하나님께 부르짖도록 해서 하나님의 큰 권능으로 그들을 구원하심으로써 이스라엘과 애굽에게 하나님 자신을 알리는 기회로 만드셨습니다.

1. 하나님이 가라는 대로 가면 길이 있습니다.

없는 길도 만들어 주십니다. 안 되는 일 같아도 되게 해 주십니다. 하나님께서 왜 홍해 길로 인도했습니까? 방향을 왜 바꾸었습니까?

하나님이 길을 만들어 주시기 위해서입니다. 그러므로 가라는 데로 갑시다. 하라는 대로 합시다.

2. 하나님께서 홍해를 갈라 길을 만들어 주셨습니다.

길이 아닌데 길을 만들어 주셨습니다. 이것은 이스라엘을 구원하시기 위한 하나님의 절대 주권에서 나온 것입니다.

이스라엘을 구원하신 하나님은 우선 바로의 마음을 강퍅케 만드셨습니다. 그리고 바로로 하여금 이스라엘 백성을 추격하게 하셨습니다.

3. 두 부류의 이스라엘 백성들(10)

애굽 군대가 이스라엘을 공격하기 위해 추격하는 것을 본 이스라엘 백성들은 두 부류의 행동으로 나타났습니다.

① 심히 두려워하여 여호와께 부르짖는 자들과,

② 모세를 향하여 원망하고 불평하는 자들이었습니다.

그때 모세는 그들에게 믿음을 불어넣었습니다. 그리고 기도했습니다. 하나님이 대신 싸워 주신다고 했습니다.

4. 하나님의 인도대로 따라가도 위기를 만나는 경우가 있습니다.

우리가 하나님의 인도대로 따라가면
① 만사가 형통하는 경우가 있고,
② 만사가 불통하는 경우도 있습니다.

그러나 그 불통이 마지막은 아닙니다. 형통으로 가는 길에 과정이기도 합니다. 우리가 가장 밝은 영안과 혼돈에 빠지지 말 것은 하나님의 인도대로 순종했는데도 여러 가지 난관과 불통이 올 때도 있으나 낙망하지 마시기 바랍니다. 그것이 하나님의 목적이 결코 아니라는 사실을 명심하시기 바랍니다.

믿으시기 바랍니다.

제자들이 예수님 말씀에 순종하여 밤에 노 저어 건너편으로 가다가 풍랑을 만났습니다. 무조건 순종했는데 풍랑을 만났습니다. 불평 없이 순종했는데 풍랑을 만났습니다. 그러나 주님이 바다위로 걸어오시고 바람과 바다까지 잔잔케 하셨습니다.

바람과 바다도 예수님의 말씀대로 순종했습니다. 그 풍랑의 고비 때문에 능력을 보게 되었습니다.

5. 구원의 길과 죽음의 길

모세가 지팡이를 들고 손을 바다 위로 내밀 때에 바다가 갈라져 육지처럼 길이 되었습니다.

사망의 바다 속에 생명의 길이 났습니다. 이스라엘 백성은 홍해를 무사히 건너 광야로 향하게 되었습니다.

추격하던 바로의 군대는 홍해의 길이 죽음의 길이 되었습니다.

하나님께서 애굽의 군대를 구름기둥으로 막아 흑암으로 말미암아 혼란하도록 해서 진로를 어지럽히시다가 이스라엘 백성이 홍해를 다 건너고 난 뒤 그 뒤를 따라오던 애굽의 군대는 바다 속에 장사되는 길이 되었던 것입니다.

빛과 생명의 길로 인도하시는 하나님, 흑암과 죽음의 길로 멸망케 하시는 하나님, 여기에서 하나님의 구원의 역사를 우리에게 보여주고 있습니다. 이스라엘 백성이 죽음의 바다인 홍해를 통과하여 건너편으로 무사히 나오게 된 것은 죽음을 극복한 부활과 생명을 의미합니다.

이스라엘 백성은 죽었다가 살아난 것과 같은 과정을 통과했습니다. 뿐만 아니라 우리가 예수 믿고 구원 얻게 되는 과정에서 세상과 마귀와 죄악의 억압과 공격이 적지 않습니다.

그러나 믿음으로 전진하면 다 물리치고 승리케 해주시는 줄 믿으시기 바랍니다. 우리는 시간 시간마다 시험과 고비를 이기고 넘기지 못하면 안 됩니다.

강팍한 원수 마귀는 최후의 순간까지 우리를 넘어뜨리고, 사로잡으려고 한다는 사실을 명심하시기 바랍니다.

뿐만 아니라 우리의 삶의 여정 속에서도 홍해가 가로막는 일이 있을지라도 하나님의 말씀에 순종했다면 때로는 사방팔방으로 우겨 쌈을 당하여도 길은 열릴 것입니다.

바다도 길이 될 것입니다. 믿음의 기도가 길을 내게 만들 것입니다. 여러분 암담합니까? 좌절할 수밖에 없는 환경 속에 있습니까? 기도하시기 바랍니다. 믿음으로 전진하시기 바랍니다.

죽을 것 같아도 죽지 않습니다. 망할 것 같아도 망하지 않습니다. 진리가, 빛이, 성령이 우리를 인도하실 것입니다.

출애굽기 강해 제20강

【본문】 출애굽기 15:1-21

내가 여호와께 찬송하리니

하나님의 인도로, 홍해를 무사히 건너게 된 이스라엘 백성들은 이제 안도의 한숨을 쉬고 있을 수 있었습니다.

갈라졌던 홍해가 다시 원 위치됨으로 애굽의 군대들은 다 수장되고, 바다가 철저히 이스라엘을 지키는 방패요, 벽이요, 경계선이었습니다. 모세와 이스라엘 자손은 노래를 부르게 되었습니다.

그 노래의 내용은 구원해 준 하나님의 은혜에 대한 감사와 하나님께 영광 돌리는 찬양이었습니다.

이스라엘 백성들의 위기에서의 신음과 부르짖음은 기적적인 홍해 구원을 통하여 예배와 찬양으로 바뀌었습니다.

모세와 그의 누이인 미리암의 인도로 이스라엘 백성들은 찬양과 예배를 드렸습니다. 찬양의 내용은

① 여호와는 용사이시라는 것입니다. 그래서 애굽의 군대를 홍해에서 다 궤멸시켰다는 내용입니다.

② 하나님의 권능에 의해 바로를 궁지에 몰리게 해서 이스라엘에게 해방을 허락하셨다는 것입니다.

③ 위대하신 하나님의 구원의 결과를 찬양하였습니다.

오늘 본문의 찬양은 일명 "모세의 노래"라고도 하는데 성경에 나타난 가장 고대의 노래라고도 합니다.(매튜 헨리)

이 노래는 궁극적으로 교회의 승리를 암시하고 있습니다.

1. 여호와를 찬양하는 것은 하나님이 힘이시기 때문입니다.(1-12)

힘에 센 하나님이 대적을 물에 던져 버렸습니다. 그러므로 하나님은 용사이십니다. 힘이 없는 자는 구원자가 될 수 없습니다. 대적의 밥이거나, 원수의 종이 된 자는 구원자가 될 수 없습니다.

자기도 구원 못하는 자가 어찌 남을 구원하겠습니까?

여호와는 힘이 있는 분이십니다. 그 힘은 추상적이거나, 공상적인 힘이 아니라 현실화된 힘입니다. 생동감이 넘치는 힘입니다. 정의의 힘이요, 진리의 힘입니다. 악한 힘을 물리치는 선한 힘입니다. 불의를 궤멸하는 정의의 힘입니다.

그러므로 여호와는 용사이십니다. 불의를 물리치는 용사입니다.

자존하시는 용사이십니다. 피조물이 아니라는 것입니다. 훈련받아 양성된 용사가 아니라, 본래부터 용사라는 것입니다.

그래서 애굽을 물리치셨습니다. 애굽 군대를 바다에 던지시고, 오른손으로 원수를 부수시고, 그의 콧김으로 물리치십니다.

15:9에는 칼로 멸하셨다고 했습니다. 이것은 비유적 표현입니다. 칼 앞에 당할 자가 없다는 의미로 말하고 있습니다.

2. 하나님을 찬양하는 것은 하나님은 위엄이 있으시기 때문입니다.

"힘이시라"는 말보다 위엄이 있다는 말은 더 광범위한 능력과 권위를 의미하고 있습니다. 그러므로 하나님은 뛰어나신 분이십니다. 바람을 일으키시고, 기이한 일을 행하시는 분이십니다.(11)

천지간에 여호와와 같은 신이 없습니다. 하나님과 비길만한 것은 없습니다.

그의 손으로 구원하시고, 이적을 행하시고, 세상을 통치하십니다. 하나님은 위엄이 있으신 분이십니다. 그러므로 그의 위대하심을 찬양해야 하는 것입니다.

3. 구속하시고 인도하시는 하나님이시기에 찬양해야 합니다.(13-18)

하나님은 자기 백성을 구속하시고, 은혜로 인도하십니다.

부르신 자들은 천국 갈 때까지 책임지십니다.(455장)

13절 "주의 힘으로 이스라엘 백성들을 성결한 처소에 들어가게 하신다"는 것입니다. 더러운 처소는 지옥입니다. 구원의 처소는 성결한 처소입니다. 간단합니다. 깨끗한 모임은 성령이 인도하는 모임입니다. 더러운 모임은 악령이 주도하는 모임입니다.

은혜로운 모임, 은혜로운 만남은 성령이 주도합니다. 은혜 깨는 모임, 은혜롭지 못한 만남은 악령이 주도하는 것입니다.

(제 개인적인 신앙관입니다. 저는 "붉은 악마"라는 이름을 붙이고, 붉은 색을 입을 때부터 나라가 어려워지겠다고 예감해 보았습니다. 그 결과 세계가 놀랄 일은 벌어졌으나 경제적인 도움은 별로였습니다. 그 여파가 시위와 연결이 되었습니다.)

깨끗한 모임, 깨끗한 만남, 깨끗한 처소가 하나님의 인도입니다.

더러운 곳은 귀신과 악령의 적성에 맞습니다.

4. 여호와를 찬양하고, 영광돌리지만 그러나 열방에게는 두려움이 되십니다.

열방은 믿지 않는 주변 국가를 말합니다. 이스라엘을 공격하던 국가를 말합니다. 열방이 듣고 떱니다. 애굽에 일어난 사건을 보고 듣고 블레셋이 떱니다.

모압이 두려워하고, 정신을 잃어버립니다. 공산주의가 제일 무서워하는 집단이 기독교입니다. 그러나 능력이 없을 때, 무능할 때 열방이 떨기는커녕, 집어삼키려고 합니다.

여러분! 함부로 멸시하건, 얕잡아 보지 못하게 하려면 이 생명 다하여 하나님께 영광 돌리고 찬양해야 합니다. 생명을 거는 모습이 보여 져야 합니다. 교회나 기독교 역사, 그리고 국가도 말할 것 없이 기회주의자들이 가장 걱정스러운 존재입니다.

옛날에 우리나라의 혼란도 낮에는 국군, 밤에는 인민군이 된 자들 때문에 억울하게 당한 자들이 많이 생기게 되지 아니했습니까?

오늘날도 분명한 국가관이 없는 자들, 그리고 기회주의자들 때문에 나라의 장래가 불투명한 것입니다.

나라가 어려워지면 제일 타격 받는 것이 교회입니다.

만일 우리나라가 공산화되면 간첩들은 영웅대접 받을 것이고, 기회주의자는 당장 공산주의에 머리 숙일 것이며, 기독교인들은 순교 각오 없이는 신앙 지키기 힘들 것입니다.

오늘날 나라의 장래가 걱정스럽습니다. 막말로 해서 우리는 살만큼 살았다고 할까요. 우리의 후손들이 불쌍해집니다.

그러나 한 가지 희망밖에 없습니다.

우리가 하나님께 찬양과 예배로 영광 돌리면 열방이 부들부들 떨 것입니다. 함부로 손대지 못할 것입니다. 가장 무서운 대상이 크리스천들이 될 것입니다.

그래서 우리는 모여야 됩니다. 기도해야 됩니다.

이번에 서울의 6천교회가 나라 살리기 운동에 협조했습니다.

교회는 살아 있습니다.

찬송 소리가 마귀의 권세를 궤멸시켜야 합니다.

기도 소리가 원수 마귀를 진멸시켜야 합니다. 할렐루야!

출애굽기 강해 제21강

【본문】 출애굽기 15:22-27

원망하는 백성 부르짖는 모세(기도)

이스라엘 백성들이 가나안 땅으로 가는 길은 푸른 초장과 잔잔한 시내가 있는 땅이 아니었습니다. 메마른 광야 길이었습니다.

속박의 나라, 종살이하던 땅 애굽에서 나온다고 다 해결된 것이 아니었습니다.

홍해를 건너는 체험을 하고 여호와를 찬양하고, 감사하는 것으로 다 해결된 것이 역시 아니었습니다. 홍해를 건넌 그들은 수르광야로 들어갔습니다. 수르광야에서 3일간을 갔는데도 물이 없었습니다.

사흘 후에 마라란 곳에서 물을 발견하기는 했으나 물이 써서 마실 수가 없었습니다. 목이 마른 백성들은 모세를 원망하기 시작했습니다.

이것이 종살이하던 그들의 체질이요 기질입니다. 원망보다는 해결점을 찾고 불평보다는 기도해야 되는데 또다시 원망했습니다.

조금이라도 어려우면 힘들면 원망하는 것이 종의 문화입니다.

그래서 문화적인 측면에서 보면 종의 기질을 가진 자가 지도자가 될 때 엄청난 혼란이 오게 되는 것입니다.

지도자는 훈련을 통하여 되기도 하지만 그것보다 기질 자체가 지도자 기질을 가지고 있어야 합니다. 조금 힘들면 애굽 얘기하고, 이미 지난 일을 뒤적거리는 것은 미래지향적이 되지 못합니다.

그러나 이스라엘 백성들의 원망이 모세가 기도하도록 만들었습니다. 그래서 원망하는 백성, 부르짖는 모세입니다.

기도하지 않는 지도자는 영적 지도자가 이미 아닙니다. 있으나 마나 입니다.

이미 하나님께는 용도 폐기된 자입니다. 하나님은 기도하지 않는 자와 함께 한 적도 하는 법도 없습니다.

하나님이 버리면 사단이 그 맘속에 들어가 지배하는 것입니다.

그러면 원망하게 되고, 불평하게 되고, 하나님의 사랑과 능력은 다 잊어버리게 되고, 오로지 자기밖에 모르는 이기주의자, 개인주의자가 되어 버리는 것입니다.

사단의 대표적인 속성 3가지가 있습니다.

① 교만입니다.

② 배신입니다.

③ 거짓입니다.

흔히들 "개가 들어도 웃을 일"이란 말이 있습니다. 이것은 어이가 없다는 말입니다. 말도 안 되는 말이란 뜻입니다.

이스라엘 백성들이 애굽에 있을 때가 좋았는데, 고기 실컷 먹었는데, 정말 웃기는 얘기 아닙니까?

종살이하면서 엄청나게 고생하고 조직폭력배를 현장 감독을 시켜서 벽돌 굽는 일을 하는데, 하루 일정량을 못 채우면 무자비하게 폭력을 가하는 그런 압박과 설움 속에 살았는데 애굽에 있을 때가 좋았다고요? 정말 개가 들어도 웃을 일이 아닙니까?

오늘날도 법을 어기고도, 법을 어겼다고 말하는 자보다, 법을 어긴 자들이 오히려 큰소리치고, 정의의 투사인 양 하지 않습니까?

지난 목요일 신문에 KBS1, KBS2, MBC, SBS 모두 방송위원회에서 심의해서 편파방송이 심했다고 선동방송이었다고 결정을 내렸지 않습니까?

공산주의의 확산 방법이

① 이념교육,

② 조직,

③ 선동입니다.

이 방법을 쓰고 있는 것입니다. 국민들 최면에 걸리도록 해서 공산 이념을 확산시켜 나가고 있는 것입니다.

공산주의는 사단의 세력임을 0.1%도 의심할 여지가 없습니다.

이스라엘 백성들은 가나안 땅으로 가는 여정에 첫 체류지인 마라에까지 사흘 길을 걸어 왔으나, 쓴물 밖에 발견하지 못하자 전날에 일어났던 하나님의 기적은 잊어버리고 모세를 원망했습니다.

이처럼 인간에게는 미래의 소망보다 현재의 욕구충족이 더 시급하게 느끼는 것이 또한 사실입니다.

그러나 머슬로우의 욕구충족 5단계에 나와 있는 대로 저급한 식욕이나 성욕에 의해 인간의 의지가 꺾인다면 이러한 삶은 동물적 삶의 단계를 벗어나지 못하고 있는 것입니다.

그러나 그럼에도 불구하고 지도자 모세의 간절한 중보기도는 응답의 축복이 이루어졌습니다.(25)

그래서 마라의 쓴 물이 단물로 이루어졌습니다. 간절한 기도, 믿음의 기도는 쓴 물을 단물로 변화시킵니다. 믿으십니까?

이스라엘 백성들은 광야에서 1차 시험에서 불합격했습니다. 그래서 일정한 법도와 율례 아래서 훈련을 받아야만 했습니다.(25)

이스라엘 백성들이 이 법도와 율례만 지키면 하나님이 구원의 은혜를 풍성히 내려주실 것을 약속하셨습니다.

그리고 그 증거가 엘림에 이르렀을 때 종려나무와 샘물이 가득한 샘을 만나게 해주셨던 것입니다.(27)

오늘날 우리의 구원의 여정에도 기쁨과 시련이 교차되고 반복됩니다. 우리의 믿음의 기도는 시련을 기쁨으로 변화시킵니다.

우리의 삶을 기쁨으로 바꾸는 비결은 오직 하나님께 있습니다.(23-25)

하나님은 자기 백성을 시련 하시지만 또한 위로도 하십니다.

"여호와 라파" 여호와는 치료하시는 하나님이십니다. 인생의 쓴 고통을 기쁨으로 바꾸어 주십니다. 치료해 주십니다.

인간은 연단 없이는 변화나 성화 되지 않습니다.

내버려두면 녹이 씁니다. 더러워집니다.

마라의 쓴 물은 이스라엘 백성이 고질적으로 가지고 있던 심령의 사악함과 고칠 수 없는 육신의 부패를 나타내주고 있습니다.

그들은 하나님의 크신 구원을 경험했음에도 불구하고 여전히 믿음이 자라지 않고, 그들의 지도자를 원망했습니다.

그러나 지도자 모세의 중보의 기도는 또 한 번 하나님의 동행을 경험하게 했던 것입니다. 우리가 사는 세상은 쓴 물과 같습니다. 기쁨 후에 슬픔이 찾아오고 성공 후에 실패를 맛보기도 합니다.

또한 우리의 삶의 여정에는 이웃의 배반, 가족의 사별, 사업의 불황, 예상치 못했던 질병, 갑자기 당한 사고, 실망과 좌절을 수없이 경험하며 살아갑니다.

그리고 그런 과정 속에 피나는 노력으로 목표에 도달하고 보면, 이것도 별 것 아니구나 하는 허전한 고백을 하게 됩니다. 그래서 모든 수고와 성공도 헛되다고 고백하는 순간, 인간은 황혼기를 맞이하게 되는 것입니다.

그러나 하나님은 쓴 물을 단물로 변화시킵니다. 모세가 기도하여 하나님의 응답을 받고 하나님이 시키는 대로 순종할 때 쓴 물이 단물로 변하게 되었던 것입니다.

하나님은 인간의 생사화복을 주관하시는 분이십니다.

그러므로 방법은 길은 하나밖에 없습니다.

하나님을 믿게 하고, 하나님께 기도하게 하는 길밖에 없습니다.

이것이 선교입니다. 선교하지 아니하면 쓴 물을 단물로 바꾸어지는 역사가 나타나지 않습니다.

세계 역사는 선교 주동국가가 가장 선진국이었고, 강대국이었습니다. 우리는 세계선교 제2국가입니다. 물론 숫자는 세계 2십만 명 선교사 중 만 이천 명밖에 안 되지만 국가적으로는 두 번째입니다. 그리고 교단적으로는 우리 장로교 합동측이 제일 많습니다.

통합측은 우리 절반도 못 미칩니다.

선교하는 가정, 선교하는 국가, 선교하는 기업, 하나님이 복을 주십니다.

여기 "한 나무"는 주님의 십자가를 의미합니다.

십자가 복음은 쓴 물을 단물로 만들고, 죄인을 의인으로, 저주를 축복으로 변화시키는 역사를 일으킴을 의미합니다.

예수 그리스도는 인간을 치료하기 위해 오셨습니다.

선교는 치료자 예수를 만나게 하고, 믿게 하는 것입니다. 아멘.

출애굽기 강해 제22강

【본문】 출애굽기 16:1-36

하늘에서 내려온 떡

이스라엘 백성이 애굽에서 해방되어 나온 것은 기적 중의 기적입니다. 애굽에 내린 열 재앙은 바로 기적입니다. 천하를 호령하던 파라오도 하나님의 능력 앞에는 항복하고야 말았습니다.

그러나 기적적으로 홍해를 건넌 이스라엘 백성들, 시내산으로 이르는 길에 3일간 물이 없어 목마름의 고통을 겪게 되었습니다.

3일 만에 마라에 이르러 물을 발견했으나 쓴 물이라 먹을 수 없었습니다. 쓴 물 때문에 원망과 불평이 이스라엘 백성들에게 퍼지기 시작했습니다.

그러나 모세가 기도하는 가운데 쓴 물이 단물로 바꾸어졌습니다. 목마름이 해결된 저들은 또한 배고프다고 또 원망하고 불평하기 시작했습니다.

물론 인간은 육체인지라, 목마름, 배고픔을 견디기 힘듭니다만 그러나 이스라엘 백성들은 하나님 앞에 기도하면 해결되는 것을 그렇게 보고도, 기도하지 않고 원망, 불평했습니다.

이스라엘은 애굽에 400년 간 이상 종살이를 해왔으므로 저들은 완전히 종의 성격, 종의 체질이 되어 왔음을 볼 수 있습니다.

그러나 하나님은 변함없이 이스라엘을 사랑하셔서 하늘에서 만나와 메추라기를 내리게 해주셨습니다.

1. 만나는 하나님의 사랑의 떡입니다.

그렇게 기적을 보고, 하나님의 역사를 보고도 조금만 어려우면 원망하고 불평하는 것, 이것이 인간의 타락상입니다.

16:2 여호와의 종 모세와 아론에 대하여 "원망하였다"고, 16:7에는 이들이 여호와에 대하여 원망하였다고 기록하고 있습니다.

교회에 원망하는 것은 하나님께 원망하는 것입니다. 하나님의 사자를 원망하는 것은 "하나님께 대하여 원망하는 것입니다."

그러나 하나님은 저들에게 자비를 베푸셨습니다.(4)

"내가 너희를 위하여 하늘에서 양식을 비같이 내리리니"

은혜의 비가 하늘에서 내려오듯 하늘에서 양식이 내려왔던 것입니다. 저들의 원망 불평하는 행동을 볼 때는 하늘에서 유황불이 내려와도 할 말이 없을 것인데 "만나"가 내려왔습니다. 이것은 은혜받을 자격이 없는 자에게 축복을 가져다주시는 것입니다.

롬 5:8 "우리가 아직 죄인 되었을 때에 그리스도께서 우리를 위하여 죽으심으로 하나님께서 우리에게 대한 자기의 사랑을 확증하셨느니라"

2. 만나는 풍성하게 가나안 땅에 이르기까지 내렸습니다.

이스라엘 백성들은 1인당 한 호멜씩 거두도록 했습니다. 풍성한 양입니다. 하나님의 은혜는 넘칩니다. 우리의 구원은 모자라지 않습니다.

우리의 생명 역시 모자라지 않습니다. 만나가 하늘에서 내려오는 것은 전적인 하나님의 역사요, 사람의 도움은 필요치 아니합니다. 그러나 만나를 취하기 위해서는 각자 그들이 필요한 식량대로, 즉 식량이 충분히 될 만큼 거두라고 했습니다.(16:21)

3. 예수님은 하늘에서 내려온 만나입니다.(요 6:31)

예수님은 생명이십니다. 예수님 자신이 구약에 하늘에서 오신 만나라고 말씀하셨습니다. 만나가 하늘에서 내려 육의 생명을 주듯이, 예수님은 하나님께로부터 와서 영원한 생명과 소망을 주셨습니다. 만나는 가나안 땅에 들어갈 때까지만 내렸습니다. 그러나 예수님은 영원한 만나입니다. 우리는 예수로 생명을 얻고, 예수로 목마름을 해결하게 됩니다. 예수는 영원한 생명수입니다.

만나는 하나님의 사랑입니다.

예수는 하나님의 사랑입니다.

만나를 먹어야 살 듯이 예수를 먹어야 삽니다.

하늘에서 내려온 떡을 먹어야 하는 것입니다.

오늘의 만나는 영생의 말씀인 성경입니다. 성경을 날마다 읽고, 묵상하며 지켜야 합니다. 말씀을 먹으라고 했습니다. 왜 그렇습니까? 생명의 양식이기 때문입니다. 사람이 떡으로만 사는 것이 아닙니다. 말씀, 하나님의 말씀으로 삽니다.

성경은 성령의 감동을 입은 자들이 기록한 하나님의 말씀입니다. 그러므로 땅의 사람들이 쓴 책과는 다른 것입니다. 말씀 역시 하늘에서 내려온 떡, 즉 양식입니다. 먹어야 합니다.

만나가 하나님의 사랑의 떡이듯이 예수님은 바로 사랑의 본체이십니다. 성경은 하나님의 사랑이 들어있는 말씀입니다.

만나가 풍성히 내렸듯이 예수 그리스도는 인류가 구원 얻는데 충만합니다. 말씀은 조금도 부족함이 없는 생명의 말씀입니다.

믿으시기를 주님의 이름으로 축원합니다. 믿는 것이 먹는 것입니다.

출애굽기 강해 제23강

【본문】 출애굽기 17:1-7

목마름의 시련

15장에서는 홍해를 건넌 이스라엘 백성들이 마실 물이 없는 시련이 다가왔습니다. 물을 발견했는데 물이 써서 마실 수가 없었습니다.

그러나 부르짖어 기도하는 가운데 쓴 물이 단물이 되는 기적이 일어났습니다. 그러나 오늘 본문에는 쓴 물이든 단물이든 상관없이 아예 물이 없는 시련이 또 닥쳐왔습니다.

광야에는 무엇보다 물이 없는 시련이 가장 큰 시련입니다.

인간은 배가 고파도 못 살지만 목말라도 못 사는 것입니다.

특히 이스라엘 백성들은 장정만 60만 명이니까, 거기에다 잡족들까지 따라 나왔고, 어린아이와 노약자, 여자들을 합하면 적어도 3,4백만 명에 이릅니다.

그것뿐이 아닙니다. 소떼와 양떼, 심히 많은 생축들을 이끌고 나왔으니 사막 길에 여행한다는 것은 여간 문제가 아닙니다. 가장 큰 문제는 식수와 식량입니다. 또한 언제 적으로부터 공격을 당할지도 모릅니다.

다행히 신광야에 이르러서는 하나님께서 아침과 저녁으로 만나와 메추라기를 주심으로 양식문제는 해결되었습니다. 그러나 식수나 외적으로부터 자신들을 보호하는 문제만은 그리 간단히 해결될 문제는 아니었습니다.

이스라엘 백성들은 계획된 여행의 경로대로 르비딤에 장막을 치게 되었습니다. 마실 물이 없었습니다.

언제나 장막은 마실 물이 있는 지역에 쳐야 합니다. 그런데 그들은 물을 찾지 못해 부득불 르비딤에 장막을 친 줄 압니다.

또 다시 백성들은 모세를 원망하기 시작했습니다.(2) 모세와 다투었다는 말은 모세에게 원망하고 불평했다는 말입니다.

이스라엘 백성들은 하나님의 인도 따라 순종하며 갔는데도 물을 발견하지 못했다는 것입니다. 자기들 마음대로 가서 물을 얻지 못한 것이 아니라는 사실입니다.

4절에 보면 모세에게 돌을 던질 정도로 대들었습니다.

그때 모세는 하나님께 매달려 기도했습니다. 하나님께서 하수를 치던 지팡이를 손에 잡고 가라고 명령하셨습니다.(5)

그리고 그 지팡이로 호렙산 반석 위를 치라고 했습니다.(6)

모세는 장로들이 보는 앞에서 그대로 순종했습니다.

그때 반석에서 생수가 쏟아져 나왔습니다. 그곳 이름을 맛사 혹은 므리바라고 하게 되었습니다. 이스라엘 백성들은 광야 여행중 마실 물이 없자 모세와 다투면서 하나님을 원망했습니다.

우리는 다 하나님의 백성이 된 신분입니다. 그러므로 언제나 영적인 일에 우선을 두어야 합니다.

하나님의 백성이지만 육신에 거하는 동안 환경의 지배를 받을 수밖에 없습니다. 그때 하나님의 약속, 하나님의 말씀을 기억하고 장성한 믿음으로 승리해야 할 것입니다.(시 119:50)

말씀을 잊어버리면 말씀을 떠나면 우리의 믿음은 약해집니다.

이스라엘은 언제나 하나님이 함께 하셔서 지켜주시고 인도해 주시고 계시는데도, 목마름을 당하니까 또 잊어버렸다는 것입니다.

우리는 모든 문제를 말씀과 기도로 해결해야 합니다.

모세는 하나님께 부르짖었습니다. 무지한 백성과 싸우지 아니했습니다.

하나님이 인도하셨습니다. 호렙산 반석을 치라고 하셨습니다. 명령에 순종했습니다. 반석에서 물이 쏟아져 나왔습니다. 반석은 예수 그리스도를 예표합니다. 우리는 예수 그리스도를 통하여 생명을 얻습니다.

요한 7:37에 예수님께서 "누구든지 목마르거든 내게로 와서 마시라"고 하셨습니다.

예수 그리스도를 믿는 자는 생수의 강을 체험하게 됩니다. 생수를 통해 목마름을 해결하듯이 예수 그리스도를 통해 참 평안과 만족을 누리게 됩니다.

오늘 우리가 사는 세상은 물 없는 광야와 같습니다.

육적으로 정신적으로 영적으로 지쳐 있습니다.

인생의 목마름은 계속되는 세상입니다.

사람들은 무지 때문에 목마릅니다.

사람들은 욕심 때문에 목마릅니다.

사람들은 기다리지 못해서 목마릅니다.

무엇보다 믿음이 없어서 목마릅니다.

문제의 원인을 다른 사람에게 돌리기 때문에 목마릅니다.

물을 찾기보다, 물을 주실 수 있는 분을 찾아야 합니다. 물 없는 땅만 바라보지 말고, 하늘을 쳐다보아야 합니다.

원망하지 말고 기도해야 됩니다.

불평하지 말고 기도해야 됩니다.

잊어버리지 말 것은 잊어버리지 말아야 합니다.

예수 그리스도만이 인생의 생수를 제공합니다. 주님만이 다시는 목마르지 않는 영원한 생수입니다.

고인 물은 생수가 아닙니다. 퍼서 마시는 물은 계속 솟아나는 물이 아닙니다.

반석에서 나오는 물은 계속 끊임없이 솟아나는 물입니다.

모든 인생 문제의 해결은 기도입니다.

기도하는 자의 손은 능력이 있습니다.

목마름의 시련을 이깁니다.

불평하지 말고 기도합시다.

원망하지 말고 기도합시다.

인도하시는 하나님을 믿고 기도합시다.

지옥은 영원한 목마름의 저주가 계속되는 곳입니다.

그러나 이 땅의 목마름은 시련입니다.

믿음으로 이길 수 있습니다.

기도로 해결할 수 있습니다.

원망하면 해결 안 됩니다.

불평하면 해결 안 됩니다.

믿음으로 승리하시기를 바랍니다.

출애굽기 강해 제24강

【본문】 출애굽기 17:8-16

여호와 닛시

목마름의 사건은 환경적인 시련이고 아말렉과의 싸움은 따져보면 유랑민족에 대한 지역민족의 방어입니다.

사실 이스라엘 백성들이 애굽의 종살이할 때는 목마름은 없었는 줄 압니다. 그리고 전쟁을 치른 경험도 없었습니다. 그러므로 목마름도 처음이요, 전쟁도 처음입니다. 목마름도 모세의 기도로 해결했습니다. 하나님이 해결해 주셨습니다.

아말렉 전쟁 역시 모세의 기도로 승리합니다.

애굽에 있을 때 땅을 파서 물을 해결하고 전쟁을 준비해서 즉 군사 훈련을 해서 나라를 견고히 하는 강대국이 되는 방법과는 너무나 거리가 먼 황당한 방법입니다.

이것이 기독교의 신비요, 능력입니다. 하나님이 하시는 방법입니다. 아말렉은 광야에서 길들여진 유목민입니다.

아말렉 전투에서는 역할 분담을 했습니다. 모세는 기도하고 아론과 훌은 모세의 팔을 받쳐주고 있고, 여호수아는 이스라엘 백성을 거느리고 즉 백성이 다 군대(군인)가 된 것입니다.

그 백성들을 거느리고 전투에 임했습니다.(8, 9, 13)

훈련도 해보지 않았던 백성들, 무기도, 전술도 모르는 자들, 생각만 해도 상대가 안 되는 싸움입니다.

그런데 결과는 이스라엘이 크게 승리했습니다. 상식과 경험, 인간적인 이해로서는 불가능한 결과입니다.

승리의 원인은 모세의 기도에 있습니다.(삼상 17:47) 그래서 다윗은 "전쟁은 여호와께 속한 것인즉 그가 너희를 우리 손에 붙이시리라"고 했습니다.

이 전쟁은 성도의 영적 전쟁을 의미하기도 합니다. 또한 영적 전쟁에 승리하는 비결을 가르쳐 주는 내용이기도 합니다.

"여호와 닛시"는 "여호와는 나의 깃발"이란 뜻입니다.

이 말은 이스라엘이 첫 전쟁에서 크게 승리한 사실을 기념하는 제단 이름입니다. 모세는 전쟁에 승리한 후 하나님께 감사의 제사(예배)를 드렸습니다. 그리고 그 제단 이름을 "여호와 닛시"라고 불렀던 것입니다.

또한 아말렉 족속은 에서의 후손들입니다.(창 36:15, 16)

저들은 시내산과 아라비아 반도를 포함한 팔레스타인 남부지역에 거주하며 다수가 유목생활을 했습니다.

이들과의 싸움에서 모세의 기도의 팔은 내려오지 않도록 아론과 훌이 조력자들이 되었습니다. 그 결과 통쾌한 승리를 맛보게 되었습니다. "여호와 닛시", 닛시는 깃발입니다.

① 깃발은 결단의 상징입니다.
② 깃발은 구별의 표징입니다.
③ 깃발은 기쁨의 표현입니다.
④ 깃발은 보호의 표시입니다.

하나님은 하나님의 백성들을 보호하십니다.

이스라엘 백성이 아말렉 전쟁에서 승리케 하심으로 우리에게 주시는 교훈이 무엇이겠습니까?

① 전쟁이나 어려운 일이 있을 때는 백성들이 일치되어 협력해야 승리한다는 사실을 가르쳐 주고 있습니다.
② 전쟁이나 어려운 일이 있을 때는 합심 기도해야 승리한다는

것을 교훈하고 있습니다. 지도자를 위시하여 기도해야 되는 것입니다.

③ 모든 전쟁은 하나님을 전쟁의 깃발로 삼을 때 승리합니다.

하나님을 의지하고 하나님을 앞세우고 하나님께 영광 돌릴 때 승리한다는 사실을 교훈하고 있습니다.

자기 영광, 자기 이름 드러내기 위하면 패배합니다.

독불장군이 없습니다. 성실히 돕는 자가 있어야 됩니다.

하나님이 도와주시고, 백성들이 힘을 합해야 되는 것입니다.

하나님은 우리를 도와주시기를 기뻐하시며 우리와 함께 역사하시기를 원하십니다.

신앙생활은 막연한 의지나 위로의 수단이 아니라 바로 삶인 것입니다. 우리의 삶 속에 하나님과 동행이 날마다 이루어져야 날마다 승리합니다.

뿐만 아니라 아론과 훌 같은 훌륭한 동지나 조력자가 있는 것은 너무나 복된 일입니다. 이 세상에는 도와주는 자와 방해하는 자와 무관심한 자들이 있습니다.

자기의 못하는 수준으로 타인까지 동지를 규합하는 것은 디오드레베 스타일입니다.(요3서 9)

으뜸 되기 좋아하면서 협조는 안 하고 협조하는 자 방해하는 스타일입니다. 신앙의 승리는 내 기준이 아닙니다. 하나님 기준입니다. 형이 어떻게 동생의 팔을 부축하고 있습니까? 그 당시 문화에서 있을 수 있는 일입니까?

그러므로 영적인 것이 먼저이고, 우선이고, 영적인 질서가 우선이고 하나님의 방법이 우선되어야 승리합니다.

"여호와 닛시" 하나님의 깃발은 승리의 깃발입니다.

출애굽기 강해 제25강

【본문】 출애굽기 18:1-12

하나님의 역사 증거

모세가 미디안 광야에서 40년을 지내다 애굽으로 갔습니다. 그 때 가족들도 다 데리고 간 것 같습니다.(4:20)

그런데 그 후에 가족들을 다 장인 이드로에게 보낸 것 같습니다.

오늘 본문은 이산가족 상봉 내용이 나옵니다.

모세의 장인 이드로는 모세를 통해 하나님께서 이스라엘에게 행하신 역사를 듣고, 모세의 가족(이드로의 딸과 두 손자)을 데리고 왔습니다. 그때 모세는 장인을 영접한 후 문안 인사를 드리고(7) 지금까지의 하나님의 역사를 상세히 설명했습니다.

모세는 다른 이야기보다 하나님의 구원의 역사를 간증했습니다.

모세는 가족에게 하나님을 증거하고 복음을 전하는 일에 무관심하지 아니했습니다. 그리고 이드로는 모세의 이야기를 듣고 여호와는 신중의 신이요, 만유의 주가 되심을 공적으로 고백했습니다.

모세의 관심은 가족들도 예수 잘 믿어 자손 수천 대까지 복받는 가정이 되도록 하는 것으로 봅니다. 특별히 이드로의 고백은 확신의 고백입니다.

12절 "모세의 장인 이드로가 번제물과 희생을 하나님께 가져오매 아론과 이스라엘 모든 장로가 와서 모세의 장인과 함께 하나님 앞에서 떡을 먹으니라"

이드로는 미디안 이방 사람입니다. 그 당시 이방 나라는 우상으로 가득 차 있었습니다. 그런 가운데 변화되고 하나님을 믿게 된 것은 순전히 하나님의 역사요, 축복인 것입니다.

또한 11절의 이드로의 고백을 보십시오. "이스라엘에게 교만히 행하는 그들을 이기셨도다"(11)

하나님은 하나님 영광을 가리게 하고 하나님의 백성을 괴롭게 하는 자들이 하나님 앞에 성공한 자들이 없습니다.

우리는 모세처럼, 하나님 높이고 하나님의 역사를 드러내는데 최선을 다해야 될 줄 압니다. 그리고 모세와 장인 이드로의 만남 속에 인간적으로 배울 것도 적지 않습니다.

① 사랑이 있는 교제입니다.(7)

② 예의가 있는 교제입니다.(7)

③ 하나님을 증거하는 교제입니다.(8)

이드로의 신앙 고백은 하나님은 찬양을 받으실 분(9-10), 어떤 신보다 위대하신 분(11), 희생 제사를 드렸습니다.(12)

모세의 장인인 이드로와 모세의 만남은 하나님이 예비하신 것입니다. 그는 장인이기 이전에 하나님이 그를 통해 모세를 보호하게 하시고, 처자도 보호하게 하시고 모세에게 유익한 것들을 도움을 주었던 것입니다.

그래서 이드로가 모세에게 조언한 것이 13-27에 나옵니다. 이드로의 신앙고백은 모세와의 만남을 통해 더욱더 하나님께 쓰임 받는데 유익을 도모하게 되었던 것입니다.

복되고 유익한 만남은 신앙고백과 신뢰의 바탕에서 이루어져야 가능한 것입니다. 또한 신앙고백이 있는 자의 교훈이나 책망은 사랑과 진실한 마음이요, 사심이 없는 하나님 중심적인 것이기 때문 감사함으로 수용해야 하는 것입니다.

출애굽기 강해 제26강

【본문】 출애굽기 18:13-27

교회 조직의 목적과 필요성

지도자는 완벽자가 아닙니다. 지도자에게는 조언이 필요 없는 존재도 아닙니다.

위대한 지도자는 조언에 귀를 기울입니다. 모세는 미디안 제사장 이드로의 조언에 의해 이스라엘 행정체계를 재정비했습니다.

이스라엘은 이제 더 이상 야곱의 족보 속에 갇혀 있는 것이 아니라 하나의 국가를 이룰 수 있는 거대한 집단이었습니다.

우리가 알 것은 행정 체계가 소극적이고 조그마한 울타리 안에서의 체계이면 더 이상 확대할 수 없다는 것을 알아야 합니다.

이제 모세 혼자서 다할 것이 아니라 부장 제도를 확립해서 부장이 그 한 그룹을 철저히 관리하여 모세에게 보고하도록 하는 시스템의 발전과 변화를 가져왔다는 것입니다.

교회도 혼자 동네 간섭 다 하면 교회는 더 이상 확장되지 않습니다. 전체 관리는 하되 각자 각자가 맡은 분야에 소신껏 할 수 있도록 해야 하는 것입니다.

이런 경우 많은 시스템을 관리해본 경험이 있는 경우는 굉장히 유익합니다. 무엇이든지 자기 혼자, 자기 맘대로 하면서 한 평생을 살아온 자들이 교회에서 제일 조심해야 할 것이 이런 부분입니다.

모세는 역시 위대한 지도자입니다. 이드로의 조언을 받아들여 이스라엘 행정 체계 정비라는 일대 개혁을 단행했습니다. 그러면 모세가 영력이 부족하거나 지도력이 부족해서 그런 것은 아닙니다. 우리나라의 경우 많은 부분 제도를 바꾸고 개혁한다고들 했지만 발전과 유익에 별 도움을 주지 못했습니다.

개혁 개혁하면서 개혁을 부르짖고 앞세웠지만, 개혁 전보다 더 크게 다방면에 부패와 부조리가 자리 잡았습니다.

아무리 생각해도 이해가 안 가는 것은 다 들통이 났는데도 끝까지 아니라고 하는 것이 더 비극적입니다.

오늘 우리 사회에서 장인정신이나 노인이 우대 받아야 하는 이유는 그들의 사회의 공적보다는 과거의 경험이 풍부하기 때문이라는 것입니다.

경험을 무시하는 사회나 조직체는 퇴보하지 발전하지 아니합니다.

이번에 이라크 문제만 하더라도 낙하산 인사들이 다 배치됨으로 대사관에 이라크 말 하나 제대로 하는 자가 한 사람밖에 없었다고 했는데 사실인지, 정말 그렇다면 기가 막히고도 남을 일입니다.

무경험자들이 판을 치고 있는데 제대로 안전과 발전이 있겠습니까?

과거 군사 정권 시대의 낙하산 인사는 명함도 못 내밉니다.

싹쓸이 해버렸다고 하는 기관이 많습니다. 요직은 다 차지하고 아무 권한도 없는 곳에 배치해 놓고는 몇% 했느니 하고 있다는 것입니다.

모세는 과거에 연연하지 않고 새로운 조직 체제를 구성했습니다. 이드로의 조언은 그의 풍부한 경험에 의한 것입니다.

사심이 없는 조언은 정말 엄청난 발전과 유익을 가져옵니다.

모세는 겸손한 자요, 마음이 넓은 지도자였습니다.

대개의 경우 졸부가 교만하지 대장부는 교만하지 않습니다. 경험 많은 대장부는 생각이 크고 넓습니다.

모세는 재덕이 겸비한 자를 천부장, 백부장, 오십부장으로 세웠습니다. 오늘날도 교회의 지도자는 능력이 있어야 합니다. 공적으로 임무를 수행하는데 결격 사유가 없어야 하는 것입니다.

① 지도자는 섬김의 자세가 되어 있어야 합니다.

영적 지도자나 교회 지도자는 하나님의 백성 위에 군림하는 자가 아닙니다. 하나님을 대신해서 백성들을 돌보며 하나님의 은혜 가운데 거하도록 인도하는 자입니다.

② 지도자는 희생의 각오가 항상 되어 있어야 합니다.

희생할 각오가 되어 있지 아니하면 하나님이 주시지도 않지만, 있는 것까지도 빼앗아 가시고, 그에게 하나님은 아무 기대도 하지 아니하십니다.

③ 지도자는 영적 통찰력이 충만해야 합니다.

영적 지도자가 영적으로 무디어져 있고 우둔하면 안 되는 것입니다. 교회는 크게 두 가지입니다.

① 무형교회와

② 유형교회입니다.

유형교회를 전투적 교회라고 부릅니다. 왜 전투적 교회라고 부르느냐 하면 영적 전투에 부름 받은 자들이기 때문입니다. 교회는 교회로서의 본질을 지키고, 사명을 수행해야 하는 것입니다.

교회 사명은 복음 전파와 성례 집행, 그리고 권징을 신실히 시행해야 하는 것입니다. 권징이 없는 교회는 세속화되고 거룩함이 보존되지 않습니다.

교회는 예배 공동체입니다. 철저히 하나님께 예배를 드려야 하는 것입니다.

이제 말씀을 정리합니다.

모세의 행정적 한계를 극복하게 하기 위해 이드로는 지혜로운 해결책을 제시했습니다. 이드로의 조언은 하나님께 허락을 받고 시행하게 되었던 것입니다.

조언은 사랑의 마음에서 해야 합니다. 조언은 진실한 마음으로 해야 합니다.

조언은 사심 없는 마음으로 해야 합니다.

이런 조언을 받아들임으로써 날마다 발전해 가게 될 것입니다.

출애굽기 강해 제27강

【본문】 출애굽기 19:1-6(7-25)

이스라엘에 대한 하나님의 사랑과 관심

사랑은 관심입니다.

관심이 없다는 것은 사랑이 없다는 의미를 포함합니다.

19장은 하나님께서 이스라엘에 대하여 얼마나 감동적이고 아름다운 표현으로 이스라엘을 향하신 하나님 자신의 마음과 노력을 드러내고 있습니다.

간단한 표현이지만 아주 핵심적인 내용이요, 표현입니다.

3-6을 같이 읽읍시다.

하나님의 말씀, 즉 언약은 모두 은혜 언약입니다. 축복 약속입니다. 하나님의 자녀, 하나님의 백성이 되도록 노력하라는 말이 아니고, 제사장 나라, 거룩한 백성이 되게 하셨다는 선포입니다.

하나님은 "가나안 땅을 주겠다" "줄까 하노라" 하지 아니했습니다. 하나님이 가장 관심 있게 아끼는 하나님의 소유가 된다는 축복의 약속입니다.

하나님의 말씀은 하나님이 우리에게 향하신 은혜의 약속입니다. 약속 하나 하나에 놀라운 축복이 들어 있습니다.

8절을 보십시오.

"백성이 일제히 응답하여 가로되 여호와의 명하신 대로 우리가 다 행하리이다"

"우리가 한번 힘껏 해보겠습니다"가 아닙니다.

"우리가 다 행하리이다"입니다.

거룩한 약속이요, 복된 응답이요, 결단입니다.

그러나 이런 거룩한 약속이라 할지라도 하나님이 또한 도와주지 아니하면 안 되는 것입니다.

하나님께서 이스라엘을 사랑하셔서 시내산 언약을 주셨습니다.

그런데 지금까지의 언약은 무조건적이고 일방적인 언약이었습니다. 그러나 유독 이제 시내산 언약만은 조건적 언약입니다.

노아, 아브라함, 모두 무조건적 언약입니다. 그 언약이 계속 실현되어 왔습니다.

그러나 반면 시내산 언약은 이제 무조건적이 아니라,

"…하면 …하리라"라는 형식을 갖추고 있는 조건 언약입니다.

물론 이 언약은 일시적, 한시적입니다. 그리고 시내산 언약은 실제적이고 경고적인 내용입니다.

이것은 현 시대를 살아가고 있는 자들에게 삶의 선택과 방법을 결정하도록 하는 언약입니다.

시내산은 하나님 임재의 산입니다. 모세는 하나님의 사람입니다. 하나님은 시내산에서 모세를 중심으로 언약과 계명이 주어졌습니다. 이것은 오늘날 우리에게 주어진 생명의 말씀입니다.

19장에서 모세가 시내산에 올랐다 내려온 활동은 34장까지 무려 8번이나 올라갔다 내려오게 됩니다.

먼저 지도자인 모세가 하나님의 말씀을 듣고 깨달아야 합니다.

그리고 하나님의 말씀을 듣고 깨달은 지도자의 말을 신뢰해야 합니다.(7-9)

그래서 모세는 백성의 장로들을 모으고 하나님께서 이스라엘을 선택하신 뜻과 이스라엘과 맺고자 하시는 특별한 관계를 다 이야기했습니다.

이때 이스라엘은 일제히 하나님의 말씀을 다 지켜 행하겠다고 했습니다.

이때 하나님께서는 살아 계신 하나님의 영광과 위엄을 나타내셨습니다. 그리고 이제 이스라엘은 하나님께서 모세를 통해 말씀을 주시고 역사하심을 알게 인도하셨습니다.

그리고 또 한 단계 더 나아가 이스라엘 백성들이 하나님 앞에 나아가기 위하여 여러 가지 준비해야 될 것을 말씀하셨습니다.

옷을 빨고 예배하여 3일을 기다리고 다음에는 하나님이 강림하실 시내산 주위에 경계를 정하여 그 지경을 범하지 않도록 엄히 경고했습니다.

이것은 하나님은 성결을 원하시고 하나님은 권세와 능력의 하나님이심을 드러내고 있습니다.

하나님의 백성들, 광야 같은 세상을 살아가는 하나님의 백성들, 하나님의 지극한 사랑과 관심의 대상들, 그 하나님은 우리에게서 성결을 요구하심은 자신이 성결하기 때문입니다.

그리고 우리 하나님은 능력과 권세가 있는 두려우신 하나님이십니다. 그렇기 때문에 든든합니다.

원수 마귀가 두렵지 않습니다.

하나님이 가만 두지 않기 때문입니다.

출애굽기 강해 제28강

【본문】 출애굽기 20:1-26(1-17)

시내산에서 주신 십계명

은혜는 하나님이 어떤 분이신가를 나타냅니다.

그러나 율법은 인간이 마땅히 어떠한 사람이 되어야 하는 문제를 제시합니다.

그래서 주로 "너희는 …하라", "너희는 …하지 말라"는 명령과 지시로 형성되어 있습니다.

하나님께서 시내산에서 이스라엘 백성들에게 십계명 율법을 주셨습니다.

십계명 핵심은 두 가지입니다. 마음을 다하고, 목숨을 다하고, 뜻을 다하여 하나님을 사랑할 것과 이웃을 자기 몸처럼 사랑하라는 것입니다.

그리고 21:1-23:9까지는 사람과 사람 사이에 관계되는 사회상의 법률을 담은 시민법으로서의 규례를 주셨습니다.

또 23:10-33은 종교의식에 관계되는 의식법 규례를 주셨습니다.

십계명은 하나님이 주셨습니다. 시내산에서 주셨습니다.

이스라엘 백성에게 주셨습니다. 왜 주셨습니까?

이스라엘의 하나님이시기 때문입니다.(20:2)

하나님을 사랑하는 방법은

① 하나님 외에 다른 신을 섬기지 말아야 합니다.

② 우상을 만들지 말아야 합니다.

③ 하나님의 이름을 망령되이 부르지 말아야 합니다.

④ 안식일을 거룩히 지켜야 합니다.

사람을 사랑하는 방법은 먼저 부모를 공경해야 합니다.

살인하지 말아야 합니다.

간음이나, 도적질하지 말고, 이웃에 대하여 거짓 증거 하지 말아야 합니다. 또한 이웃의 것을 탐내지 말아야 합니다.

십계명은 모든 사람들에게 하나님의 절대주권과 거룩성과 하나님의 뜻을 알게 하는 동시에, 인간의 무능과 부패를 자각시켜(롬 3:20/ 7:9) 인간은 인간 스스로는 자신을 구원할 수 없는 존재임을 깨닫게 하는 데 있습니다.

그러므로 오직 예수 그리스도만이 참 구원자이심을 깨닫게 하기 위해 주신 것입니다. 뿐만 아니라 불신자들에게는 율법의 저주 아래서 심판을 받을 수밖에 없는 하나님의 공의를 드러내게 되는 것입니다.

그러므로 십계명이나 율법이 인간의 성품을 고쳐주거나 개선하는 일은 율법의 임무가 아닙니다. 또한 율법이 율법의 의로운 요구를 실행하는데 그 어떤 힘도 제공할 수 없습니다.

율법은 "이를 행하라, 그리하면 살리라"고 합니다.

율법은 하나님을 사랑하라고 명령합니다. 그리고 그래야 산다고 말해주기만 합니다.

우리는 십계명을 통해서 하나님과 인간 사이의 관계와 인간과 인간 사이의 관계에 대하여 어떻게 해야 된다는 것을 깨달을 수 있습니다.

인간의 경배 대상은 오직 하나님이십니다. 그리고 하나님의 본질을 나타내고 있습니다.

그리고 또 십계명은 하나님과 사람에게 죄를 짓지 말 것을 경고

하면서 무엇이 죄이냐를 규정합니다.

반면에 적극적인 면에는 하나님과 사람을 사랑하는 것이 죄를 짓지 않는 방법임을 교훈하고 있습니다.(롬 13:10)

"사랑은 율법의 완성이라"고 했습니다. 그래서 율법 속에는 거룩, 공의, 사랑이 그 안에 들어 있습니다.

구약에 다른 신(20:3)이란 말이 73회나 기록되었는데, 이것은 하나님과 비교도 안 되는 다른 신을 그때 섬기고 있었다는 것입니다. 그리고 무슨 형상을 만들어 섬겨오고 있었습니다.

그러므로 우상의 전통이나 문화도 오래 계속되어 오고 있는 것입니다.

여기 질투하시는 하나님이심을 강조한 것은(4-6), 하나님은 하나님의 신성을 훼손하는 것을 그렇게 싫어한다는 것입니다. 또한 인간이 참 신이 아닌 다른 신을 섬기는 것을 그만큼 싫어하시고 그 싫어하시는 이유가 인간을 그만큼 사랑하심을 드러내고 있습니다.

모세 오경에 나오는 법률은 조건적인 것과 절대적인 것이 있습니다.

십계명은 절대적인 법에 속합니다. 이것은 판례에 따라 바꿀 수 있는 것이 아닙니다. 절대법은 명령입니다.

증거의 판(34:29), 언약의 판(신 9:9)이라고 불리는 십계명(열 말)은 종교와 윤리가 철저히 조화된 율법의 뼈대입니다. 종교의 계율과 최고의 도덕적 의무가 집약된 열 마디 계명은 성도들의 양심에 영원히 간직하고 지켜야 할 계명입니다. 그러므로 십계명은

1. 하나님이 주신 것입니다.

그 하나님이 누구십니까?(2) 구원의 하나님이십니다.

십계명은 우리를 구원해 주신 하나님의 요구입니다. 그러므로 구속받은 자의 의무입니다.

십계명은 "너의 하나님 여호와가 주셨음"을 강조하고 있습니다.

그리고 너의 하나님 여호와는 너를 구원하여 주신 하나님이시라는 사실입니다.

애굽의 종살이에서 전혀 자유와 구원이 불가능한 자를 구원해 주셨다는 것입니다. 그러므로 종의 신분에서 해방되어 자유 가운데 하나님의 법을 지킨다는 것은 오히려 큰 기쁨과 보람이 되는 것입니다.

2. 십계명은 참 하나님은 한 분밖에 없다는 믿음을 주신 것입니다.

이스라엘 백성은 우상의 나라, 여러 신을 섬기는 다신교 국가인 애굽에서 나왔기에 유일신 사상을 확고히 해야 할 필요가 있는 것입니다.

이것은 죽느냐 사느냐의 문제이며, 복을 받느냐 저주를 받느냐의 문제인 것입니다. 십계명은 철저한 유일 신관을 가르치고 있는 것입니다.

3. 십계명은 하나님의 백성들에게 바른 교육을 하는 교육지침으로 주신 것입니다.

이스라엘 백성은 이제 종이 아닌 자유함을 얻은 하나님의 백성으로서 어떻게 살아야 하며, 어떻게 하나님을 사랑하고, 이웃을 섬기고 사랑해야 할 것인가에 대한 표준지침서인 것입니다.

우리는 참신이신 하나님을 잘 섬기며 그리고 이웃을 그리스도의 심장으로 사랑해야 할 것입니다.

십계명은 하나님이 주셨습니다. 십계명은 하나님이 구원하신 하나님의 백성들에게 주신 것입니다. 십계명은 하나님을 바로 알고 바로 섬길 것을 가르치고 있습니다.

십계명은 이웃과의 올바른 관계를 교훈하고 있습니다.

하나님의 백성인 성도들은 하나님의 계명을 감사함으로 지키는 자들이 되어야 할 것입니다.

출애굽기 강해 제29강

【본문】 출애굽기 21:1-11

히브리종에 대한 인권법

하나님을 어떻게 섬기는 것이 올바르게 섬기는 것인가에 대해 교훈하신 내용이20장의 내용입니다.

시내산에서 십계명을 주시고 우상을 금지할 것과 제사를 드릴 때 어떻게 드려야 할 것을 가르쳐주신 하나님께서 21장에 와서는 인권에 대한 관계법을 말씀하고 있습니다.

그리고 그 중에 먼저 주인이 종을 어떻게 대할 것이며, 여성 노예는 어떻게 해야 되느냐에 대해 말씀하고 있습니다. 그러니까 개인 권리에 대한 율법을 언급하고 있습니다.

1-6은 남종에 관한 규례입니다.

7-11은 여종에 관한 규례입니다.

우리는 하나님과의 올바른 관계를 가지면 다 된 것이 아닙니다.

사람과의 관계도 원만해야 됩니다. 사람과의 관계에서 우선 약자를 잘 보호해야 합니다.

노예 즉 종은 강자가 아니라 약자입니다. 높은 자가 아니라 낮은 자입니다. 주인의 삶이 영원하지 않듯이 노예의 삶도 영원한 것이 아닙니다.

환경에 의해 어쩔 수 없이 노예가 되었으면 6년 간 수고하면 하나님께서 제7년에는 반드시 값없이 풀려나게 하였습니다.(2-6)

그리고 여종인 경우는 주인의 첩의 신분을 얻기도 하고 무기한으로 주인에게 속하여 주인의 보호를 받을 권리가 있었습니다.

하나님께서 이렇게 노예법을 선언하신 것은 인간의 존엄성을 인정하시는 하나님의 뜻입니다.

본문과 레위기에서 히브리 종에 대한 규례를 핵심적으로 정리하면

① 안식일에는 종들도 쉬게 하라(20:10)
② 종된 지 7년된 해에는 자유케 하라(21:2)
③ 7년이 되어도 자유를 원치 않을 경우 귀를 뚫어 주라(21:6)
④ 희년에는 자유를 주어 내보내라(레 25:10)
⑤ 품꾼이나 우거하는 자같이 친밀하게 대하라(레 25:40)

품꾼을 위한 규례를 보면,
① 안식일에는 쉬게 하라(출 20:10, 신 5:14)
② 품삯은 정한 시간에 주어라(레 19:13, 신 24:15)
③ 품꾼을 학대하지 말아라(신 24:14, 잠 22:16)
④ 친절히 대하고 후하게 대하라(욥 31:31)
⑤ 합당한 보수를 주라(렘 22:13, 말 3:5)

노예제도는 옛날부터 있었습니다. 그래도 유대인 노예는 다른 나라에 비해서 적었다고 합니다. 거기에다가 유대인 출신 노예는 더 적었던 것이 7년 만에 해방되는 율례를 지켰기 때문이라고 합니다.

타국인 노예들은 주로 전쟁에서 승리하면 적들을 노예로 삼았습니다. 노예는 고대사회에서는 더더욱 하나의 독립된 인격체로 인정받지 못했습니다.

그저 주인의 재산으로, 또는 일종의 생산과 노동력을 제공하는 도구나 수단에 불과했습니다. 그래서 저들은 항상 혹독한 노동과 비인간적인 대우를 받았습니다.

그런데 이런 시대에 하나님께서 노예에 대한 인권법을 제정해 주셨다는 사실은 놀라운 사실이 아닐 수 없습니다.

주인과 종의 관계는 자비와 온유로 노예를 대하고 육체의 생명을 보호받을 권리가 있음을 강조하고 있습니다.

신약시대에 보면(눅 7:2) 로마의 군대 장관 백부장은 자기의 종이 죽게 되자 예수님께 도움을 청했습니다.

이런 사실을 볼 때 종을 인격적으로 잘 대하는 주인들이 있었음을 보여줍니다. 우리는 오랜 세월 계급 문화의 뿌리가 있습니다.

그래서 강자에게는 아부하고 약자는 무시하는 우리의 생활스타일이 몸에 배어 있을 수 있습니다.

이것은 복음 사상은 아닙니다. 하나님이 원하시는 삶의 방법도 물론 아닙니다.

주인과 종은 인간관계의 하나의 질서 차원이지 계급이 아닙니다. 일을 맡고, 일을 맡지 않았던 것의 차이이고, 일을 주관하고 일을 몸으로 진행하는 자의 관계일 뿐입니다.

우리는 맡은 일의 분량이나 종류에 따라 다르게 보는 시각을 버려야 할 것입니다.

우리는 각자의 달란트대로 또는 질서적 차원에서 맡겨진 일이 있습니다.

이것은 차별이 결코 아닙니다. 차별해서도 안 됩니다. 3D 직종을 피하는 이유가 어디 있습니까? 힘이 없어서가 아니라 직업에 대한 계급의식 때문이 아니겠습니까?

다 행정을 보고, 다 관리자이고, 다 노동자이고, 다 똑같은 일을 하면 되겠느냐는 것입니다. 직업에 대한 천민사상을 버려야 합니다.

지금 우리 시대의 비극이 무엇입니까? 2분법으로 자꾸 갈라놓는 정책 때문이 아니겠습니까?

피차 물고 뜯으면 다 망합니다. 상대방을 물고 뜯으면 살아남을 것 같지만 그렇지 않습니다. 서로 서로를 존중해야 됩니다.

사실 우리는 예수 그리스도의 종으로 자처한 자들입니다.

주님은 우리의 주인이시요, 창조주시요, 인류의 지도자이시지만 우리 한 사람 한 사람을 천하보다 귀하게 여기십니다.

생명을 사랑하는 것이 인권이 아니겠습니까?

사람 차별은 사단의 문화요 가장 부패하고 타락한 문화입니다.

우리는 부지중에라도 무시하고 멸시하고 천대하는 행위를 하지 않도록 삼가야 할 것입니다.

일을 시키고, 종의 신분으로 활동하고 있다고 할지라도 한 사람 한 사람의 인격을 소중히 여기며 아끼고 사랑해야 할 것입니다.

출애굽기 강해 제30강

【본문】 출애굽기 21:12-27

살인과 폭력에 관한 법률

하나님의 백성들은 생명을 소중히 여기며 육체를 보호해 주어야 합니다.

주인과 종의 관계에 대해서 율례를 주신 하나님께서는 이제 이웃과의 관계 즉 대인관계에 있어서 살인과 폭력을 철저히 금지하는 법을 주셨습니다. 그러니까 인권법에 해당하는 것입니다.

살인에 대해서 살인의 결과보다는 동기에 더 초점을 맞추고 있습니다.(13, 14)

고의적인 살인은 결코 용서할 수 없으나, 부지중이나 실수의 결과일 때는 도피의 비결과 용서받을 수 있는 제도를 주셨습니다.

진실로 사형제도는 억울한 일이 없도록 공의롭게 시행되어야 합니다.

부모를 경시하지 말아야 하고(15, 17) 사람을 유괴하는 일이 있어서도 안 됩니다.(16)

고대에서는 사람을 후리는 일(유괴)이 많았다고 합니다.

사람을 죽이지는 아니해도 유괴죄는 사형에 해당되는 것입니다.

그리고 상해를 입혔으면 시간손실, 수입손실 및 모든 치료 경비를 물어야 합니다.(18, 19)

20, 21절은 주인의 권한을 제한하는 내용입니다. 그리고 22절은 생명의 존엄성을 말씀합니다.

비록 태아가 불구자라고 할지라도 인공유산은 하나님께 대한 무서운 죄입니다.

23-25절은 재판이 공정해야 될 것을 말씀하셨습니다.

예수님은 원수까지도 사랑하라고 하시면서 살인이나 폭력 금지는 사랑을 실천할 때 가능한 것입니다. 사실 법은 법을 어기는 자를 위해 존재하는 것이 아닙니까? 잘 지키는 자에게는 법이 필요치 않습니다.

크리스천은 하나님만 잘 섬긴다는 것이 사람과는 전혀 상관없는 일이라고 생각하면 안 되는 것입니다. 사회 정의에도 앞장서야 합니다. 종에 관한 법률이나, 살인이나 폭력금지 법률은 사회 정의를 위한 법이요, 인권을 보호하는 법인 것입니다.

사회는 법이 지켜질 때 안전한 것입니다.

오늘 경제가 어렵고, 투자를 꺼리는 이유는 법대로 하지 않고, 그때그때마다 사회주의 국가 같은 냄새를 너무나 풍기니 불안 심리의 결과로 투자를 피하는 것입니다.

나라가 혼란하고 안보가 흔들리고 국민의 권한이 보장되어 있지 않다면 누가 투자하겠습니까?

다시 말씀드리지만 사회가 왜 혼란합니까?

대통령을 위시해서 전교조, 운동권 사람들이 법을 지키지 아니합니다. 법에 못하게 되어 있는 데도 하고, 또 정부가 그것을 가만둡니다. 방송, 방송법 안 지킵니다. 노사법도 안 지킵니다. 법보다 여론, 선동을 해서 정부를 끌고 가려고 합니다.

1. 그러면 먼저 사형에 해당되는 죄를 생각합시다.

① 타인을 살해한 경우입니다.(12-17)

② 부모를 구타한 경우입니다.(15)

③ 유괴죄입니다.(16)

④ 부모를 저주한 경우입니다.(17)

이것은 다 사형에 해당됩니다. 그러나 혼동하지 말 것은 이 사형제도는 징벌의 목적이 아니라 범죄 예방에 있습니다.

그러므로 모살죄와 오살죄를 구별합니다. 그 진의를 가려내어 처벌해야 합니다.

부모를 저주하는 것은 부모를 무시하는 행위입니다.(17)

부모를 무시하는 자는 부모를 저주할 수도 있습니다.

그리고 언사를 조심해야 될 것도 말하고 있습니다.

부모공경을 잘 해야 합니다.

2. 18-36절은 피해보상법에 대한 규정입니다.

육체적 상해자와 재산권 침해자에 대한 처벌 및 보상에 관한 법률입니다. 여기 생명은 생명으로, 눈은 눈으로, 이는 이로 갚는 것은 똑같은 것으로 벌을 주는 동해 보상법이라고 합니다.

이것은 하나님의 엄격한 공의를 보여주는 것입니다.

이것은 이웃의 생명과 재산을 존중하고 귀하게 여겨야 된다는 원리를 나타내는 것입니다.

직접이든, 간접이든, 부지중이든, 고의적이든, 상해를 입혔을 때는 솔직히 인정하고 책임을 져야 한다는 것입니다.

다만 사형 처벌을 집행한 자의 사형행위는 살인죄에 해당되지 않는다는 것입니다. 그러나 부모 구타나 부모 저주는 불효이며, 징계를 면치 못합니다.

특히 생명이나 인권을 소중히 여기지 아니하면서 전도의 사명을 가졌다는 것은 전혀 논리에 맞지 않습니다.

한 생명, 한 영혼을 천하보다 더 소중히 여길 때 전도의 열정이 솟아나고, 선교에 동참하게 되는 것입니다.

출애굽기 강해 제31강

【본문】 출애굽기 21:28-36

가축 주인으로서의 책임

가축 때문에 타인이 손해 보는 일이 있으면 그 가축 주인은 자신이 책임지고 보상해야 합니다.

사실 그 당시 가축은 동산이요, 재산이었습니다. 또한 생계수단이었습니다. 그러므로 가축이 저지른 일 때문에 이웃이 손해를 봤다면 주인이 보상해 주어야 할 책임이 있는 것입니다.

하나님이 종교법 외에도 사람이 살아가는데 꼭 지켜야 할 일들을 가르쳐 주셨습니다. 가축관리의 책임은 그 가축의 주인에게 있습니다.

소가 사람을 받아서 죽이는 경우 반드시 그 소를 돌로 쳐 죽여야 했습니다.

그 이유는 인간 생명의 존엄성을 강조하면서 비록 짐승이라도 생명에 대한 피 값을 치르게 함으로 생명의 존엄성을 삶 속에 실감하도록 했습니다.

이스라엘 백성들은 짐승이라도 돌에 맞아 죽은 짐승은 저주받은 동물로 간주했습니다.(레 24:16 / 민 15:35 / 신 21:21)

그래서 그 고기는 먹지 말도록 했습니다. 소가 돌에 맞아 죽는다는 것은 그 소의 주인은 이미 큰 재산상의 손해를 입음으로 부주의에 대한 죄 값을 받게 된 것입니다. 또 한 가지는 주인이 속죄금을 내는 경우는 생명을 보존 받게 되는 것입니다.

그리고 상습적으로 사람을 받아 죽이는 소는 소만 죽이는 것이 아니라, 그 소의 임자도 죽이게 됩니다. 그러나 주인은 속죄금을 내면 모든 문제가 풀리게 되는 것입니다.

그러면 오늘 여기에서 우리가 묵상하고 기억해야 될 핵심 의미가 무엇입니까?

1. 생명의 귀중성을 강조한 것입니다.

천하에 생명보다 더 귀한 것은 없습니다.

짐승에 의했든지, 실수에 의했든지, 병으로 인해서든지, 이유 여하를 막론하고 생명은 보존되어야 하며, 귀하게 생각하는 것입니다. 전도와 선교는 생명의 귀중성에 기인하지 아니하면 참다운 선교나 전도는 불가능합니다.

유물주의, 공산주의는 무신론주의인 반면 인간 영혼의 가치와 생명의 가치를 인정하지 않습니다. 한 생명 한 생명의 가치를 깨닫는다면 살인과 강도, 전쟁은 점점 사라지고야 말 것입니다.

2. 타인에게 피해를 주지 않는 삶의 철학을 강조합니다.

그렇기 때문에 주인은 즉, 가축 주인은 필히 책임져야 할 의무가 있습니다.

오늘날 많은 사람들의 삶의 철학이 네가 죽더라도 나는 살아야 하며, 네가 손해 보더라도 나는 유익해야 하며, 너는 불편해도 나는 편리해야 된다는 병든 사상, 파괴 행위를 근절하기 위한 것입니다.

교회는 자기의 것을 팔아 각 사람의 필요에 따라 그리스도의 사랑을 드러내는 곳이지, 무엇을 얻을까 과감히 구걸하는 앉은뱅이가 되어서는 안 되는 것입니다.

뿐만 아니라, 가축으로 인해 타인의 피해가 유발되어서는 안 됨을 강력히 교훈하고 있습니다. 가축은 재산입니다. 내 재산 보호가 타인의 재산 파괴가 되어서는 안 되는 것입니다.

3. 법은 보호와 질서의 목적이지 사람을 억압하기 위한 목적이 아닙니다.

법 안에서의 자유가 참된 자유이지, 법을 벗어난 자유는 방종입니다.

원시 시대의 법은 너무 강한 것 같지만 또한 그걸 통해 인간은 우선순위와 가치순위를 신속히 깨달아야 하며, 법은 속박의 도구가 아닌 자유함을 목적하고 있다는 사실을 깨달아야 할 것입니다. 그리고 우리는 가정에 믿음의 호주 또는 선임자로서의 의무와 사회에서도 믿음의 소유자로서의 인격적 수준이 항상 향상되어야 할 것입니다.

사랑하는 성도 여러분!

우리는 나 때문에 실족한 자는 없습니까?

생명을 예수님처럼 귀하게 여기고 있습니까?

분명한 삶의 철학이 있습니까?

출애굽기 강해 제32강

【본문】 출애굽기 22:1-15

이웃에게 피해주면서 살지 말아라

하나님의 율법은 가족을 보존하고 인간의 생명을 거룩하게 하며, 인간의 순결을 보존함으로써 사회를 보호하고자 하시는 하나님의 자비를 나타낸 것입니다.

이 땅의 모든 비극과 불행은 하나님의 법을 어긴 데부터 시작이 되었습니다.

지금 AIDS병이 세계적으로 확산되고 있습니다. 이것은 성관리를 잘하면 전혀 상관없는 병입니다. 그런데 연구 보고에 의하면 아프리카에서 시작이 되었는데 시초가 원숭이와 성행위를 가진 사람으로부터 시작되었다고 합니다.

그렇다면 성경에 이미 짐승과 행음한 자는 죽이라고 했습니다.(22:19)

그때 죽여 버렸다면 AIDS는 세계적으로 퍼지지 아니했을 것입니다. 처벌은 보존을 위한 것이지 잔인한 행위가 아닙니다.

사실 어느 시대를 막론하고 이웃이나 사회에 유익을 끼치면서 사는 사람이 있고, 피해를 주면서 사는 사람이 있습니다.

22장에는 절도(1-4) 행위에 관한 법과 담보물 및 차용물(7-13/14, 15)에 대한 손해 보상법과 간음 등에 관한 법입니다.

그리고 그의 우상숭배 금지와 가난한 자 보호법(재판에 관한 법도 포함되어 있습니다 -23장) 등이 기록되어 있습니다.

1-15절은 주로 재산상 손해 배상에 관한 규례인 반면 16-20절

은 도덕상 종교상의 규례입니다.

그리고 21-27절은 약자 보호규정이며 22장 마지막 28-31절은 하나님의 주권을 강조하는 규례들입니다.

하나님의 율례는 어떤 형태로건 이웃을 해치지 않도록 금하고 있습니다. 사랑은 이웃에게 악을 행치 아니합니다. 사랑은 율법의 완성입니다.(고전 13:10)

우리는 이웃의 마음을 상하게 하지 말아야 합니다. 알고도 물론 하지 말아야 하고, 부지중에도 하지 말아야 합니다. 그리고 이웃 가정의 평화를 해쳐서도 안 됩니다.

우리 성도들 가정 중에도 아파트 위층에 사는 사람이 지나칠 정도로 무례히 행하여 아래 층 사람이 이사까지 한 가정이 있지 않습니까?

정말 막무가내인 사람이 종종 있습니다. 정말 왜 그런지 유전인자를 의심해 보거나 연구 재료가 되는 사람들이 있습니다.

자기 집 쓰레기를 왜 남의 집 앞에 버립니까?

아무 곳에나 담배 연기를 뿜어대는 사람 정말 반성해야 합니다. 직분자들 주초문제, 정말 나 때문에 얼마나 교회에 피해를 주느냐 생각해야 합니다.

어떤 경우는 이웃에게 피해를 주면서 자기 유익을 꾀하는 사람들도 있습니다.

타인에게 손해를 입혔을 때는 만족하도록 손해 배상을 해주어야 합니다. 반면 타인에게 엄청난 피해를 보이면서 자신이 보상받으려고 해도 안 되는 것입니다. 상식이 통해야 합니다.

고대 사회는 신뢰사회였습니다. 또한 책임성이 강했습니다. 그러므로 도적질을 했을 때는 철저히 보상해주고 신뢰를 회복해야 된다는 것입니다. 그리고 고대사회에서는 물건이 흔할 때가 아니기에 농기구나 기타 필요한 것을 빌렸을 때는 철저히 되돌려 주되 만일 물건이 손상되었으면 규정대로 보상해야 했습니다.

이것은 상호간의 신뢰와 책임성, 그리고 인격의 존중성을 나타내는 것입니다. 뿐만 아니라 음행행위나 기타 가증한 행위에 대해서도 언급했습니다.

인간이 미신행위를 하는 것을 방조해 두는 것도 죄인 것입니다. 그것은 엄청난 피해를 주기 때문입니다.

무당, 짐승과의 행위, 나그네 압제, 금전 사기, 재판장 멸시 등은 가증한 소행이기 때문에 신자들은 하지 말아야 하는 것입니다.

하나님은 종교법 외에도 인간의 생활환경 속에 여러 가지 법을 제정하시고 이스라엘에게 생활의 지침과 법을 주신 것은 하나님의 공의를 유지하시고 백성들의 삶의 안전과 평강을 위함에 있습니다. 공의가 없는 사회에서는 하나님의 뜻이 제대로 유지될 수 없습니다.

많은 사람이 하나님의 사랑만 강조하고 공의는 무시합니다.

그러나 공의 없는 사랑은 참 사랑이 아니라는 사실은 모르고 있습니다. 사랑에는 경계선이 있습니다. 경계선이 없는 사랑은 사랑일 수 없습니다.

경계선이 바로 공의요, 법인 것입니다. 흔히들 공의를 내세우면 사랑이 없다고 합니다. 공의를 모르는 자는 참 사랑을 알 수가 없습니다.

우리는 피차 손해 보이면서 살지 말아야 하고, 손해를 보였을 때는 필히 보상을 해야 하는 것입니다.

그리스도의 오심은 사랑이며, 그리스도의 십자가는 공의인 것입니다. 그러니까 공의, 사랑이 사실은 따로 따로가 아니라 하나의 양면입니다.

이웃에게 피해를 주지 않는 것은 사랑이며 피해 보상법은 공의인 것입니다. 공의가 없는 사랑은 죄입니다. 사랑이 없는 공의는 공의가 아니라 형벌입니다.

우리 모두 이웃에게 피해 주지 말고 삽시다. 덕을 끼칩시다.

출애굽기 강해 제33강

【본문】 출애굽기 22:16-31

거룩하게 살아라

출애굽기 22장은 주로 시민생활에 관한 법입니다.

1-15절까지는 재산권을 거론하고, 또는 물건을 빌리는 법칙을 논하고 있습니다.

거기에 핵심 되는 교훈은 이웃에게 피해를 주면서 살지는 말라는 것입니다.

사람이 살아가는 방법은 두 가지밖에 없습니다.

이웃에게 덕을 끼치면서 사는 사람과 이웃에게 피해를 주면서 사는 사람들입니다. 사람의 기억도 크게는 두 가지입니다.

은혜에 대한 감사의 기억과 피해에 대한 상처의 기억입니다.

어떤 사람들은 이웃에게 상처를 입히는 기억을 남기면서 삽니다. 그런 삶은 인간 삶의 독소입니다.

이번에도 미주에서 집회한 교회에 중직자가 온갖 사기를 다 치고, (이민사기) 교회를 풍비박산시켜 놓고 또 다른 교회에 가서 그런 짓을 하니 그렇게 신앙생활하고 살 바에야 정말 "차라리 나지 않는 것이 좋을 뻔한 삶"이라고도 생각되었습니다.

다행히 집회를 통해 성도들이 한 마음, 한 뜻이 되고, 말씀의 은혜를 받고, 새롭게 도약하는 모습을 보면서 보람을 느끼며 하나님께 감사했습니다.

민주주의는 무엇입니까?

타인에게 최대한 피해를 줄이고 함께 자유를 누리는 것입니다.

수많은 정적들을 다 죽이고, 극소수만 잘 사는 것은 공산주의입니다.

오늘 읽은 16-31절까지는 하나님의 백성들은 거룩하게 살라는 내용입니다.

거룩하게 사는 문제를 언급하면서 정혼하지 않은 자와의 성 접촉을 금하는 내용입니다.

그리고 무당을 두는 문제, 수간, 나그네 압제, 금전사기, 재판장 멸시 등의 행위는 가증한 소행이기에 하나님의 백성들은 이것들을 삼가야 하는 것을 교훈하고 있습니다.

하나님은 종교법 외에도 사람이 살아가는데 지켜야 할 법을 재정하셨습니다. 이것은 공의가 없는 사회는 하나님의 뜻이 제대로 유지될 수가 없기 때문입니다.

하나님의 거룩한 공동체에 이런 생활 규범 훈련이나, 상식 훈련이 미달된 자들 때문에 진리가 퇴색되고, 교회의 브랜드 가치를 떨어뜨리는 경우가 너무나 많은 것을 우리가 많이 봅니다.

영국이 해적의 나라이었지 않습니까? 그러나 그들이 복음을 받아들인 후 국제 신사의 나라가 되지 아니했습니까?

우리나라 초대 교회에서도 종의 신분, 막말로 상놈이라고 불리던 사람들이 변화되어 인격적으로 존경받는 인물들이 된 예는 헤아릴 수 없을 만큼 많습니다.

하나님의 백성들은 이성 관계에도 거룩해야 합니다. 우리는 너무나 성도덕이 타락한 시대에 살고 있습니다. 국가가 이를 방치하고 있는 저의를 의심하지 않을 수 없습니다.

온갖 잡지나 영화, 비디오, 인터넷 매체를 통해 홍수처럼 밀려오고 있는 이 음란문화, 이들은 항상 예술이라는 포장을 하고 표현의 자유라는 미명 하에 침투합니다. 모든 정치・경제・문화・예술이

다 포장을 하고 침투합니다.

개혁이라는 포장을 하고 더 통 큰 부정을 했고 구조조정이라는 포장을 하고 경제권을 다 강탈했고, 문화·예술 정화한다는 포장으로 다 사유화하고, 낙하산 인사로 손 안에 넣었던 것이 우리의 경험적 역사 아닙니까?

가난한 자의 수를 줄이는 정치가 잘 하는 정치입니다. 그것을 뺏어서 나누는 것은 공산주의이고 뺏고 삼켰지, 나눈 역사가 없습니다.

자발적으로 베푸는 사회가 되도록 해야 합니다.

이것이 리더십이고, 감동 정치입니다.

지금 경제인들이 해외로 빠져나가는 것은 빼앗으려고 하니까 도망가는 것입니다.

보람을 주고, 감동을 주면, 인간은 감정의 동물이라 달아나지 않게 되게 되어 있습니다.

하나님의 공동체는 이방인과 고아와 과부가 보호되는 사회입니다. 거룩하게 사는 것의 핵심은 영적으로 육적으로 간음하지 말아야 하고, 가난한 자들을 학대하지 말아야 한다는 것이 오늘 본문의 핵심 내용입니다.

이방인들, 고아, 과부는 그 시대의 약자의 대명사입니다.

이들을 멸시하는 행위는 모든 이스라엘에게 금지되어 있습니다.

하나님은 자비로우신 분이십니다.(27)

그러므로 하나님이 자비를 베푸는 대상에 대해 우리가 멸시를 하면 되겠느냐는 것입니다. 우리는 하나님에 대한 의무와 인간 서로간의 의무를 잊지 않는 것이 바로 거룩한 삶을 지키는 길인 것입니다.

무엇보다 행위 이전에 마음의 자세입니다.

마음에 자비가 있는가? 멸시하는 마음은 아닌가?

상대방의 입장과 고통과 이해가 있다면 함부로 말하거나, 상처주는 행동은 아무래도 절제된다는 사실입니다.

오늘날 가난을 약점 잡아, 비싼 고리대금을 조건으로 돈을 빌려주고, 약함을 약점 잡아 사람을 이용하려고 하는 경향이 얼마나 많습니까? 이런 모든 것은 하나님이 다 금하신 것입니다.

심지어 어떤 경우에는 대형교회의 횡포에 개척교회는 무언의 압박과 설움을 당하고 있다는 사실도 생각해야 됩니다.

한쪽만 생각하고 다른 한쪽은 무시해 버리는 오늘날의 편향을 하나님이 어떻게 보시겠습니까?

농촌교회에서 20명, 30명 붙들고 10년 20년 목회한 그들은 실패자들입니까? 그렇다면 기독교는 오래 가지 못하고 몰락하고야 맙니다.

소신껏 했느냐, 최선을 다했느냐가 더 중요한 것입니다. 하나님이 자비를 베푸시는 대상을 우리가 멸시한다면 그는 거룩하게 사는 것이 아닙니다. 거룩하게 살라는 말이 옷을 거룩하게 입고, 목에 힘주고, 폼 잡는 행위가 아니라, 몸을 깨끗이 하고 마음에 자비가 있어야 되는 것을 교훈하고 있습니다. 하나님은 중심을 보십니다.

그리고 우리의 언어에서 멸시와 자비가 표현됩니다. 그리고 삶의 스타일입니다.

누가 뭐래도 각자의 삶이 증명하는 것입니다.

출애굽기 강해 제34강

【본문】 출애굽기 23:1-9

법정문제화 될 수 있는 사건에 대하여

23장은 재판, 안식일, 절기 등에 관한 규례입니다.

주로 생활문제에 관한 규범들입니다.

1. 먼저 위증을 금지합니다.(1-3)

세상에는 위증이 많습니다. 심지어 가짜 양심선언까지도 있습니다.

세상의 법에는 억울한 일도 많습니다.

위증은 진실하지 못한데서 오는 것입니다. 때로는 불확실한 일을 가지고 확실한 것처럼, 거짓말을 유포하여 연약한 성도들이 상처 입는 경우도 없지 않습니다.

2절에는 다수를 따라 야합하지 말라는 것입니다. 인간적인 관계 때문에 불의한 일에 동참하고 협력하는 경우도 봅니다.

고향, 동창, 집안, 일가 등의 관계 때문에 공의를 저버리는 경우도 있습니다.

공정해야 됩니다.

오늘 우리 시대나 정치에 대한 불신이 무엇입니까?

타인에게는 날선 칼을 갖다 대면서 자신의 잘못에 대해서는 솜방망이 벌을 주었기 때문입니다.

개혁이라는 환상적인 구호에 속아 표를 던졌지만, 가족들이 앞장서서 부정의 원조가 되지 아니했습니까?

불의와 부도덕이 난무한 세상에서 공의로운 판결을 내린다는 것은 하나님 중심이 아니면, 믿음이 아니면, 성령 충만한 결단이 아니면 불가능합니다. 재판할 때 3가지 원칙

① 진실,

② 악한 다수를 쫓지 말 것,

③ 공정한 판단을 내려야 합니다.

2. 적대자의 재산권도 보호해야 합니다.(4-5)

우리 역사의 악순환이 무엇입니까? 정적이 되는 기업은 하루아침에 부실기업으로 조작해 강탈해 버렸지 않습니까? 어떤 면에서 한 기업도 부실기업이 아니었습니다.

그 기업이 부실기업이라면 대한민국 기업 부실 아닌 기업이 어디 있겠습니까?

4절에 "원수가 잃은 가축이라도 그것을 만나면 반드시 그 사람에게 돌려주라"고 했습니다.

미워하는 자의 가축일지라도 엎드러진 것을 보면 도와주어야 합니다.(5)

원수도 이웃으로 대하고, 곤경에 빠진 원수를 도우라는 것입니다. 그래서 우리는 북한의 정치나 정권은 반대하지만, 북한 주민은 지혜롭게 도우려고 노력하는 것입니다.

그러나 저들은 병들고 가난하고 굶주린 백성을 상품으로 하여 많은 구호물자를 얻어 그들에게 주지 않고, 핵개발과 무기를 개발해 온 것도 백일하에 드러난 사실입니다.

세상에는 내 마음에 맞는 사람만 있고 내가 좋아하는 사람만 사는 곳이 아닙니다.

충분히 미워할 이유가 있는 자도 있고, 이유 없이 미워지는 자도 삽니다.

예수님은 원수까지도 사랑하라고 하셨습니다. 정말 은혜 받지 않고는 순종하지 않고는 어렵습니다. 그러나 순종해야 합니다.

3. 공정한 재판을 하라고 했습니다.(6-9)

이것은 인간은 원수에게, 미워하는 자에게 공정한 심판을 잘 하지 않기 때문입니다.

엄청난 죄인으로 고발당한 자들이 무죄 판결이 나오는 경우를 지난주간도 신문을 통하여 보았지 않습니까? 지금은 부끄러운 것도 모를 정도로 유치한 보복, 정죄가 많습니다.

어떤 의미에서 완전 철면피입니다.

다윗은 사울과는 달랐습니다. 보복의 기회가 계속 와도 그는 하나님께 맡기고 자신의 감정대로 보복하지 아니했습니다.

여론과 인기가 바로 공의고, 공정이 아닙니다.

인기 위주의 설교, 인기 위주의 처신, 감정 위주의 재판, 위험천만입니다.

우리는 아무리 미워도 감정대로 해서는 안 됩니다.

실현 불가능한 이상주의 이론은 좋아도 죽을 때까지 실천 불가능합니다. 그리고 어느 시대를 막론하고 억울함을 당하는 대상은 가난한 자입니다.

성경에 가난한 자는 두 부류의 관점이 있습니다.

① 경제적, 사회적 가난입니다.

② 도적적, 종교적 관점에서 가난한 자입니다.

부자가 학대하는 가난한 자, 악인에게 고난당하는 가난한 자, 가난한 자가 억울함을 당하지 않는 사회가 공의가 뿌리내린 사회입니다.

이제 말씀을 정리합니다.

23:1-9는 악을 행하지 마라. 원수에게도 공정하라, 뇌물을 받지 마라. 그리고 이방인이나 나그네도 압제하지 않아야 된다는 것입니다.

이 모든 것은 이기심을 버리고 그리스도의 정신을 가지고 살 때 가능합니다.

그리고 진실하고 정직해야 합니다.

출애굽기 강해 제35강

【본문】 출애굽기 23:10-19

너는 매년 삼차 내게 절기를 지킬지니라

절기는 신약적인 의미로는 예배입니다. 예배는 하나님과의 관계를 돈독히 하는 일입니다. 그러므로 예배를 등한시하거나 잘못 드리면 신앙 실패, 인생 실패자가 됩니다.

신앙과 예배는 불가분리의 관계입니다. 신앙은 좋은데 예배를 등한시한다고 하거나 예배는 철저히 드리는데 신앙은 좋지 않다는 것은 인정할 수 없는 모순된 논리인 것입니다.

1. 안식년과 안식일을 지켜야 합니다.(10-13)

안식년은 6년 일하고, 제7년 되는 해에는 땅을 경작하지 말고 쉬게 하라고 했습니다. 또 6일은 일하고 7일째는 쉬는 날이라는 것입니다. 이 날은 종들도 쉬고, 나그네도 쉬고 짐승까지도 쉬게 하라는 것입니다.

안식일은 "쉬다, 중지하다, 멈추다, 절제하다"는 말에서 온 것입니다.

7일째 되는 날은 Holy day입니다. 거룩한 날입니다. 주님의 날입니다.

반면 Holiday입니다. 휴일입니다. 쉬는 날입니다.

먼저 왜 안식년을 지키라고 했습니까? 이것은 땅의 주인이 하나님이시라는 것을 깨닫게 하기 위해서입니다.

레위기 25:23에 보면 하나님께서 "토지는 내 것이라"고 했습니다. 우리는 가진 모든 것이 하나님의 것임을 알아야 합니다.

그래서 다윗이 고백하기를 "나와 나의 백성이 무엇이관대 이처럼 즐거운 맘으로 드릴 힘이 있었나이까? 모든 것이 주께로 말미암았사오니 우리가 주의 손에서 받은 것을 주님께 드렸을 뿐입니다"고 고백했습니다.

우리가 세상에 아무것도 가지고 온 것이 없으며 또한 아무것도 가지고 가지 못합니다.(딤전 6:7)

나의 생명도 주님의 것입니다.

나의 건강도 주님의 것입니다.

나의 재능도 주님의 것입니다.

나의 자녀도 주님의 것입니다.

나의 재물 모두 하나님의 것입니다.

하나님이 내게 맡긴 것이지, 내 것이 아닙니다.

그러므로 우리는 주님의 뜻대로 즉 맡기신 분의 뜻대로 사용하여야 하는 것입니다.

그리고 안식년, 안식일 제도는 영적 생활에 시간을 가지라고 주는 것입니다. 육신이 피곤하면 영적 생활에 지장이 있습니다. 그래서 쉬라고 밤을 주셨고, 안식년을 주시고, 안식일을 주신 것입니다.

하나님은 우리를 지으신 분이십니다. 우리의 약함을 아십니다. 그래서 안식함으로 새 힘을 얻어 주어진 일을 능률적으로 잘 감당하도록 하신 것입니다.

2. 3차 절기를 지켜야 합니다.(14-19)

3번 드리는 절기는 3대 절기입니다.

1) 무교절입니다.

이것은 유월절과 같은 이름입니다. 유대달력으로 1월 14일부터 21일까지 7일간 지키는 절기입니다. 이 절기는 애굽에서 430년간 종살이하다가 하나님의 은혜로 구원받게 된 해방 기념일입니다.

무교절에는 7일 동안 무교병을 먹어야 합니다. 무교병은 누룩을 넣지 않고 만든 떡이기 때문에 부풀어 오르지 않아 딱딱하고 맛이 없습니다.

무교절 첫날과 7일은 성회로 모이고 아무 일도 하지 않았습니다. 무교절은 하나님의 구원역사를 기억하고 감사하는 절기입니다.

오늘 우리도 죄악의 종이 되었고, 마귀의 종이었던 우리를 구원해주신 하나님의 은혜를 기억하며 감사해야 하는 것입니다.

2) 맥추절입니다.

이 절기는 유월절 후, 7주 만에 지키기 때문에 칠칠절이라고도 합니다. 일곱에 일곱을 곱하면 49일입니다. 그 다음날이 50일이기에 오순절(레 23:16)이라고 합니다.

이스라엘이 가나안 새 땅에 들어가서 농사하여 거둔 곡식의 첫 열매를 드리는 절기이기에 감사주일과 같습니다.

우리는 하나님께서 우리를 죄악에서 구원하여 주실 뿐 아니라, 지금까지 보호하고 복을 주셔서 살고 있는 것을 감사해야 하는 것입니다.

1789년 미국의 초대 대통령 조지 워싱턴이 추수감사절 선언문을 발표하였는데 그 선언문 중에서 "우리는 전능하신 하나님의 섭리를 인식하고 그 뜻을 순종하며 그의 은혜에 감사하는 것은 모든 인간의 의무이다"고 했습니다.

신 16:16-17 "너희 중 모든 남자는 일 년 삼차 곧 무교절과 칠

칠절과 초막절에 네 하나님 여호와의 택하신 곳에서 여호와께 보이되 공수로 여호와께 보이지 말고 각 사람이 네 하나님 여호와의 주신 복을 따라 그 힘대로 물건을 드릴지니라"

고후 9:7 "각각 그 마음에 정한 대로 할 것이요 인색함으로나 억지로 하지 말지니 하나님은 즐겨 내는 자를 사랑하시느니라"

이제 더 이상 연보에 대해 구차한 변명이나 핑계를 하지 말아야 할 것입니다. 봉헌은

① 하나님의 것을 하나님께 바친다는 정신입니다.(신앙고백)

② 마음이 포함된 정성이 있는 예물입니다.

3) 수장절입니다.

초막절, 장막절이라고도 합니다.(레 23:33-44)

유대달력으로 7월 15일부터 7일간 지키는 것입니다. 그 해의 추수를 끝낸 후 곡식을 곡간에 간직한 후 7일간 집에서 나와서 초막을 세우고 그곳에서 지내면서 과거의 광야생활을 기억하고 하나님의 은혜를 감사하는 것입니다.

한 해 농사가 끝나고 먹을 것이 있고 배부르면 하나님의 은혜를 잊어버리기 쉽습니다. 그래서 초막절을 지키게 한 것입니다.

삼대 절기의 공통점은 모두 하나님의 구원의 역사와 지금까지 베푸시는 하나님의 은혜에 대한 감사입니다.

모든 절기는 모여서 드립니다.

모든 절기는 몸으로 체험케 합니다.

모든 절기는 감사입니다.

모든 절기는 영적인 의미가 있습니다.

그래서 매년 절기를 지키라고 한 것입니다.

출애굽기 강해 제36강

【본문】 출애굽기 23:20-33

여호와만 섬기는 자에게 임할 복

이스라엘 백성은 곧 가나안 땅에 들어갈 것입니다. 가나안 땅에 들어가서 어떻게 살아야 된다는 내용입니다.

간단히 요약하면 절대 순종(21-22), 절대 성결(24, 32, 33), 절대 헌신(25)을 말합니다. 그럴 때 그 결과는 계속적인 하나님의 인도와 승리, 현실적 축복, 번성이 약속되었습니다.

하나님의 백성들은 하나님만 섬겨야 합니다.

하나님을 섬기는 행위가 절대 순종·절대 성결· 절대 헌신입니다. 가나안 정복은 하나님의 힘에 의해 이루어졌습니다. 그 땅은 약속의 땅입니다.

그 땅은 축복의 땅입니다. 그런데 이방인들이 점령해 있었으므로 우상천지였습니다.

이 우상을 없애야 축복의 땅이 됩니다.

이 우상을 없애야 축복의 민족이 됩니다.

우상 문화를 복음문화로 바꾸어야 삽니다. 복을 누립니다.

하나님은 창조주이십니다.

하나님은 모든 피조물을 보호하시고 세계에서 일어나는 일을 다 아십니다. 그리고 간섭하시고 보호하시고 인도하십니다.

우상은 하나님이 아닙니다. 우상이 인간을 보존하고 협력하고, 통치하는 것이 아닙니다.

우리가 하나님만 절대적으로 순종하고, 자신을 깨끗이 지키면 이런 복을 주십니다.

1. 원수가 이스라엘을 해치지 못하도록 보호해 주십니다.

하나님의 백성들은 하나님이 보호해 주십니다. 인간은 하나님 보호 없이는 살 수 없는 피조물입니다.

이스라엘 백성들은 애굽에서 430년 간 보존되도록 지켜 주셨습니다.

때로는 고난과 역경도 지키시고 돌보시는 방법입니다.

2. 일용할 양식을 공급해 주십니다.(25)

인간은 물과 빵이 있어야 삽니다. 그래서 여호와를 잘 섬기는 자에게는 땅에 복을 주시고, 물에 복을 주십니다. 육신의 생명 유지의 대표적으로 물과 빵이 있어야 된다는 것입니다.

하나님 잘 섬기면 물과 빵을 풍성히 주시겠다는 약속입니다.

3. 하나님만 잘 섬기면 육신의 건강도 주관해 주십니다.(25-26)

병도 없고, 낙태하는 자도 없고, 잉태치 못하는 자도 없고, 이 모든 것은 모두 건강하다는 것입니다.

4. 하나님 잘 섬기면 후손의 번성의 복을 주십니다.

땅의 삶에는 후손이 번성하는 것도 무시할 수 없습니다. 하나님의 통치는 잉태의 모든 과정에서도 세밀히 나타납니다. 구약시대에는 낙태하거나 후손이 끊어지는 것은 저주로 여겼습니다. 그리고 멸시를 많이 받기도 했습니다.

5. 하나님 잘 섬기면, 생명의 한계를 지켜주십니다.

인간은 하나님이 정하여 준 생명의 한계까지 살아야 합니다.

26절 "너의 날수를 채우리라" 우리 모두에게는 각자의 날 수가 있습니다.

그 날 수를 아무런 난관 없이 채우게 된다는 것입니다.

6. 하나님을 잘 섬기는 비결이 이미 말씀드렸지만 말씀을 청종하고 준행하는 것입니다. 그리고 죄악된 풍속을 멀리해야 합니다.

여러분! 우리가 하나님을 잘 섬기려면 너무나 장애물과 제도, 여건, 환경이 좋지 못합니다.

여러 가지 악습과 부패함, 그리고 과학만능과 물질지상주의, 각종 유형무형의 우상이 뿌리내려 있습니다. 이 시대의 사람들의 정신이 병들었습니다. 맞느냐, 틀리느냐보다는 내게 이익이 되느냐? 이익이 안 되느냐에 길들여져 있습니다.

나라 생각도 안 합니다. 타인 생각도 안 합니다. 장래 생각도 안 합니다. 정말 한심합니다.

우리가 정신 차리지 아니하면 우리의 정신도 혼미해져서, 선악을 구별하지 못합니다. 세상 풍조 따라 갑니다. 우상은 종교 사기입니다.

오늘날 종교사기, 정치사기, 개혁이라는 미명 하에 백성들에게 사기 치는 것입니다. 교육사기, 부정부패 근절한다면서 사유재산 강탈하고자 하는 사기입니다.

여기에는 고단수의 계획 사기가 있고 결과적으로 사기가 되는 사기가 있고 변질되어 버리므로 사기가 되는 경우도 있습니다.

수도 이전 공약할 때 4조원에서 6조원이면 충분하다고 공개적으로 했지 않습니까? 그런데 아무리 적게 잡아도 약 90조원에서 120조원이 들게 되고 거기에다가 간접적인 비용이 포함되면 천문학적인 숫자 아닙니까? 공약대로 다 실천하려면 혼자 대통령 100년 해도 불가능한 일일 것입니다. 다 사기 선전입니다.

그러므로 우리가 하나님을 바로 섬기지 아니하면 다 거짓 영의 종이 되고 거짓말쟁이의 종이 되는 것입니다.

여호와만 섬기면 삽니다. 절대 순종, 절대 성결, 절대 헌신이 여호와만 섬기는 행위입니다.

하나님은 하나님을 섬기는 자를 지키시고 보호하십니다.

일용할 양식, 걱정하지 않도록 해주십니다.

육신 건강도 해결해 주십니다.

후손의 번영도 책임져 주십니다.

생명의 한계를 지켜주십니다.

세상 풍조 따르지 말고 청종하고 순종합시다.

출애굽기 강해 제37강

【본문】 출애굽기 24:1-11

피를 뿌려 세운 언약

출애굽기 24장은 모세의 제3차 시내산 입산입니다.

1차는 19:3-8에 나옵니다. 이스라엘 백성들이 하나님과 언약을 맺을 것인가를 물어서 답을 가져오라고 했습니다.

2차는 19:20-23:33입니다. 십계명과 계명을 받았습니다.

3차는 24:3-32:20까지입니다. 성막과 성막기구 만드는 법을 알려 주었습니다.

40일간 산에 있으면서 십계명을 받은 돌 판을 가지고 내려 왔는데 산 아래에서는 그 사이에 금송아지를 만들어 놓고 축제를 벌이고 있어 모세가 그 광경을 보고 너무나 충격을 받아 돌 판을 던져 깨뜨려 버렸습니다.

제4차는 34:1-35입니다. 모세가 다시 입산해서 40일간 단식 체류했습니다.

오늘 본문 24장은 3차 입산 시에 받은 말씀입니다.

24-32장까지가 3차 입산 후 하산한 내용입니다.

이 기간에 성막과 성막 기구 만드는 법을 알려 주셨습니다.

그리고 25장은 예물, 언약궤, 속죄소에 대하여 말씀하십니다.

26장은 성막에 대하여, 27장은 단에 대하여, 28장은 제사장의 옷에 대하여, 29장은 속죄 제사에 대하여, 30장은 분향단에 대하여, 31장은 성막 제조자를 지명하는 내용입니다.

32장은 백성들의 반역입니다. 아론이 있는데도 아론을 위시하여 금송아지를 제조하고 금송아지 우상 앞에 우상 축제가 벌어지고 있었던 것입니다.

하나님은 이스라엘 백성들과 피를 뿌려 언약을 세우셨습니다.

이 언약은 변하지 않는 언약입니다. 생명의 언약입니다. 영원한 언약입니다.

이때 모세가 한 일은

① 함께 하나님께 경배했습니다.

② 하나님의 말씀과 율례를 전했습니다.

③ 여호와의 모든 말씀을 기록했습니다.

④ 산 아래에서 단을 쌓고 번제와 화목제를 드렸습니다.

⑤ 피를 뿌려 언약을 세웠습니다. 이때 피의 반은 단에 뿌리고 반은 백성에게 뿌렸습니다.

⑥ 아론과 그의 두 아들과 장로 70인을 데리고 산에 올라가 여호와의 영광을 보게 했습니다.

⑦ 혼자 산에 다시 올라가 하나님이 친히 기록하여 주신 계명판을 받았습니다.

하나님의 말씀은 약속입니다. 구원의 약속이요, 축복의 약속입니다.

“모세가 여호와의 모든 말씀을 기록하고” 하나님의 말씀이 기록되었다는 언급은 최초입니다.(첫번째)

모세가 기록했던 그 언약서 즉 그것을 지키고 청종하면 하나님께서 큰 축복을 약속하셨습니다.

이때 백성들은 일제히 “여호와의 모든 말씀을 우리가 준행하리이다”고 했습니다.

피는 축복의 표적입니다. 피가 사죄의 표적입니다. 피가 생명을 구합니다.

죄 값은 가장 비싼 피를 요구합니다.

피는 구속을 의미합니다.

피는 화목을 의미합니다.

피는 의무를 암시합니다.

피는 사랑을 나타냅니다.

피는 생명이요, 힘입니다.

특별히 본문에 피를 뿌려 언약을 세우는 것은 율법에 대한 복종과 준수를 강조하려는 의도가 강합니다.

그러나 한편으로는 이미 언급했습니다만 속죄의 상징입니다. 그래서 신구약에 흐르고 있는 구원의 피, 예수 그리스도께서 피 흘리심으로 성취하신 구속의 역사를 나타내고 있는 것입니다.

모세는 이스라엘의 지도자로서 하나님을 경배하고(1), 하나님의 말씀대로 준행했습니다.(2-4, 8)

모세는 백성들을 하나님께 인도하였습니다.

그리고 말씀대로 준행하겠다는 각오를 받아내고야 맙니다.

지도자는 백성들을 각오하도록 지도해야 하는 것입니다.

피로 세운 언약은 죄악으로부터 구원받습니다. 사망으로부터 구원받습니다.

마귀로부터 구원받습니다.

사랑하는 성도 여러분!

우리는 너무나 분명한 약속을 받았기에 이번 주간에도 항상 감사하며 승리하시기를 바랍니다.

출애굽기 강해 제38강

【본문】 출애굽기 24:12-18

하나님의 말씀을 받음

모세가 시내산에 다시 올라가 40일을 체재했습니다.

그 기간 하나님과 깊은 교제를 하면서 이스라엘 백성들에게 가르침을 줄 교훈을 받게 됩니다.

그리고 성막에 대한 가르침으로 율법과 예배를 밀접하게 관련시키게 됩니다. 그래서 이제 25장부터 31장까지는 하나님께 받은 신비한 성막과 그 형태에 대하여 말씀하신 하나님의 말씀을 듣고 기록한 내용입니다.

하나님께서는 모세를 선택하여 하나님의 뜻을 전하기도 했습니다. 이때는 성경이 없던 시대라 지도자에게 하나님이 말씀을 주셔서 전하게 했던 것입니다.

모세는 하나님의 대언자였습니다.

오늘도 사명 받은 주의 종은 바로 하나님의 말씀의 대언자입니다. 그래서 하나님께서 먼저 모세에게 명령했습니다.

① 너는 산에 올라가(12) - 올라오라는 것입니다.

② 거기 있으라(12), 기다리라(13)

③ 들어오라(18)고 하셨습니다.

1. 우리가 하나님의 말씀을 받으려면 하나님이 계신 산에 올라가야 합니다.

산은 거룩한 곳, 구별된 곳, 성전, 교회를 의미합니다.

우리는 교회의 중요성을 알아야 됩니다.

은혜 받으려면 계속 교회로 나와야 됩니다.

교회는 주님이 계신 곳입니다.

교회는 하나님의 집입니다.

교회는 기도하는 집입니다.

교회는 하나님의 말씀이 있는 곳입니다.

교회는 은혜 받는 곳입니다.

교회는 하나님 만나는 곳입니다.

성도가 교회에서 은혜 못 받으면 더 이상 기대는 불가능합니다. 그리고 교회를 통하지 않고는 은혜 받을 수 있는 길도 수단도 없습니다.

하나님의 축복이 교회를 통해 임합니다. 그렇기 때문에 교회에 피해를 주면 신앙 성장과 축복은 물 건너갑니다.

여러분이 교회 나오는 목적이 사랑만 받으려고, 위로만 받으려고 나온다면 실망합니다. 교회는 사랑이 있고, 위로가 충만하면 더 이상 바랄 것이 무엇이 있겠습니까만 그렇지 아니해도 나와야 합니다.

마음이 상하는 일이 있어도, 보기 싫은 사람이 있어도 나와야 됩니다. 마치 예수님이 교회답지 못한 예루살렘 성전에도 꼭 가셨던 것과 같이 말입니다.

교회는 하나님의 집이기 때문입니다.

교회를 통해 하나님의 말씀을 받기 때문입니다.

하나님의 말씀을 받아 순종하는 것 이상 더 큰 축복이 어디 있겠습니까?

2. 하나님의 말씀을 받기 위해서는 기다려야 합니다.

모세가 산에 올라갔는데 6일 동안 아무 말도 없었습니다.

얼마나 지루하고 답답했겠습니까? 신앙생활은 기다리는 훈련을 해야 합니다.

응답도 기다리는 훈련해야 합니다. 은혜도 기다리는 훈련해야 합니다.

이 기다림은 막연한 기다림이 아닙니다. 소망을 품고 기다리는 것입니다.

여러분, 응답 없더라도 낙망하지 마십시오. 축복이 빨리 임하지 않는다고 낙망하지 마십시오.

기도했는데 문제가 해결되지 않습니까?

순종했는데 축복이 주어지지 않습니까?

기다리십시오. 절대 헛된 기도가 아닙니다. 절대 헛 순종이 아닙니다.

하나님의 때와 내가 생각하는 때와의 차이 때문입니다.

인격을 망하게 하고 신앙에 치명타를 주는 것이 조급함입니다.

성질 급하면 손해 봅니다. 모래 위의 집은 빨리 짓지만 넘어집니다.

기다림이 필요합니다.

3. 하나님의 말씀을 받기 위해서는 들어가야 합니다.

모세는 구름 속으로 들어갔습니다. 얼마나 신비한 장면입니까?

얼마나 부러운 만남입니까? 하나님과 일대일의 만남입니다.

하나님 만나면 은혜 받습니다. 은혜 받으면 다 됩니다. 은혜 받으면 변화됩니다.

은혜 속에는 모든 것이 다 있습니다.

은혜는 환경에 의해서 좌우되는 것이 아닙니다.

은혜는 사람에게 받는 것도 아닙니다. 은혜는 만남을 통하여 받습니다.

은혜는 하나님을 만나야 됩니다.

은혜 못 받은 사람 만나면 은혜 다 쏟아 버립니다. 은혜 쏟아버리게 하는 달란트를 받은 자들도 있습니다.

은혜 쏟아버리게 하기 위해 부르고 찾아가고, 밥도 사주는 경우도 있습니다. 또한 신령한 축복을 위해 세속적인 것을 포기해야 되는 경우가 많습니다. 모세는 40일 금식했습니다. 하나님과의 시간을 위해 금식했습니다.

이제 말씀을 마칩니다. 오늘 우리도 하나님 말씀 받아 새겨 한 주간도 말씀 안에 승리합시다.

출애굽기 강해 제39강

【본문】 출애굽기 25:1-9

성소 지을 예물/ 즐거운 마음으로 내어라

예배가 무엇입니까? 드리는 것입니다. 하나님께 드리는 것입니다. 최고의 가치를 드리는 것입니다.

드리되 감사한 마음으로 드려야 합니다.

드리되 기쁜 마음으로 드려야 합니다.

드리되 정성을 다해 드려야 합니다.

오늘 본문의 내용도 성소를 짓기 위해 예물을 드리라고 했는데 즐거운 마음으로 드려야 된다는 것입니다.

하나님께서 명하시기를 즐거운 마음으로 드리지 않거든 받지 말라는 말과 같습니다. 불평하면서, 원망하면서, 억지로 내면 받지 말라는 것입니다.

이 말은 성소 짓는 너무나 복된 일에 동참시키지 말라는 것입니다. 교회 생활에 복된 일 많습니다. 예배가 복된 일입니다.

봉헌이 복된 일입니다.

봉사가 복된 일입니다.

충성이 복된 일입니다.

기도가 복된 일입니다.

찬양이 복된 일입니다.

사명 감당이 복된 일입니다.

직분 받는 것이 복된 일입니다.

그런데 이런 일에 기본 필수 자세가 무엇입니까?

감사한 마음, 기쁜 마음입니다.

이런 맘이 없으면 그 예배는 받지 않습니다. 그 봉헌 받지 않습니다. 일의 양도 봉헌의 양도 아닙니다. 그렇다고 의도적으로 큰 일, 많은 일 무시하라는 말이 아닙니다.

가장 중요한 것은 기본자세, 기본 정신입니다. 모든 일의 결과는 정신이 병든 데서 문제의 결과가 오는 것입니다. 경우에 따라서는 정신을 무시하고 외형적인 결과만 추구하는 그것이 모든 것의 변질을 가져옵니다. 모든 것의 타락을 가져옵니다.

우리는 지금 정신문화가 병들어 가는 것이 가장 어두운 미래요, 불안을 주고 있는 것입니다. 인본주의가 무엇입니까? 타락이 무엇입니까? 이기주의, 개인주의가 무엇입니까? 정신문화가 병든 데서 오는 것이 아닙니까?

지금 우리나라에 정치 정신문화가 있습니까? 우리나라의 교육 정신문화가 있습니까?

정신문화를 위해 노력합니까?

지난주간 한국경제연구원장(라승희)이 부자 기업을 질시하는 풍조를 조성한 것이 한국 경제를 망쳤다고 조찬 포럼에서 거침없이 말했습니다.

공부 잘 하는 사람 미워하고, 열심히 일해 공부한 사람 미워하고, 건강한 사람 미워하고, 그래서 백성을 이분화시키고 갈등 조작하여 국력을 분산시키므로 약한 적에게도 패배하게 만들어 버리는 결과를 초래하게 만든다는 것입니다.

어떻게 피땀 흘려 노력한 자와 그렇지 않은 자가 같을 수 있으며 전문가의 자리를 비전문가가 차지할 수 있습니까?

그래서 하나님께서 성소라는 보이는 건물을 지을 때 보이지 않는 정신을 더 중요시하고 강조한 것입니다.

하나님께서 성소를 짓는 방법, 제사장제도 등을 직접 모세를 통해 계시한 것은 인간은 그리고 자기 백성도 죄인이라는 사실을 충분히 고려하셨기 때문입니다.

그것은 죄인인 인간이 하나님의 성소를 짓는 방법을 선택하거나 고안해 낼 수 없기 때문입니다.

성소는 하나님과 인간, 인간과 인간의 교제의 수단으로, 그리고 하나님의 임재에 대한 상징으로 허락하시고, 계획하신 것입니다.

하나님의 임재는 하나님의 통치입니다.

다음 제사장 제도가 나옵니다만 제사장은 속죄의 통로입니다.

오늘은 시간관계상 성소, 건물을 위해 바칠 예물과 재료 즉 홍색실, 해달, 등유, 호마노, 에봇, 궤, 그릅, 진설병 등 재료 및 진열품에 대해서는 말하지 않고, 하나님의 성소를 짓기 위한 준비 작업으로 예물을 드릴 때 즉 예물과 여러 가지 재료들을 드릴 때 어떤 마음, 어떤 정신으로 드려야 되느냐에 대해서만 말씀드립니다.

다시 반복해서 정리한다면 예물을 드리는 자의 태도와 정신을 중요시했다는 사실입니다.

하나님이 가인이 드린 제물을 받지 않으셨을 때도 가인과 그 예물, 즉 가인이라는 사람이 드리는 제물은 열납하지 아니했다는 것입니다.

이것은 가인이 싫으니까 그가 드리는 제물도 싫다는 것입니다.

그러나 아벨에 대해서는 아벨과 그 제물입니다. 아벨을 받으니까 그가 드리는 제물도 다 받으신다는 것입니다.

본문에 마음이라는 말은 "라보"란 단어인데 이 단어는 마음 또는 심장이라는 의미도 있습니다.

이 심장이라는 의미의 단어 "라보"가 구약에 598회나 기록(사용)되어 있습니다.

무슨 의미냐 하면 마음이 즉 심장이 움직이어서 자원해서 드리는 예물로 성소를 짓는다는 것입니다.

즐거운 마음으로 자원해서 내면 내일 먹을 것이 없도록 해 놓고 오늘 다 바쳐도 괜찮다는 것입니다.

옥합을 깨뜨려 예수님의 발에 단회적으로 쏟아 부어 버려도 괜찮다는 것입니다.

그러므로 헌물은 즉 예물은 하나님께 대한 일종의 신앙 고백입니다. 그러므로 하나님께 직분 받는 것도, 또는 예를 들어 교회 건축하는 일에 동참하는 것도 내 개인이나 가정의 그 어떤 대소사보다 더 무관심하거나 가치 없게 생각하면 하나님이 기뻐하실 수 있겠느냐는 것입니다.

하나님이 어떤 때는 강제성을 요구한 때도 있습니다. 그러나 그것은 자원으로 훈련시키는 과정이었지 그것이 목적이 아니었습니다.

자원이 아니면 그 예물을 받기 전에 그 사람 즉 드리는 사람을 받지 않는다는 사실을 명심해야 됩니다. 그러므로 그것은 복되지 않는 것입니다. 하나님께 드리는 것은 신앙고백입니다. 마음에 담아 드리는 것입니다.

그러면 노골적으로 얘기합시다. 내 개인을 위해서는 금 뭉치를 사용하면서 하나님께는 은 조각을 담아, 이것이 저의 마음이요, 정성입니다 라고 한다면, 그것이 사실이 되겠습니까? 그것이 정말 정성이겠느냐는 것입니다.

하나님이 속겠습니까? 오늘 결론은 하나님은 아십니다. 하나님은 속지 않습니다. 하나님은 이해하십니다. 그러나 하나님이 속지는 아니합니다.

출애굽기 강해 제40강

【본문】 출애굽기 25:10-22

증거궤와 속죄소

하나님께서 이스라엘 백성들에게 성막을 지으라고 명령하시고, 성막을 짓되 하나님이 보여주시는 대로 성막을 지으라고 했습니다.

성막은 하나님께 예배드리고 영광 돌리기 위한 것입니다.

그러므로 하나님 마음에 맞도록 해야 되는 것입니다. 성경이 강조하는 것이 무엇입니까? 모든 것이 하나님 기준입니다.

그러나 인간의 종교는 모든 것이 자기 기준, 인간 기준입니다.

그래서 심지어 믿는다고 말하는 자들까지도 자기 기준에 맞는 것을 찾으려고 노력하고 성경 구절을 찾습니다.

오늘 본문은 성막 짓는 요령을 지시하기 전에 먼저 성막 내부에 필요한 여러 기구에 대한 구체적인 설계도를 보여 줍니다.

그리고 그 중에서 가장 먼저 만들라고 보여주신 모형이 다름 아닌 증거궤입니다. 증거궤는 법궤라고도 하고, 언약궤라고도 합니다.

이 언약궤를 조각목(아카시아)으로 만들라고 재료에 대해 말씀하시고, 규격은 1규빗이 약 45cm이니까 길이는 112.5cm, 너비는 약 67.5cm이고, 높이는 역시 67.5cm입니다.

그리고 이 궤를 금으로 덧입히고, 네 발에 금고리 넷을 만들어 달라고 했습니다. 그 외에도 여러 가지 세밀한 부분의 내용들이 있습니다.

이 궤에는 아무도 손을 댈 수 없었습니다. 오직 제사장들만 금으로 입힌 막대를 이용해서 운반하도록 했습니다.

그리고 이 언약궤에 하나님께서 주신 십계명을 기록한 증거판들을 넣어 두었습니다. 그리고 후에는 이곳에 만나 한 항아리와 아론의 싹 난 지팡이를 넣어 두었습니다.

그리고 또 이 궤의 위에는 정금으로 속죄소를 만들었는데 정금으로 만들었습니다. 이 정금의 무게는 추측하여 약 340kg나 된다고 합니다.

돈으로 계산하면 350만 달러(약 40억)나 됩니다.

그러나 그것보다도 성막은 하나님 나라의 속성을 보여주는 계시적 의미가 중요합니다. 성막은 하나님 임재의 상징이며, 제사를 통해(예배) 하나님과 만남이 이루어지는 것입니다. 그리고 하나님과의 만남을 통하여 하나님의 치유를 체험하게 되고, 그 안에서 평안과 자유를 누리게 되는 것입니다.

1. 증거궤는 하나님의 변함없는 통치와 교제를 상징합니다.

다시 언급합니다만 증거궤는 언약궤입니다. 가장 많이 사용된 명칭이 언약궤, 증거궤입니다.

그 외에도 법궤(레 16:2), 여호와의 궤(수 4:5, 6:6-7, 7:6/ 삼상 5:3-4), 하나님의 궤(삼상 3:31, 4:19/ 삼하 6:7), 여호와의 언약궤(수 3:3, 4:7/ 왕상 3:15 / 대상 16:37), 하나님 여호와의 궤(수 4:5), 하나님의 언약궤(대상 16:6)란 명칭이 성경에 기록되어 있습니다.

하나님께서 이스라엘과 약속하시고, 약속대로 변치 않는 말씀대로 다스리며 만나주시고 교제하시겠다는 것입니다.

2. 증거궤, 즉 언약궤는 구속의 계시입니다. 즉 그리스도의 계시가 있습니다.

모든 계획은 하나님에게서 기원되었으며 하나님이 드러내셨습니다. 그러므로 성막과 언약궤는 하나님의 구속의 계시의 상징인 것입니다.

그리고 언약궤의 재료는 그리스도의 인격을 드러내는 것입니다.

10-11절 "그들은 조각목으로 궤를 짓되 장이 이 규빗 반, 광이 일 규빗 반, 고가 일 규빗 반이 되게 하고, 너는 정금으로 그것을 싸되 그 안팎을 싸고 위 가로 돌아가며 금테를 두르고"

썩지 아니하는 나무, 안팎으로 싸고, 불변하는 예수 그리스도의 성품과 인성과 신성을 보여주는 것입니다.

나무 위에 순금으로 싸듯이 그리스도는 신성과 인성, 두 본성을 가지신 분이시며, 신비스럽게 한 인격 안에 조화를 이루는 모습을 드러내고 있습니다.

예수님은 우리와 같은 인성을 가지신 분이십니다. 그러면서도 요 10:30의 말씀처럼 예수 그리스도와 하나님은 하나이십니다. "나와 아버지는 하나이니라"

예수님은 하나님을 드러내기 위해 사람의 몸을 입으셔야만 했습니다.

예수님은 사람을 구원하기 위해 사람의 몸을 입고, 이 땅에 오심이 필요했던 것입니다.

3. 향 기름은 언약의 기름입니다.

향 기름은 언약궤와 회막에 바릅니다. 30:25-26에 그 내용이 나옵니다.

이것은 구별하여 성결케 하는 의식입니다.

거룩한 관유는 성령을 상징합니다. 성령을 주실 것을 약속하시고, 성령으로 통하여 거룩케 하시고, 구별케 하시는 역사를 의미합니다.

성도는 그의 입술과 인격, 그리고 모든 삶에 성령의 기름을 발라 거룩하게 구별되어야 하는 것입니다.

4. 언약궤는 그리스도의 복종과 속죄, 그리고 중보사역의 상징입니다.

언약궤는 하나님을 만나는 장소의 초점입니다.(25:22)

거기서 하나님을 만나고, 하나님 앞에서 이스라엘 백성들의 교제가 이루어지는 것입니다.

그리고 백성의 모든 죄를 대제사장을 통하여 용서받는 것 같이, 예수 그리스도의 중보 사역을 나타내는 것입니다.

특히 언약궤에 수송아지의 피를 취하여 손가락으로 속죄소 동편에 뿌리고 또 손가락으로 그 피를 취하여 속죄소 앞에 일곱 번 뿌리는 의식이 있습니다.(레 16:14)

이것은 하나님과의 회복과 평강은 속죄의 피에 의해서만 그 효력이 드러남을 나타내고 있습니다. 피 흘림이 없으면 죄인은 죽음 이외에는 다른 방법이 없습니다.

5. 언약궤는 상징적인 의미가 많습니다.

예를 들면 아카시아 나무로 만들라고 했는데, 아카시아 나무는 잘 썩지 않는 단단한 나무입니다. 이미 말씀 드렸지만, 금으로 입히는 것은 그리스도의 신성을, 즉 완전한 인성과 완전한 신성, 즉 신인 양성을 가지신 예수 그리스도를 나타내는 것입니다.

언약궤, 복음은 약속입니다. 변치 않는 약속입니다.

약속에 의해 구속함을 받고, 하나님의 자녀가 되고 하나님의 백성이 되어 하나님 앞에서 하나님의 백성들과 교제를 가지는 것입니다.

그래서 거룩한 공회인 것입니다.

출애굽기 강해 제41강

【본문】 출애굽기 25:23-30

정금으로 싸고 금테를 두르고

25장부터 31장까지는 성소와 제사직에 관한 명령입니다.

하나님께서 모세에게 명하시기를 성소를 세워 여호와께서 그들 가운데 있게 하라고 했습니다. 그리고 성소의 건축과 그 속에 성구의 배열은 하나님이 지시하고, 시키는 대로만 하라는 것입니다.

그래서 하나님께서 친히 모세에게 성소를 지을 시기, 장소, 기구의 모양을 보여 주었습니다. 그리고 거룩한 예배를 위한 필요한 모든 것들의 형태와 재료까지도 아주 상세히 정해 주셨습니다.

그러니까 인간의 창작의 능력에 맡기지 아니했습니다.

오로지 하나님이 계시해 주신대로만 해야 하는 것입니다.

그리고 성소를 지을 재원도 백성들이 자원해서 성소를 지을 헌금(예물)을 드려서 지으라고 했습니다.(1-9)

오늘 본문 23-30은 성소 안의 기구들 중에 중요한 상을 만들되 어떻게 만들어야 된다는 것을 말씀하고 있습니다. 이 상은 제사장이 매일 제사를 드리는데 제사 드릴 때 쓰이는 상입니다.

① 조각목으로 만들어야 된다,

② 정금으로 싸고,

③ 금테를 두르고.

라고 했습니다. 정금으로 안팎을 싸야 하고 그 윗 가로 돌아가며 금테를 둘러야 합니다. 조각목에 대해서는 이미 말씀드렸습니다. 아카시아 나무처럼 단단하고 잘 썩지 않는 나무라는 것, 즉 변치 아니하는 것으로 하라는 것입니다.

그뿐 아니라 조각목은 뿌리 깊은 나무입니다. 모진 환경 속에서도 잘 자라는 나무입니다. 하나님의 백성은 그 어떤 모진 고난과 환난이 와도 뿌리를 깊이 내려 흔들리지 아니하는 생명 있는 신앙이 되어야 합니다.

조각목은 단단하고 뿌리가 깊이 내리는 나무일 뿐 아니라, 향기가 나는 고운 나무입니다. 아카시아 향기가 얼마나 좋습니까? 우리는 하나님 앞에서나 사람 앞에서 향기를 내어야 합니다.

그리고 정금으로 싸고, 금테를 두르는 것도 신령한 의미가 있습니다.

① 귀히 쓰는 그릇이라는 의미입니다. 우리는 하나님 앞에 쓰임 받는 그릇이 되데 귀히 쓰임 받는 그릇이 되어야 합니다.

딤후 2:21에 보면 귀히 쓰는 그릇도 있고 천히 쓰는 그릇도 있습니다.

우리는 하나님 앞에서 귀히 쓰임 받아야 합니다. 우리는 본래 깨어지기 쉬운 무가치한 그릇이었습니다. 그러나 예수 그리스도를 옷 입음으로 귀히 쓰는 그릇이 되었습니다. 정금으로 싸고 금테를 둘렀으니 얼마나 귀한 그릇입니까?

② 순수한 그릇이 되라는 의미입니다.

금은 변치 아니합니다. 우리는 변치 않는 일군이 되어야 합니다. 하나님 앞에 변하는 일군은 가치가 없습니다. 사람 앞에도 이랬다, 저랬다 변하면 신의를 잃어버립니다. 우리의 예배, 충성, 헌신, 교제, 변치 아니해야 합니다. 순수해야 합니다.

③ 고운 그릇이 되라는 의미입니다.

금 그릇은 곱습니다. 우리는 주님의 눈에 곱게 보여야 합니다.

더럽거나 추하게 보이는 인격이 되면 곤란합니다. 깨끗하고 고와야 합니다.

성도는 마음이 고와야 합니다.

성도는 말이 고와야 합니다.

성도는 삶이 고와야 합니다.

성도는 마음이 깨끗해야 합니다.

성도는 사상이 깨끗해야 합니다.

성도는 행실이 깨끗해야 합니다.

더럽고 구질구질하면 안 됩니다.

깨끗한 헌신, 깨끗한 마음, 깨끗한 양심을 하나님은 기뻐하십니다. 그래서 어린아이와 같이 되라고 하시지 아니했습니까?

하나님은 깨끗한 사람 쓰십니다. 요셉처럼, 다윗처럼, 다니엘처럼, 세례 요한처럼, 공통점이 무엇입니까? 깨끗하지 아니했습니까?

사람도 마음이 고우면 얼마나 사랑스럽고 좋아 보이지 않습니까?

우리가 하나님 앞에 깨끗하고, 곱게 보이려고 노력해야 합니다.

조각목으로 만든 상을 정금으로 싸고 금테를 두르고 해서 만들 뿐 아니라, 대접과 숟가락과 병과 붓는 잔도 정금으로 만들라고 했습니다.

그리고 상위에는 진설병을 놓으라고 했습니다. 진설병은 거룩한 떡입니다.(삼상 21:6) 그리고 아주 고운 가루로 만듭니다.(레 24:5)

진설병은 항상 상위에 진설해야 합니다. 이 떡은 누룩 없는 떡입니다. 소금과 기름으로만 빚은 떡입니다. 그리고 이 두 줄로 상위에 진설하는데 6개씩 두 줄로 12개를 만들어 올려놓아야 합니다.

이것은 12지파의 합심된 헌신을 의미합니다.

이 진설병은 제사장들만 먹을 수 있습니다. 이 떡은 매일매일 상위에 올려놓습니다. 그리고 안식일 때마다 바꾸어야 합니다. 새 떡으로 교체해야 합니다.

오늘 우리는 하나님께서 모세를 통하여 주신 성소와 성소 기구에 대한 하나님의 계시와 명령을 통해 주시는 신령한 뜻을 깨닫고 모든 것이 하나님 중심, 모든 것이 하나님 기뻐하시는 중심, 모든 것이 하나님 영광 중심이 되어야 된다는 진리를 깨달아야 합니다.

뿐만 아니라 이제 하나님의 백성들은 순금처럼 귀한 하나님의 백성이 되었다는 사실과 순금처럼 귀히 쓰임 받는 그릇이 되고 순수하고 깨끗하고 고운 삶을 살아야 한다는 사실을 명심해야 할 것입니다.

세상의 것은 변하고, 무가치해지지만 하나님께 드려진 삶은 가치 있고, 존귀하며, 가장 축복된 삶을 살게 된다는 사실을 명심해야 될 줄 믿습니다.

출애굽기 강해 제42강

【본문】 출애굽기 25:31-40

정금으로 등대를 만들라

23-30에 떡상 위에 진설하는 떡은 생명의 떡이신 예수 그리스도를 상징합니다. 하나님의 말씀은 떡과 같습니다. 먹으면 삽니다. 하나님의 말씀은 신령한 만나입니다.

성도들은 떡을 나눔으로 교제가 이루어지기에 성도의 교제를 상징합니다.

31-40은 떡상과 더불어 성소에 배치될 등대에 관한 계시입니다.

등대는 역시 정금으로 만들어야 합니다. 등대는 성소 안을 밝히기 위해 등잔불을 켜도록 하기 위해서입니다.

우리 성도들은 세상의 빛이요, 마지막 때에 빛을 발해야 하는 거룩한 사명을 가진 사람들입니다. 그리고 주님 오시는 날, 주님을 맞이하기 위해 등과 기름이 항상 준비되어 있어야 할 것입니다.

1. 왜 정금으로 만들라고 하였습니까?

정금으로 만든 것은 등잔대와 속죄소 뿐입니다. 그리고 정금으로 만들되 쳐서 만들라고 했으니, 모양이 일정하지 않을 것입니다.

이것은 교회 구성원의 다양한 개성과 그러면서도 많은 연단을 통하여 만들어진 하나님의 백성들을 의미합니다.

성도는 연단을 통하여 튼튼한 신앙으로 성숙하고 자리를 잡습니다. 정금은 불순물이 없습니다. 이것은 변치 않는 믿음과 거룩한 삶을 의미하는 것입니다. 정금이 아니면 가면 갈수록 퇴색될 것입니다.

2. 등대는 일곱 개의 가지로 이루어졌습니다.

7은 완전을 상징하는 숫자로 이해합니다. 이것은 하나님의 구원 사역은 조금도 부족함이 없음을 드러내고 있습니다.

일곱 등잔과 일곱 가지로 구성된 불은 성도들이 그리스도로부터 받은 불로 서로 연합된 빛을 밝히는 것을 의미합니다.

3. 등잔의 받침은 살구꽃 형상으로 이루어졌습니다.

이스라엘 백성에게 있어서 살구꽃은 각성과 보호와 희망을 의미합니다. 그리고 살구꽃은 히브리어로 "깨우는 자, 지키는 자"란 의미를 갖고 있습니다.

이것은 등대의 빛은 어두운 곳을 밝게 해서 길을 안내하고, 세상을 지키는 파수군의 역할을 감당해야 된다는 의미입니다.

교회는 어두운 세상, 갈 바를 알지 못하는 백성에게 밝게 비취는 빛의 역할을 해야 하며 또한 세상을 지키는 파수군의 역할도 감당해야 하는 것입니다.

그리고 또 살구꽃은 봄에 제일 먼저 피는 꽃으로, 남보다 먼저 깨닫고, 각성하며 앞서 행하는 자들이 되어야 함을 의미하는 것입니다.

다시 정리하자면, 등대는 예수 그리스도를 예표합니다.

예수님은 빛으로 오셨습니다. 캄캄한 세상에 빛으로 오셨습니다.

등대는 교회를 예표합니다.

계시록 1:20에도 사도 요한이 일곱 금 촛대를 보았습니다. 그리고 이 금 촛대는 교회라고 말씀하셨습니다. 교회는 빛을 발해야 됩니다. 그 빛은 사랑의 빛입니다. 봉사의 빛입니다. 헌신의 빛입니다.

등대는 하나님의 말씀을 예표합니다.

고후 4:4에 보면 복음을 "광채"라고 말씀했습니다.

등대의 역할은 빛을 비추는 것이듯이 세상에, 어두운 세상에 빛을 비추어야 하는 것입니다.

오늘처럼 어두운 세상에는 더욱 더 등대의 역할이 중요합니다.

등대의 등잔에는 항상 기름이 공급되어야 합니다. 기름은 성령을 상징합니다. 교회는 항상 성령 충만해야 합니다.

성도는 항상 성령 충만해야 합니다. 교회는 내 맘대로 하는 곳이 아닙니다. 하나님의 계시에 절대 순종해야 하는 것입니다.

정금 같은 신앙이 세상을 밝히고, 교회를 밝히고, 가정을 밝히고, 사회를 밝힙니다. 그래서 정금으로 등대를 만들라고 했습니다.

출애굽기 강해 제43강

【본문】 출애굽기 26:1-14

성막 휘장을 만들라

지난 시간 정금으로 등대를 만들라는 하나님의 명령에 대한 의미를 생각했습니다. 등대는 예수 그리스도를 예표하고, 또한 교회를 예표합니다.

등대는 빛을 비추는 역할을 합니다. 예수님은 어두운 세상에 빛으로 오셨습니다. 교회는 세상의 빛이어야 합니다. 정금은 변하지 않습니다. 예수 그리스도는 어제나 오늘이나 영원토록 동일하십니다. 진리는 변하지 않습니다.

오늘 본문은 성막의 천장을 덮기 위해 휘장을 만들어야 하는데, 그 모양이나 재료에 대한 계시입니다.

1. 성막을 덮는 네 종류의 덮개

1) 성막의 외부 덮개는 해달의 가죽으로 만든 웃덮개가 있습니다.

해달은 바다소를 말합니다. 성막의 외부 웃덮개는 바다소 가죽으로 만들라는 것입니다. 성막의 웃덮개는 피처럼 붉은 색깔로서, 성막을 보호하기 위한 것입니다.

또한 모든 외부의 빛을 차단하는 역할을 합니다. 또한 폭풍이나 우박, 비의 피해로부터 보호하는 역할을 합니다.

이것은 하나님께서 성막을 특별히 보호하심으로 거룩한 장소와 일반적인 장소를 구별하셨습니다.

그러므로 성소의 가장 은밀한 장소인 지성소는 일반에게 공개되지 않았으며, 자연환경에도 노출되지 않도록 했습니다.

바다소는 돌고래로 보는데, 이 가죽으로 신발도 만들고, 그렇게 아름답게 보이는 것은 아닙니다.

마치 사람의 몸을 입고 이 땅에 오신 예수님, 고운 모양도, 풍채도 없이 우리와 같은 모습으로 오신 것과 같습니다.

그러나 성막이 외부로 볼 때는 보잘 것 없이 보이나 내부에 들어가면 가치 있고 귀하고 화려하고 실속 있는 것으로 되어 있듯이, 복음의 진수가 그런 것입니다.

알고 보면, 진리를 깨닫고 보면, 깊이 들어가면 놀라운 보화를 발견하게 됩니다.

2) 성막 안 덮개는 수양의 가죽으로 만들어 덮습니다.(26:14)

붉게 물들인 수양의 가죽으로 했습니다. 이 또한 성막의 보호를 위한 것입니다. 수양은 대속 제물로 드려지는 것입니다. 죄를 사함받기 위해서는 속죄의 제물이 있어야 합니다. 예수님은 죄인의 속죄 제물이 되셨습니다.

기독교의 속 진리는 예수 그리스도로 말미암은 속죄 진리입니다.

3) 염소 털로 성막 안을 덮습니다.

염소 역시 특별히 대제사장이 드리는 즉 번제로 드리는 짐승입니다. 그리고 아사셀 양으로 광야로 보내는 염소가 있습니다.(레 16:5/16:21)

성도는 죄를 멀리하는 생활을 해야 합니다. 하나님의 인간 구속의 역사는 죄 문제 해결에서부터 시작이 됩니다. 우리가 먼저 깨끗하지 아니하면 하나님을 만날 수 없습니다.

4) 제일 안에는 세마포로 덮습니다.

그리고 칼라실로 그룹을 수놓았습니다. 안에서 볼 때는 외부와는 비교가 안 됩니다. 외부로는 별 볼품이 없지만 그러나 내부는 너무나 곱고 아름답습니다.

그리고 여러 가지 의미가 있습니다.

2. 성막 재료들의 특성과 의미

성막이라는 의미는 하나님이 임시로 거처하는 처소라는 의미입니다. 성막은 덮는다는 의미도 있습니다. 성막은 장차 오실 예수 그리스도를 계시해 주는 것입니다.

① 성막 외부 내부의 양장의 (휘장)재료들은 하나님의 천국 보좌를 상징합니다.

열 폭 휘장을 가늘게 꼰 베실과 청색, 자색, 홍색실로 수놓아 만들었습니다. 이것은 하나님이 임시로 거처하는 처소에 인간의 최대의 노력과 솜씨로 만들었습니다.

하나님의 보좌에서는 영광과 거룩과 권세가 넘쳐남을 색깔로 상징화하기도 한 것입니다.

② 성막의 널판은(15-27) 교회의 절대적이고 영원한 권세를 상징합니다.

③ 성막의 은 받침은 교회의 속성을 상징합니다.

④ 성막의 띠는 교회의 결속과 하나 됨을 상징합니다.

1-14 네 겹의 성막 덮개는

① 사람들은 그리스도의 참모습을 볼 수 없는 것을 의미합니다.

② 세상 사람들은 십자가 의미를 깨닫지 못합니다.

③ 세상 사람들은 영광스러운 그리스도의 보좌를 인식할 수 없습니다.

하나님 우편 보좌에 계시는 주님을 모릅니다.

우리는 점점 깊이 들어가 그리스도의 복음의 진리와 복음의 신비를 깨달아야 할 것입니다.

성막 휘장과 휘장 안에 들어있는 계시의 복음, 복음의 비밀, 하나님의 백성이 아니고는 깨달을 수 없습니다.

예수님께서 베드로의 신앙고백을 칭찬하시면서, 예수님께서 성령이 깨닫게 해주셨다고 했습니다. 진리의 영이 오셔야 깨닫는 것입니다.

우리는 그저 감사할 따름입니다. 믿음의 비밀을 깨닫게 하신 하나님의 사랑에 감사해야 할 것입니다.

출애굽기 강해 제44강

【본문】 출애굽기 26:15-37

널판과 은 받침의 의미

15-30절은 성막 본체를 이루는 48개의 널판(18-21)에 대한 계시입니다. 남북으로 각각 20개고 모퉁이에 2개, 서쪽에 6개이니 48개입니다.

널판의 고정된 형태는 어떤 외부의 변화에도 성막의 흔들림을 방지하기 위해서입니다. 그리고 31-37은 성막내의 두 개의 휘장에 대해 말씀하고 있습니다.

주로 하나님의 거룩성 보존에 대한 내용입니다.

하나님께서 성막을 지탱하도록 하기 위해 널판 즉 기둥을 만들고 띠를 만들고 또 성소와 지성소를 구별하기 위해 휘장을 쳐야 했습니다.

무엇보다 성막은 이동하기 쉽도록 만들었습니다. 그리고 안의 구조가 튼튼하고, 조립과 해체하기가 쉽도록 만들어졌습니다.

이것은 하나님은 자기 백성들과 함께 계시면서 인도하시기 위해 움직이고 다니시는 하나님이심을 의미하고 있습니다.

하나님은 교회당에만 계시는 분이 아니라 우리의 삶의 현주소에 시간과 장소를 가리지 않고 계시고, 감찰하십니다. 그러므로 우리는 교회당에서만 하나님의 임재를 느끼고 기도하고, 예배드릴 뿐 아니라, 아니 계시는 곳이 없으신 하나님께 우리의 삶의 현주소에서도 늘 기도하고, 예배하며, 하나님을 기쁘시게 하며 영광 돌려야 합니다.

여기에서 우리의 삶에 드러나는 증거는 하나님의 임재를 느끼는 사람과 그렇지 않은 사람과는 엄청난 차이가 있다는 사실입니다.

그의 말이나 행동이나, 마음이나 자세나, 모든 면에 같을 수가 없습니다. 우리가 교회에서만 거룩하고 - 그것도 교회에서조차도 거룩하지 못한 자보다야 훨씬 낫다고 생각할지 모르나 - 교회 밖에서는 두 개의 얼굴, 두 개의 행동을 한다면, 하나님의 임재의 느낌과 확신에 대한 약한 믿음이거나, 불신에서 오는 결과가 아니겠습니까?

물론 입술로는 믿는다고 합니다. 그러나 생활로는 믿지 않는 결과가 되는 것입니다.

백보 양보해서 아무래도 하나님이 보고 계시고 함께 계시고 주관하심을 믿을 때에 한없이 든든하고 담대함이 생기고, 감사하는 반면, 또한 조심하고 하나님 싫어하는 일 하지 아니하려고 하게 되어 있다는 것입니다.

닥치는 대로, 혈기 나는 대로, 자기 고집대로 무절제하고, 마구잡이로 사는 자가 어떻게 하나님이 보고 계신다고 말할 수 있겠습니까? 그러면 그 하나님은 어떤 하나님이십니까?

속된 말로 자기 맘대로 갖고 노는 장난감 같은 하나님이 아니겠습니까? 그렇기 때문에 거룩과 잘 믿는 것과는 따로따로가 아니라는 사실입니다.

여러분, 하나님이, 전지전능하신 하나님이 어디든지 계시고, 나의 삶의 현장에 계시는데, 하나님께 기도하지 않을 수 있을까요? 하나님께 감사하지 않을 수 있을까요? 하나님께 드리는 것이 아까울까요? 하나님 앞에 엄살을 부릴까요?

나는 당신을 죽도록 사랑합니다. 날 믿어주세요 하면서, 선물 하나 사주는 것은 아까워서 도무지 불가능하고, 고민하고 죽을 지경

일까요?

하나님은 핑계 많은 것 싫어합니다. 변명 싫어합니다. 진실해야 합니다. 믿는 자는 다 하나님을 사랑합니다. 그러나 순위가 중요합니다.

1순위냐, 많은 세상의 것들 속에 한 자리 차지하고 있느냐? 가 중요합니다. 하나님 2등 사랑은 우상숭배입니다.

그리고 특별히 중요한 교훈은 성막은 광야에서 만들었기에 이동하기 쉽도록 한 것인데, 그 이동이 이스라엘을 따라 가는 것이 아니라 이스라엘이 성막을 따라간다는 사실입니다. 영원한 천상교회는 이동이 없습니다.

31-35에 성소 안에 다시 휘장을 둘러 성소와 지성소를 구별한 것은 지성소는 대제사장이 일 년에 한 번씩 대속죄일에만 들어갈 수 있었습니다.

그러나 예수 그리스도의 죽으심으로 휘장이 찢겨졌습니다.(막 15:38) 그러므로 이제는 나도 그리스도를 통하여 하나님과 직접 만날 수 있게 되었습니다.(33-34) 지성소는 하나님이 특별히 계시는 장소입니다. 그러므로 지성소에는 불을 밝히지 않습니다. 그것은 하나님은 빛이시기 때문에 불을 밝힐 필요가 없다는 의미입니다.

그리고 증거궤 위에 속죄소는 일명 시은소인데 이것은 자기 백성이 죄를 용서받고 은혜를 덧입는 장소입니다.

오늘 본문에 또한 널판과 은받침에 대해서도 필히 조각목으로 만들어야 된다는 것입니다. 조각목에 대해서는 이미 말씀드렸습니다. 널판은 성막을 위한 것입니다. 그리고 은받침의 수는 널판의 배입니다. 남북 각각 20개씩인데 은받침은 각각 마흔 개씩 해야 된다는 것입니다.

널판은 성소 내부를 튼튼하고 단단하게 하는 역할을 합니다.

밖에서 잘 보이지는 않지만 속에는 널판 벽으로 고정을 시키는 역할을 합니다.

그리고 은 받침은 말뚝과 같은 역할을 합니다.

이 은 받침 때문에 성막이 땅에서 떨어져 있는 것입니다.

널판 벽은 교회의 내적인 견고성을 의미하고 은받침은 교회가 땅에 있지만 땅과는 구별된 즉 본질적으로는 하늘에 속해 있는 것을 의미하는 것입니다.

우리는 땅에 살지만 위에 것을 생각해야 합니다. 교회는 성도는 목적과 방향이 하늘에 속해 있습니다.

그 외에도 띠나 휘장은 이미 말씀드렸습니다만 모두 신령한 뜻이 있는 것입니다.

우리는 무슨 일이나 보이는 현상을 껍데기만 보지 말고, 육적으로만 보지 말고, 영적인 의미, 하나님의 의도가 무엇이냐를 찾아야 할 것입니다.

모든 제도는 이스라엘이 잘 되고 복 받기 위해서입니다.

교회도 모든 것이 성도들, 직분자들, 한 사람 한 사람 잘 되기 위한 방편일 뿐입니다.

하나님의 본심을 깨닫는 것, 가장 중요합니다.

출애굽기 강해 제45강

【본문】 출애굽기 27:1-9

번제단에 계시된 속죄의 진리

출애굽기 27장은 하나님께 번제 드리기 위한 놋제단과 성막의 뜰, 그리고 성소의 등불과 등불에 쓸 기름에 대한 하나님의 지시입니다.

먼저 1-8은 하나님께 희생제사를 드릴 제단에 관한 것입니다.

이 제단 즉 번제단은 성막의 문에 들어서면 제일 먼저 발견되는 성막기구입니다.

이 번제단은 조각목에다 놋을 씌워 만들기 때문에 일명 놋제단이라고 합니다.

번제단은 성막 내부의 기구 중 가장 큰 기구로서 항상 제물을 태울 수 있도록 불이 피워져 있었습니다.

그리고 놋 제단 즉 번제단이 위치한 곳을 성막 안뜰이라고 하였습니다. 성막의 뜻은 성막 안에 구별된 구역이므로 신약시대 교회를 상징합니다.

놋제단은 길이와 너비가 모두 2.28m 정도 되는 정사각형 모형이었습니다.

1. 놋 제단의 상징적 의미

놋 제단의 상징적 의미는 놋은 심판을 상징하기도 하고(신 28:21-24), 강한 능력과 승리를 상징하기도 합니다.(계 1:15)

모세가 놋으로 뱀을 만들어 쳐다보는 자는 불뱀의 재앙에서 구원받게 되었습니다. 그러므로 놋은 십자가를 상징하기도 합니다. (요 3:14)

구약시대에 보면 군인들의 갑옷과 투구가 놋으로 되어 있었습니다.(삼상 17:5-6)

그러므로 번제단을 놋으로 싼 것은 불을 피울 때 타지 않게 하는 목적도 있지만 대속과 능력의 상징인 십자가의 모형인 것입니다. 제단은 하나님의 임재의 장소요, 은총의 장소입니다. 제단은 인류의 소망입니다.

제단이 있는 가정과 국가는 하나님이 지켜 주시고, 영육의 복을 받습니다. 또한 놋 제단은 조각목을 놋으로 싸듯이 우리는 예수 그리스도로 옷 입음으로 하나님께 나아갈 수 있고, 예배를 드릴 수 있고, 그래야만이 하나님이 받아 주시는 것입니다.

제단을 놋으로 쌌기에 계속 불이 타도 녹은 타지 않습니다.

우리는 항상 하나님을 찬양하며 영광 돌리고 불변하는 믿음으로 하나님께 헌신해야 할 것입니다.

2. 성막의 뜰은 거룩하고 구별된 장소입니다.

이 뜰은 가는 실로 짠 하얀 세마포로 놋 기둥을 둘러서 그 경계를 정했습니다.(9) 놋은 하나님의 능력과 공의의 권세의 상징이라면 하얀 세마포는 구별된 거룩을 상징합니다.

그러므로 하나님의 백성들이 하나님께로 나아오면 거룩하게 구별된 하나님의 백성이 되는 은총과 축복을 받게 되는 것입니다.

교회는 거룩해야 됩니다. 성도도 거룩해야 합니다.

하나님은 우리를 불러 구속해 주시고 하나님의 자녀 삼아 주셨습니다. 그리고는 우리에게 부탁합니다. "내가 거룩하니 너희도 거룩하라"는 것입니다.

성막 뜰은 택하신 하나님의 백성들의 뜰인 동시에 하나님의 영광과 진리가 충만한 곳인 것입니다.

3. 세마포장

남을 향하여 뜰 남편에 광이 100규빗의 세마포장을 쳐서 20개의 놋기둥과 은고리로 울타리처럼 만들었습니다.

이것은 그리스도의 의로 거룩해진 교회와 그리스도의 권세로 유지되는 교회를 나타내고 있는 것입니다.

교회는 구별된 곳입니다. 교회는 거룩한 곳입니다.

교회는 하나님의 권세가 있습니다. 그러므로 개인이나 가정이나 국가 할 것 없이 교회를 더럽히고, 어지럽게 하는 자는 다 망했습니다.

영원한 지옥은 물론이고 땅에서도 그 후손들까지 망하는 경우가 대다수입니다.

4. 뜰의 문은 은혜와 생명의 상징입니다.

예수님은 양의 문이라고 했습니다. 문은 하나입니다. 이 문이 바로 축복의 문입니다. 소망의 문입니다. 은혜의 문입니다. 생명의 문입니다.

이 문은 믿음으로만 들어갈 수 있는 문입니다.

이제 말씀을 정리하겠습니다.

번제단은 하나님의 공의로우심을 나타내는 표징입니다. 번제단은 은혜의 표징이요, 구원의 상징입니다. 번제단은 헌신의 상징입니다.

제단에 늘 불이 있습니다. 이것은 불씨의 불입니다.

번제단은 매일 새로운 희생을 드려야 됩니다. 우리는 매일 자신을 죽여야 됩니다. 날마다 기도해야 됩니다. 날마다 예배 드려야 합니다.

번제단은 언제나 연기가 가득합니다. 우리는 날마다 죄를 태워야 합니다. 늘 죄를 회개해야 합니다.

번제단은 언제나 피 흘린 제사를 드리는 곳입니다.

희생의 피입니다.

속죄의 피입니다. 번제단은 언제나 열려 있습니다.

번제단은 하나님과 하나님의 백성이 만나는 장소입니다.

성도와 성도간에도 만나는 장소입니다. 예수님은 죄인들을 위한 번제 제물이 되셨습니다. 예수님 때문에 우리가 구원받고 살게 된 것입니다.

출애굽기 강해 제46강

【본문】 출애굽기 27:9-19

성막의 뜰

하나님께서는 성막을 중심으로 성막 뜰과 성막 외부를 구분 짓는 울타리와 그 외 필요한 기물에 관한 계시와 규례에 대하여 말씀하셨습니다.

그리고 한편 울타리에는 동편에 약 9개 크기의 유일한 출입문이 만들어졌습니다.(16) 이것은 인간이 하나님께로 나아갈 수 있는 유일한 길이요, 통로인 예수 그리스도를 예표하는 것입니다.(요 14:6)

우리의 삶은 언제나 하나님께로 향해야 됩니다. 이스라엘 백성들은 언제나 예루살렘을 향하여 기도하고, 장막을 칠 때도 성막을 중심해서 장막 문을 향하게 했습니다.

예루살렘은 성전이 있는 곳입니다. 오늘날 우리의 삶도 예수 중심, 하나님 중심, 교회 중심, 성경 중심이 되어야 되는 것입니다.

요한 웨슬리의 어머니 수잔나는 19명의 자녀를 낳았습니다.

그런데 모두 훌륭하게 키웠습니다. 그 비결이 무엇이었습니까? 그것은 늘 자녀들을 예배당으로 인도하고 모두 주기도문을 가르쳤고, 수입이 생기면 십일조를 하나님께 드리는 것을 보여주고 가르쳤습니다.

여러분, 분명히 아실 것은 우리의 삶이 교회 중심이 되면 결코 망하지 않습니다.

늘 은혜를 사모하고, 교회를 사모하고, 주님을 사모하는 생활이 되어야 합니다.

성막 뜰은 길이 100규빗, 폭 50규빗으로 가늘게 꼰 세마포장으로 늘 쳐져 있었습니다.

세마포장은 60개의 기둥들이 쳐져 있는데 20개는 남편에 20개는 북편에 그리고 서편에 10개, 동편에 10개로 세워져 있었습니다. 그리고 뜰은 말뚝과 줄로 쳐져 있었습니다.

사실 시나이반도(시내산 중심)에는 인구 200만 이상이 넘고 수많은 짐승들이 있었는데도 이런 거대한 사람들을 수용할만한 평평한 지역이 별로 없습니다.

그런데도 우선 성막이 있을 장소를 제일 먼저 했다는 것은 우리에게 중요한 교훈을 주고 있는 것입니다.

하나님 우선, 하나님 먼저의 생활을 해야 된다는 교훈이 바로 성막 우선, 성막 중심 생활로 우리에게 교훈하고 있습니다.

영이신 하나님, 신이신 하나님은 사람의 눈으로 볼 수도 손으로 만질 수도 없습니다. 그러나 하나님을 섬기고, 예배드리고 하나님께 영광 돌리는 하나의 수단으로서의 장소나, 건물, 모임 등 시각적인 형체는 있습니다.

그러기에 그런 시각적인 형체를 중요하게 여기고, 잘 관리하는 것은 바로 하나님 우선과 하나님 섬김을 드러내는 행위인 것입니다.

그리고 무엇보다 성막으로 나오는 자들은 복이 있는 자들입니다.

시 65:4 "주께서 택하시고 가까이 오게 하사 주의 뜰에 거하게 하신 사람은 복이 있나이다. 우리가 주의 집 곧 주의 성전에 아름다움으로 만족하리이다"고 했습니다.

시 100:4에는 "감사함으로 그 문에 들어가며 찬송함으로 그 궁정에 들어가서 그에게 감사하며 그 이름을 송축할지어다"라고 했습니다.

사실 성막뜰의 구조를 보면 레위인이나 제사장이 아니라면 성막 밖에 있는 뜰까지만 가고, 그 이상은 못 갑니다. 보통사람들은 성막 뜰까지만 갑니다.

그러나 지금은 유대인이 아니라도 이방인이라도 누구든지 예수 그리스도의 이름으로 들어갈 수 있는 줄 믿으시기 바랍니다.

요한복음에는 예수님은 양의 문이라고 스스로 말씀하셨습니다.

그리고 성막은 60개의 기둥으로 형성되어 있습니다.

기둥은 든든해야 됩니다. 말뚝의 절반은 땅속에 박혀 건물의 버팀목 역할을 했습니다.

신약시대 예루살렘 교회가 든든히 서 가고 부흥된 것은 사도들이 기둥 역할을 아주 잘 했기 때문입니다. 기둥이 요동하면 건물 전체가 흔들리고 무너집니다.

교회 중직자들은 든든해야 합니다. 성격상으로 변덕이 심하거나 신앙적으로 요동이 심하거나 일하는데 감정 위주로 하면 기둥의 역할을 감당할 수 없습니다.

교회의 기능은 전도와 봉사입니다. 그리고 더 중요한 것은 예배입니다.

예배가 성실하면 충성도 봉사도 전도도 다 성실하게 됩니다. 우리는 바른 예배생활을 우선해야 합니다.

오늘 본문 27:9-19의 내용은 성막과 성막의 뜰, 번제단이나 여러 성구들을 통하여 교회의 특성을 드러내고 있습니다.

9-15는 교회의 견고성을 나타냅니다. 9절은 교회의 의로움을, 10-12절은 교회의 진리성을 드러냅니다.

교회는 진리가 기둥이 되어야 합니다. 교회는 진리를 가르치고,

전해야 합니다. 성막 뜰은 오직 문으로만 들어갈 수 있듯이, 성도는 오직 문 되신 예수 그리스도를 통해서만 들어갈 수 있는 것입니다.

사랑하는 성도 여러분!

성막 뜰은 교회의 상징입니다. 성막 뜰에는 번제단이 있습니다.

희생제사 없이는 하나님께 나아가지 못합니다.

이것은 예수 그리스도의 십자가 희생 없이는 하나님을 만나지 못함을 의미합니다. 이것은 자신을 죽이고, 자신을 태우는 희생 없이는 천국 백성이 되지 못함을 의미합니다.

또한 기둥은 하나님의 임재의 상징입니다. 이스라엘 백성이 불기둥, 구름기둥으로 인도함을 받으면서 하나님의 임재를 체험했던 것처럼, 우리의 신앙생활에도 믿음의 기둥이 확고해야 합니다.

기둥은 하나님의 보호의 상징입니다.

기둥은 하나님의 인도의 상징입니다.

기둥은 기둥 같은 일꾼의 상징입니다.

우리는 하나님의 은혜로 감사하며 기둥 같은 일군으로 충성해야 할 것입니다.

출애굽기 강해 제47강

【본문】 출애굽기 27:20-21

저녁부터 아침까지 등불을 간검하라

지난 시간은 성막의 뜰에 대하여 말씀드리면서 우리의 생활이 언제나 성전 중심이 되어야 됨을 말씀드렸습니다.

성전 중심이 오늘날 교회 중심이요, 교회 중심이 교회를 세우신 예수 중심이요, 예수 중심이 바로 예수님을 보내신 하나님 중심인 것입니다.

성전 중심이라는 것은 우리의 영육의 생활이 교회와 연관성을 가지고 있어야 되는 것입니다.

교회 중심은 기도와 말씀, 그리고 예배와 헌신이 교회 중심으로 실현되는 것을 의미합니다.

오늘은 21절의 말씀에 기록된 대로 법궤 앞에서 항상 저녁부터 아침까지 그 등불을 간검하라는 하나님의 거룩하고도 복된 명령에 대하여 생각하겠습니다.

성경에는 등불에 관한 기록이 많습니다.

마태복음 25장에 나오는 등불은 성령을 의미하는 등불입니다.

항상 성령의 기름을 준비해야 된다는 성령의 등불을 말하고 있습니다.

시편 119:105는 말씀을 등불로 비유했습니다. 말씀이 우리의 길을 비추어 주는 등불 역할을 말씀했습니다.

마태복음 5:16은 성도의(신자) 행위가 등불처럼 되어야 함을 말씀한 행위의 등불이 있습니다.

1. 등불의 사명이 무엇입니까?

1) 인도자 역할을 하는 사명이 있습니다.

출애굽기 13:22에 보면 낮에는 구름기둥, 밤에는 불기둥이 이스라엘 백성 앞에서 떠나지 아니했습니다.

오늘도 우리 성도들은 등불의 인도를 받아야 합니다.

가정에도 등불이 꺼지지 아니해야 합니다. 교회에도 등불이 꺼지지 아니해야 합니다. 성령의 인도와, 말씀의 인도입니다.

등불이 꺼져 있으니 올무에 빠지고 갈 바를 알지 못하고, 암흑 가운데 헤매게 된다는 것입니다.

말라기 4:2에는 치료하는 광선이 나옵니다. 이것은 치료의 빛입니다. 오늘날 레이저 치료가 얼마나 발달되었습니까?

이것은 발명이라기보다 발견입니다. 이미 있었던 것을 찾아낸 것입니다.

등불은 어두움을 쫓아내고 세상을 밝게 하는 것입니다.

사업에도 어둡지 않고 불이 켜져 있어야 합니다. 불이 켜져 있는 가정은 희망이 있습니다. 어두움이 물러갑니다.

계속 등잔불이 켜져 있기 위해서는 저녁부터 아침까지 등불을 정돈하고 계속 관리를 해야 합니다.

등불이 꺼지지 않게 등불을 관리해야 합니다. 깨어 있어야 합니다. 등잔불이 꺼지지 않게 하기 위해 감람기름을 계속 보충해야 합니다.

등잔과 심지를 관리해야 합니다. 등잔불은 밤에 더욱 필요합니다. 성도들은 어두운 세상에 등불이 되어야 합니다.

등불이 꺼지지 않게 기도해야 합니다. 성령의 인도와 말씀의 인도를 받아야 합니다. 그래야 어두움에 거하지 아니합니다.

2. 성도는 이 시대에 빛을 관리하고 전달하는 사명자로 부름 받았습니다.

그러므로 항상 깨어 있어야 하고 기름이 준비되어 있어야 합니다. 그리고 등과 심지를 늘 청소해야 하듯이 늘 회개하며 자신을 깨끗하게 관리해야 합니다.

"등불을 끄지 말라"는 것은 기름을 보충해주지 아니하면 꺼진다는 것입니다. 등불이 계속 켜져 있어야 제사장이 성막 안에서 제사 드리는 일을 할 수 있습니다.

간검하는 것은 또한 봉사하는 것을 말합니다. 봉사자가 있어야 등불이 계속 꺼지지 아니합니다.

봉사는 단회성이 아닙니다. 계속 되어야 합니다. 희생하지 않고, 봉사하지 않고 빛이 납니까? 빛을 관리할 수 있습니까?

우리 교회도 물질 봉사, 몸 봉사, 시간 봉사, 기도 봉사, 봉사자가 얼마나 많아졌습니까? 봉사 안 하면 교회가 캄캄해집니다.

작년에도 우리 장위동 주민과 교회 내에 쌀 600포가 전달되었지 않습니까? 그것이 교회의 등불이 꺼지지 않는 것입니다. 그 외에도 내부적으로 이룬 일들이 한두 가지가 아닙니다.

봉사 안 하면 교회가 점점 어두워지고 결국 캄캄해집니다.

3. 이것은 이스라엘이 대대로 지킬 규례입니다.(21) 영원히 지킬 규례입니다.

이스라엘은 오늘 택함을 받은 하나님의 자녀입니다.

요 9:5 예수님께서 "나는 세상의 빛이라"고 했고, 마 5:4에는 "너희는 세상의 빛이라"고 했습니다.

그리고 이같이 너희 빛을 사람에게 비취게 하여 저희로 너희 착

한 행실을 보고 하늘에 계신 너희 아버지께 영광을 돌리게 하라고 했습니다.(마 5:16)

우리 주님은 이제 하나님 우편에 계십니다. 세상이 주님을 직접 볼 수는 없습니다. 이제 우리가 예수 그리스도의 빛을 비추어야 합니다.

밤에 햇빛을 반사하는 달이 어둡지 않게 하듯이, 이제 우리가 빛을 비추어야 합니다. 이것이 섬김과 봉사입니다.

불이 꺼지지 아니해야 하나님이 영광을 받으십니다.

성령의 역사가 계속 되는 증거입니다. 은혜의 불, 성령의 불이 꺼지지 않게 해야 됩니다. 사단은 불이 꺼지도록 더러운 것을 집어넣습니다. 그러므로 계속 청소해야 합니다. 간검해야 합니다.

초대교회 그렇게 성령의 역사가 강했는데도 회개할 줄 모르는 아나니아와 삽비라를 집어넣고, 가짜 성령의 역사를 일으키려고 돈으로 성령을 사려고 하는 자를 집어넣고, 정말 간검하지 아니하면 안 되는 것입니다.

사랑하는 성도 여러분!

교회에 등불을 끄면 안 됩니다.

가정에 등불을 끄면 안 됩니다.

사업에 등불이 꺼지면 안 됩니다.

등불을 끄지 말아야 합니다.

출애굽기 강해 제48강

【본문】 출애굽기 28:1-14

거룩한 옷

제사장의 옷은 거룩한 옷입니다.

속옷과 겉옷, 에봇, 띠, 관, 고의 등 제사장의 옷에 대한 규정을 말씀하고 있습니다.

출애굽기 25장부터 계속 성막에 대한 규례를 말씀하고, 28장에 와서는 29장까지 제사장에 대하여 말씀합니다.

제사장에 대하여 말씀하면서 제일 먼저 복장에 대해 말씀하십니다. 제사장은 일반 백성과 구별됩니다. 그러므로 제사장은 하나님의 영광을 나타내는 자세와 태도, 그리고 거룩한 임무를 수행하는 자로서의 표시로 복장이 구별되어야 된다는 사실입니다.

옷은 신체를 보호하는 기능을 가지고 있지만 동시에 그 분의 신분을 나타냅니다. 군인은 군복을 입듯이 제사장은 제사장 옷으로 구별하라는 것입니다.

누가 제사장이 되었습니까?

이것은 시험을 치거나 자원이 아닙니다. 하나님이 부르심으로 된 것입니다.

그러므로 복장도 내가 좋아하는 스타일보다 하나님이 규정하신 대로 해야 하는 것입니다. 오늘날 부르심을 받은 성도는 다 제사장입니다. 그러므로 이제 우리는 예수 그리스도로 새 사람 되는 옷을 입어야 합니다.

1. 에봇(6-14)

제사장의 겉옷입니다.

에봇은 금실과 청색, 자색, 홍색실과 가늘게 꼰 베실로 공교히 짜서 만든 것입니다. 이 에봇은 일종의 조끼 형식으로 제사장의 앞면과 뒷면을 가리는 겉옷입니다. 에봇은 제사장의 영광과 아름다움을 상징하고 있습니다.

그리고 두 견대는 멜빵형식입니다. 그 두 멜빵에 이스라엘 12지파 이름을 6지파씩 새기라고 했습니다. 대제사장의 양어깨에 12지파의 이름이 새겨진 보석을 달았습니다.

어깨는 힘과 능력의 상징입니다. 하나님께서 제사장에게 영권을 부여하신다는 의미입니다. 그리고 힘이 있어야 제사장이 온 백성의 짐을 양어깨에 질 수가 있습니다.

대제사장 되시는 우리 예수님은 하늘과 땅의 권세를 가지고 계십니다.

그리고 온 인류의 무거운 죄를 홀로 지셨습니다.(68:19)

대제사장 아론은 불완전한 인간이었지만 하나님께서 하나님의 풍성한 은혜와 영광으로 치장해 주셨습니다. 그리고 하나님이 그를 인도해 주셨습니다.

우리도 불완전한 인간입니다. 그러나 주님께서 성령으로 우리를 충만케 하시고, 우리에게 힘과 능력을 주셔서 우리에게 주어진 사명을 감당하게 하시는 것입니다. 제사장의 화려한 옷이 주는 교훈을 다시 강조합니다.

제사장은 거룩의 상징입니다. 그러므로 거룩해야 하는 것입니다. 거룩은 구별되고, 성별 되었다는 뜻입니다. 우리는 구별된 자입니다.

거룩하게 살기 때문에 구별한 것이 아니라 구별했기 때문에 거룩하게 사는 것입니다. 제사장은 백성들을 거룩한 길로 인도해야 되기 때문에 거룩하게 살아야 됩니다.

너희는 세상의 빛이요 소금이라고 했습니다.

하나님이 제사장을 옷으로도 구별하신 것은 그만큼 하나님의 사람들을 귀중하게 보시며 그래서 남다르게 구별하시어 권세와 능력을 주신다는 것입니다.

그리고 그 능력과 권세를 가지고 하나님의 이름을 높이 드러내며 하나님께 영광 돌리라는 것입니다.

옷이 더럽다는 것은 모든 더러움의 증거요, 옷이 깨끗하다는 것은 모든 깨끗함의 증거입니다. 우리의 옷은 어떻습니까? 세상의 옷이 아닙니까? 거룩한 옷으로 바꾸어 입었습니까? 새로운 피조물이 되었습니까?

출애굽기 강해 제49강

【본문】 출애굽기 28:15-30

흉패 부착에 대한 교훈(판결을 항상 그 가슴 위에 둘지니라)

흉패는 가늘게 꼰 베실로 공교히 짜서 만든 장식용으로 주로 가슴 위에 두르는 것으로 봅니다.

이 흉패는 에봇 위에 걸칩니다. 그리고 이 흉패 위에는 12지파를 의미하는 12가지 보석을 걸치도록 되어 있습니다. 그리고 흉패 안에는 우림과 둠빔이라는 돌이 들어 있었습니다.

흉패는 에봇과 떨어질 수 없도록 연결되어 있습니다.

흉패를 통해 우리에게 주시는 교훈이 무엇입니까?

먼저 12개의 보석입니다. 이 12지파를 의미하는 12개의 보석은 3개씩 넉 줄로 배열했습니다.

그리고 빨간색, 금색, 녹색, 연녹색, 청색, 연황색, 오렌지색, 여러 가지 색, 자색, 연두색, 검정, 빨강, 빨간 노랑, 이렇게 12가지 색깔로 되어 있습니다.

그리고 12개의 보석에는 이스라엘 12지파의 이름이 새겨져 있습니다. 이름이 새겨져 있기에 지워지지 않습니다.

제사장 아론이 성소에 들어갈 때는 이스라엘 아들들의 이름이 기록된 이 흉패를 가슴에 붙여 여호와 앞에 영원한 기념을 삼으라고 했습니다.(29)

보석에 이름을 새겼다는 것은 그 이름을 잊지 않고 기억한다는 의미입니다.

이것은 하나님은 자기 백성들을 보석이 변치 아니하는 것처럼 변치 않게 보호하시며 지켜주시며, 언제나 기억하시고, 사랑하신다는 의미입니다.

하나님은 성도 한 사람 한 사람 이름을 기억하고 계십니다.

그리고 우리의 형편을 너무나 잘 알고 계십니다.

이스라엘 12지파를 의미하는 12개의 보석은 그만큼, 이스라엘 백성을 귀중하게 보신다는 뜻입니다.

벧전 2:9 "오직 너희는 택하신 족속이요, 왕 같은 제사장들이요 거룩한 나라요, 그의 소유된 백성이니"라고 했습니다.

하나님은 하나님의 아들을 주시기까지 우리를 귀하게 가치 있게 여기십니다.

벌레만도 못한 것 아닙니다. 그것은 구원받지 못했다면 그렇다는 뜻이지, 지금도 벌레만도 못하다는 의미가 아닙니다.

하나님은 우리를 보석처럼 귀하게 여기십니다.

그러므로 우리가 조심해야 할 것은 하나님의 가치 판단이 타락하고 부패한 인간과 같다고 생각하면 안 됩니다.

인간은 가진 자와 못 가진 자, 배운 자와 못 배운 자, 건강한 자와 병든 자, 젊은 자와 늙은 자, 차별하기 쉽습니다.

그러나 하나님은 그렇지 않습니다. 한 생명을 천하보다 귀하게 여기십니다.(사 46:3)

그리고 보석은 변치 않습니다. 견고합니다. 여러 가지 빛이 나는 다양성이 있습니다. 변한다면 보석이 아닙니다. 가치가 없습니다. 쉽게 부수어지고, 녹아버리고, 타버린다면 그런 보석은 아무런 가치가 없습니다.

하나님의 사랑은 영원합니다. 변치 않습니다.

하나님과의 약속도 변치 않습니다. 흔들리지 않습니다.

우리 성도들 각자 각자가 다 다릅니다. 다양한 달란트를 가지고 있습니다. 교회 구성원들의 다양성을 의미합니다.

다양하면서도 어우러져 있습니다. 12가지 칼라의 보석이 모두 흉패에 붙어 있습니다. 주 안에 있는 것을 의미합니다. 포도나무에 붙어있는 것을 의미합니다.

주님의 사랑 안에서 하나가 되어 연결되어 있는 것을 의미합니다. 두 번째는 가슴에 부착합니다. 흉패는 가장 중요한 심장 위에 그리고 가장 잘 보이는 곳에 부착합니다.

가슴이라는 말이 3번이나 반복되며 강조합니다.

가슴은 생명과 사랑을 의미합니다.

하나님과 우리와의 관계는 생명의 관계요, 사랑의 관계입니다.

하나님과 우리와의 관계는 사랑을 빼버리면 생각할 수 없는 관계입니다.

그리고 우리와 우리 서로와의 관계도 사랑의 관계요, 생명과 생명과의 관계입니다. 하나님은 사랑이십니다. 성도는 서로 서로 사랑하라고 했습니다.

옛 계명도, 새 계명도 사랑입니다.(요 13:34-35) (요일 4:7-8)

성도는 사랑을 실천해야 합니다. 사랑을 드러내어야 합니다.

가슴에 가장 잘 보이는 부분에 입듯이 보여야 합니다.

우림과 둠빔은 온전한 것들이라는 뜻인데, 이것들을 흉패 안에 넣으라고 했습니다. 이 흉패를 판결 흉패라고 했습니다. 그 당시 우림과 둠빔은 판결할 때 하나님의 뜻을 묻기 위해 사용 되어졌습니다.(민 27:21 참조. 삼상 28:6)

우림과 둠빔은 하얀 돌과 검은 돌입니다. 하얀 돌은 하나님의 뜻을 상징합니다. 검은 돌은 하나님의 뜻이 아님을 상징합니다.

고대 중동지방에서도 재판관이 죄수를 판결할 때도 검은 돌을 던지면 유죄요, 흰 돌을 던지면 무죄라는 표시였습니다.

계시록 2:17에 "흰 돌"이 나오지요. 승리의 상징입니다.

우리는 항상 하나님의 뜻을 따라야 합니다.

사랑하는 성도 여러분!

우리는 우리의 존재의 귀중성을 알아야 합니다.

그리고 언제나 하나님의 사랑 안에 거하며 하나님이 지켜주심을 믿고 감사해야 됩니다. 그리고 우리가 해야 할 일이 있습니다. 그것은 하나님의 말씀에 순종해야 합니다. 내 뜻대로 살지 말고 하나님의 뜻대로 살아야 합니다.

그리고 하나님의 백성들의 다양성 속에 하나로 뭉쳐지는 하늘 백성이 되어야 합니다.

제사장직은 예수님의 모형입니다.

우리는 예수 그리스도의 사랑과 십자가 희생으로 구속받았으니 주님의 발자취를 따르는 삶이 되어야 할 것입니다.

출애굽기 강해 제50강

【본문】 출애굽기 28:31-43

너는 정금으로 패를 만들라

제사장은 머리에 쓰는 관에 매는 성패가 있습니다.

이 패는 "여호와의 성결"이라는 글자가 씌어졌습니다.

이것은 제사장이 스스로 남보다 성결하다는 의미가 아니라 하나님께서 대제사장의 성결을 보증하신다는 것입니다.

이것은 오늘날은 하나님께서 보내신 예수 그리스도로 말미암아, 즉 그리스도의 속죄로 말미암아 우리의 성결을 보증하신다는 의미입니다.

이것이 은혜 중 은혜요, 축복 중 축복입니다.

정금으로 만든 이 거룩한 패는 머리에 쓰는 관에 매기에 너무나 잘 보입니다. 하나님은 우리를 공개적으로 거룩하다고 인정하신다는 것입니다.

제사장은 성결하다고 인정받아야 합니다. 하나님은 거룩하신 분이십니다. 그러므로 대제사장은 거룩해야 합니다. 그러나 인간의 힘으로, 자신의 노력으로는 불가능합니다.

그러므로 예수 그리스도로 말미암아 대속의 은총을 입어 거룩하다고 인정받는 것입니다.

우리는 하나님 앞에 나아갈 때는 언제나 성결해야 합니다.

성결은 세상의 것은 단호히 끊어 버렸다는 의미입니다.

거룩은 구별되고, 다르다는 의미입니다. 오늘 우리 성도들은 하나님의 영광을 위해 하나님의 거룩을 드러내어야 합니다.

"내가 거룩하니 너희도 거룩하라"는 하나님의 요청에 응해야 하는 것입니다.

이제 더러운 귀신의 아들도, 악한 악령의 종도 아니기 때문에 우리는 거룩해야 됩니다.

1. 공적으로 성결하고 거룩해야 합니다.

세상에서 빛과 소금이 되어야 합니다.

우리는 다른 사람과 구별되게 거룩한 직분을 감당하도록 선택된 자들입니다.

쓰레기통과 음식 담아먹는 식기와 어떻게 같이 취급할 수가 있겠습니까?

달라야 됩니다.

나무 그릇이냐, 금 그릇이냐가 중요한 것이 아니라, 깨끗한 그릇이냐, 더러운 그릇이냐 입니다. 금 그릇이라도 더러우면 음식을 담을 수 없습니다.

질그릇이라도 깨끗하면 음식을 담을 수 있습니다.

공적으로, 공개적으로 깨끗해야 합니다.

2. 인품이 깨끗해야 합니다.

거룩한 옷을 입고, 거룩한 예식을 행하더라도, 인품이 회칠한 무덤 같으면 안 됩니다.

어떤 경우는 믿는 자들의 그 인품이 세상 사람보다 못하고, 평균치도 안 되는 경우도 있습니다.

그렇게 되면, 얼마나 전도의 문을 막고, 하나님 영광 가리는지 모릅니다. 바리새인들은 내적인 인품이 너무나 더럽고, 외식적이고, 가식적이었는지 주님의 책망의 대상이 되었습니다.

다른 사람 눈에는 "여호와의 성결"이라는 성패를 붙이고, 속에는 노략질하는 이리 같고, 회칠한 무덤 같으면 얼마나 하나님께 죄를 짓는 행동이 되겠습니까?

그러므로 교회는, 성도는 양 무리들의 모임이어야 합니다.

그리고 지도자는 양 무리의 본이어야 합니다.

3. 많은 사람 앞에 인정받는 성결이 되어야 합니다.

여기에 문제가 있습니다. 자기는 성결하다고 생각하는데 다른 사람들이 인정을 해주지 않는다는 것입니다.

정보가 정확하지 못하고 항상 착각 속에 삽니다.

여기에서 영권과 보이지 않는 파워를 소유하게 되는 것입니다.

4. 40절에는 허리에 매는 띠가 나옵니다.

띠는 힘의 중심을 말합니다. 힘의 중심은 하나님으로 말미암아야 합니다.

허리띠는 긴장된 마음과 태도를 의미합니다. 방심하지 않고, 항상 대비하는 자세입니다.

사랑하는 성도 여러분!

우리는 하나님의 이름을 욕되게 하지 말아야 합니다.

항상 긴장된 마음으로 살아야 합니다.

핍박은 받되 욕 얻어먹지는 말아야 합니다.

출애굽기 강해 제51강

【본문】 출애굽기 29:1-9

제사장 직분의 위임

제사장 복장에 대해 말씀하시고, 29장부터는 제사장 직분에 대하여 말씀하십니다.

먼저 제사장은 공식적으로 제사장 일을 수행할 수 있도록 먼저 거룩한 위임식을 거행해야 될 것을 말씀하셨습니다.

위임식 절차가 있습니다.

① 1-3절에 보면 재물을 준비해야 됩니다.

② 4절에 보면 몸을 물로 씻어야 됩니다.

③ 8-9절에 보면 제사장 복장을 해야 합니다.

④ 7절에 보면 관유를 제사장의 머리에 발라야 됩니다.

⑤ 세 가지 제사 즉 속죄제, 번제, 화목제를 드립니다.(10-34)

그런데 이 위임식 제사가 하루로 끝나는 것이 아니라 7일간 매일 반복됩니다. 이것은 보통 직분이 아니라는 의미입니다.

그리고 특별히 물로 씻고 거룩한 옷을 입히는 것은 이제는 과거의 옛사람이 아니라는 의미입니다.

새로운 인격, 새로운 신분의 사람이라는 의미입니다.

기름을 붓는 것은 하나님의 능력을 입힌다는 의미입니다. 성령충만과 능력을 입는 것을 의미합니다.

피의 제사는 하나님과의 영적인 교제를 의미합니다.

제사장 직분은 자원도, 지원도 아닙니다. 하나님이 부르셔서 임명합니다.

제사장은 중재자입니다. "희생을 드리는 자"라는 의미입니다.

중재자는 자기 맘대로 하는 자가 아닙니다. 하나님이 시키는 대로 해야 합니다.

그러므로 여기에서 강조되는 것은 위임식의 주인은 하나님이시라는 것입니다.

1절에 "너는 그들에게 나를 섬길 제사장 직분을 위임하여 그들로 거룩하게 할 일이 이러하니"라고 했습니다.

다음 "젊은 수소 하나와 흠없는 수양 둘을 취하고"

"젊은 수소와 흠 없는 수양"은 제일 좋은 것으로 준비하라는 것입니다.

이것은 하나님을 섬기기 위해서는 최상의 예물로 하나님께 제사를 드려야 하는 것입니다.

그러나 가장 핵심적인 것 세 가지가 있습니다.

① 제사장 위임식은 물로 씻겨야 합니다.

자신이 씻기보다 씻겨 줍니다. 이것은 정결의식입니다.

제일 중요한 것은 사죄의 은총을 받은 자 즉 예수 그리스도로 말미암아 죄 용서 받고 거듭나야 된다는 것입니다.

제사장의 가장 첫째 자격이 "거룩 자격"입니다. 깨끗하지 아니하면 안 됩니다.

그러므로 물로 씻깁니다. 예수 그리스도의 피로 씻은 자이어야 합니다.(히 10:22)

더러운 자는 제사장이 될 수가 없습니다.

지난주간에도 말씀드렸습니다. 우리는 금 그릇이냐? 나무 그릇이냐? 크냐? 작으냐? 많으냐? 적으냐?에 관심을 가지지만, 그러나 하나님은 그것보다 더 중요한 것은 깨끗하냐? 더러우냐? 씻지 아니하면 다 더럽습니다.

거지라도 씻으면 깨끗해지고, 왕자라도 안 씻으면 더러워집니다.

양심이 더러운 자도 씻어야 합니다.

행실이 더러운 자 씻어야 합니다. 더러운 가정 출신도 씻어야 합니다.

더러운 직장이었다면 씻어야 합니다.

② 의복을 입혀야 합니다.(5, 6)

이것 역시 자기가 입는 것이 아니라 입혀 줍니다. 이 의복은 자기 맘대로 만든 옷이 아닙니다. 하나님의 명령에 의해 제작된 것입니다.(만들어진)

이 의복은 하나님의 권세를 위임받았다는 의미입니다.

이것은 모든 사람이 볼 수 있게, 또는 표가 나는 복장입니다.

이 의복은 헌신과 충성의 상징입니다. 제사장 복장으로 직장 가는 것 아닙니다.

장사하는 것이 아닙니다. 하나님의 일하는 것입니다. 하나님께 충성하는 것입니다.

그러므로 신분에 맞게 행동해야 합니다.

③ 관유를 부어야 합니다.

물로 씻고, 의복을 입은 다음, 관유를 붓습니다. 머리에 부어 바릅니다.

구약시대에는 왕, 제사장, 선지자 직분 위임 때만 관유를 부었습니다. 제사장에게 붓는 것은 선택과 성별 의식입니다.

공적 사명을 부여받았다는 의미입니다. 하나님께 명예와 특권을 위임받았음을 의미합니다. 그리고 관유를 붓는 것은 하나님께서 지혜와 은사를 부어주심을 의미합니다.

사랑하는 성도 여러분!

신약적인 의미로 성도는 다 제사장입니다.

예수 그리스도로 말미암아 제사장 직분은 사라지고, 그리스도 안에서 구원받은 백성은 다 제사장입니다. 그러므로 신적인 권위는 이 거룩한 예식을 통해 주어지는 것입니다.

회개를 통한 사죄의 확신이 있어야 됩니다.

성령의 능력을 받아야 됩니다. 하나님께서 선택하시고, 성별된 자라야 합니다.

복장이 표가 나듯이, 그의 말이나 행동에서 표가 나야 됩니다.

말을 들어보면, 행동을 보면, 정직하다, 다르다, 깨끗하다 느껴야 됩니다.

아무나 믿고, 아무나 제사장 되는 것이 아닙니다. 제사장은 복된 직분입니다. 복은 받지 아니하면 화요 저주입니다.

산고기는 죽으면 썩지만 살지도 죽지도 않은 무생물인 돌은 죽지도 썩지도 않습니다.

우리는 세상에서 빛과 소금이 되어야 합니다.

축복은 책임 수행과 동시에 이루어집니다. 깨닫기를 바랍니다.

출애굽기 강해 제52강

【본문】 출애굽기 29:10-42

7일간 속죄하여 거룩하게 하라

제사장 직분을 수행하기 위하여 위임식을 7일 동안 (거행)했습니다.

그러니까 7일간에 걸쳐 일곱 번의 의식을 행하는 것입니다. 성경에 7일은 하나님의 놀라운 사역과 깊은 관계가 있습니다.

여리고 성을 7일간 돌 때(수 6:3-4) 여리고 성이 무너졌습니다.

속죄제는 수송아지를 끌고 와서 아론과 그 아들들이 그 송아지 머리에 안수하고 다음에 송아지를 잡고 피를 단 뿔에 바르고 전부를 단 밑에 부어 버립니다.

그리고 내장은 불태웁니다. 안수는 손을 머리에 얹어 기도하는 것입니다.

안수행위는 자기에게 있는 것을 다른 이에게 전가하는 표시로 자기 속에 있는 죄를 그 수송아지에게 전가하는 행위입니다. 죄의 값은 죽음입니다.

내가 죽을 것을 주님이 대신해서 죽으셨습니다. 제물은 주님의 죽으심의 모형입니다. 그리고 번제를 드립니다. 번제는 헌신을 의미합니다. 온 몸을 드리므로 성화되는 것을 의미합니다.

그리고 화목제를 드리는 것은 하나님과 화목하는 동시에 사람과 화목을 의미합니다. 화목제는 제사 후에 제물을 드리는 자와 제사장과 형제들이 다 같이 먹고 친목을 위해 어울리는 교제입니다.

하나님께서는 제사장 위임식을 이렇게 속죄제와 번제와 화목제를 매일 드리면서 "7일간을 속죄하여 거룩하게 하라"고 했습니다.

반복이 필요한데 7일간에 필요하다는 것입니다. 그리고 7일이 지나면 안식일이니 실제는 8일간 계속되는 것입니다. 매일 계속하라는 것은

① 우리는 매일 죄를 짓기 때문에 매일 회개하고, 매일 은혜를 입어야 되기 때문입니다.

제사장은 백성들의 제물을 가지고 와서 매일같이 아침저녁으로 드려야 하는 것입니다.

② 주님은 날마다 우리의 제사장으로 우리 위해 중보하고 계심을 의미합니다.

제사장은 위임식 때 입었던 옷을 제사를 집례할 때 입고, 또 그 옷을 아들에게 물려주어야 합니다. 이것은 은혜와 축복이 대대로 내려가게 해야 된다는 것입니다. 그리고 7일간 위임식을 행하므로 완전히 구별되고, 완전히 거룩해지고, 완전히 헌신을 다짐하게 된다는 의미입니다.

7일간은 완전함과, 거룩함과 회복을 의미하는 수입니다.

구약 시대의 제사나 오늘날 예배나 그 근본 목적은 하나님께 대한 경배와 친교, 사죄와 구원이므로 이것이 거룩히 집행되어야 함에는 변동이 없습니다.

그러나 다만 구약시대에는 하나님과의 직접적 만남이 불가능했으므로 제사장이라는 중재자가 필요했습니다. 그러나 오늘날은 우리의 영원하신 대제사장이신 예수 그리스도가 계시기에 누구든지 예수 그리스도의 이름으로 나아가면 하나님을 만날 수 있고 은혜 받을 수 있고, 교제할 수 있는 것입니다.

그러나 제사장은 기본적으로 3가지 꼭 갖추어야 할 것이 있습니다.

제물의 피를 제사장들의 귀와 손과 엄지에 바름으로써 그들이 해야 될 사명이 무엇인지를 깨닫게 합니다.

① 제사장은 하나님의 명령에 절대 순종을 필요로 합니다.

피를 죽은 수양의 피, 제물의 피를 오른쪽 귓부리에 바르는 것은 하나님의 세미한 음성까지도 들을 줄 알아야 된다는 것입니다. 그리고 그 들은 말씀대로 순종하라는 것입니다.

구약 시대 보면 하나님께서 엘리 제사장에게는 말씀하지 아니했습니다. 왜요, 영적으로 둔감해서 듣지 아니(못)했기 때문에 하나님이 말씀하지 아니했습니다.

사무엘이 들었던 하나님의 음성, 엘리제사장은 듣지 못했습니다.

제사장은 첫째 영의 귀가 열려 하나님의 음성을 듣고, 순종해야 됩니다.

내 소리가 시끄럽고, 세상 소리가 시끄러우면 하나님의 음성이 들리지 않습니다. 하나님은 기록된 말씀 성경으로, 해석되는 말씀 설교로, 나타나신 말씀 예수 그리스도로, 시대의 징조와 당면하는 환경으로, 양심으로 말씀하시지만, 귀가 둔하고, 영안이 어두운 자는 듣지도 보지도 못한다는 것입니다. 그러면 먼저 귀에 할례를 받아야 합니다.(렘 6:10)

② 제사장은 거룩한 봉사자입니다.

봉사하되 세상적인 봉사자가 아닙니다. 제사장들의 오른손 엄지에 수양의 피를 바르는 것은 변화된 봉사, 거룩한 봉사를 의미합니다. 자신을 그리스도와 그 교회를 위하여 제물로 바치는 봉사입니다. 그러므로 세상 봉사와 다릅니다. 주님 중심 봉사입니다.

③ 제사장은 열심이 있어야 합니다.

발가락에 피를 바르는 것은 하나님의 일을 열심히 해야 된다는 의미입니다.

언제나 주님이 가라는 곳에만 가며 하라는 일만 해야 하는 것입니다.

세상 일과는 다릅니다. 제사장은 게으르면 영혼을 살리는 일을 할 수가 없습니다. 제사장은 부지런히 일하되 먼저 7일간 속죄하여 거룩하게 하는 과정을 거쳐야 하는 것입니다. 준비도 없이 과정도 없이 하룻밤 사이에 주의 일 하는 것 아닙니다. 그러므로 훈련도 필요하고, 기다림도 필요하고, 깨달음도 필요하고, 부지런함도 필요한 것입니다.

특히 귀가 어두워지면 비극이 와도 예방을 못합니다.

축복이 와도 받지 못하고 놓칩니다.

출애굽기 강해 제53강

【본문】 출애굽기 29:43-46

임마누엘의 축복

하나님은 집 나간 탕자 같은 인간을 하나님의 무조건적이고 변함없는 사랑으로 용납하시어 함께 살기를 원하십니다.

우리는 호세아서와 호세아 선지자의 삶을 통해 하나님의 마음과 사랑, 그리고 인간의 타락성을 깨달을 수 있습니다. 그래서 제사장 위임식을 7일간 속죄하여 거룩케 하도록 했습니다. 왜 그렇습니까? 하나님과 같이 살도록 하기 위해서입니다.

탕자가 집에 왔을 때 제일 먼저 목욕시키고, 옷 갈아입히고, 잔치를 한 것과 같습니다.

제사장도 인간입니다. 최초의 대제사장 아론도 불완전한 인간입니다. 그렇기 때문에 일 년에 한번 대속죄 일에만 지성소에 들어갈 수 있는 특권이 있었습니다.

그러나 지성소에 들어갈 때는 하나님께서 명하신 거룩한 옷을 입어야 했습니다.(28:2) 옷은 죄의 가림을 의미합니다. 하나님이 명하신 거룩한 옷은 죄악을 가려주고 덮어주는 역할을 하는 것입니다.

오늘 우리 성도들은 예수 그리스도의 의의 옷으로 말미암아 불법의 사하심을 얻고, 그 죄의 가리움을 받아(롬 4:7-8) 은혜의 보좌 앞에 담대히 나아갈 수 있게 되었습니다.(히 4:16)

대제사장 아론은 하나님의 풍성한 영광을 입고(28:2) 하나님의 지혜로운 영, 즉 성령으로 인도함을 받아 순종하고 주어진 하나님을 섬기는 제사장 직분을 행하게 되었습니다.

오늘 우리도 하나님의 은혜를 입고 하나님의 영으로 인도함을 받아 우리에게 주어진 사명을 잘 감당해야 하는 것입니다.

왜 하나님께서 제사장에게 거룩한 옷을 입게 해주셨습니까? 그것은 제사장은 거룩해야 하기 때문입니다. 제사장은 하나님의 거룩하심을 전파해야 하기 때문입니다.

그리고 판결흉패를 부착하는 것은 하나님께서 하나님의 백성을 기억하신다는 표시입니다.

12개의 보석으로 꾸며 빛나게 했습니다. 가슴에 부착하는 것은 하나님께서 자기의 백성을 사랑하신다는 표시입니다. 자기 백성을 사랑하는 것이 하나님의 마음이요, 하나님의 뜻입니다. 하나님의 본심입니다.

제사장의 흉패에 우림과 둠빔을 넣고 들어가는 것은 항상 하나님의 말씀을 가슴에 품고, 하나님의 공의와 사랑, 즉 하나님의 비밀을 맡은 자로서의 사명, 하나님의 뜻을 나타내는 사명자로서의 특권을 사용해야 되는 것을 의미합니다.

제사장을 위임시킨 분은 하나님이십니다. 하나님은 하나님의 말씀으로 오늘도 우리를 통치하십니다.

젊은 수소 하나와 흠 없는 수양 둘을 취하여(29:1) 제사장 위임식을 거행하고 7일간 수송아지로 속죄제를 드린 제사장에게, 그리고 이스라엘 자손에게 이제 위임식을 거행하고, 속죄제를 드린 그 장소에서 축복을 약속합니다. 그것이 무엇입니까? 내가 거기서 이스라엘 자손을 만나고 그들 중에 거하겠다는 것입니다.

인간에게 주어지는 최고, 최대의 복은 하나님이 만나주시고, 함께 하시는 임마누엘의 축복입니다.

그래서 구약 이스라엘 역사 전체가 “내가 함께 하겠다, 내가 함께 안 하겠다"입니다.

찬송가에 "주 떠나가시면 내 생명 헛되네" 하는 것도 성경의 원천적인 복은 하나님이 함께하시는 복입니다.

하나님이 함께하신다는 뜻이 "임마누엘" 아닙니까?

하나님이 떠났다는 말이 "이가봇"이 아닙니까?

"영광이 떠났다", 영광은 하나님 상징입니다.

다시 강조합니다. 제가 반복해서 강조하는 것이 바로 이 말씀입니다. 여러분의 가정이 "임마누엘" 가정되어야 합니다. 그러면 천국이 됩니다.

사업이 임마누엘 사업이 되어야 합니다. 그러면 창대와 번영의 복을 누립니다.

여러분의 자녀들 하나님이 도와 주셔야 됩니다. 교회도 하나님이 함께 하는 교회가 될 때 교회 충성하는 자 복을 받습니다.

교회 손해 보이면 하나님 그냥 안 둡니다. 하나님이 무관심한 교회야 아수라장을 이루어도 괜찮을 수도 있습니다. 그러니까 크고, 작고가 우선적인 문제가 아닙니다. 그것은 다음의 문제입니다.

이런 약속의 축복이 언제 내렸습니까?

하나님께 제물을 드리고, 하나님이 기쁘게 열납하시는 제물을 드리고 난 다음에 받는 것입니다.

하나님 만날 자는 거룩해야 됩니다.

하나님 만날 자는 정성을 드려야 됩니다.

하나님 만나면 거룩해집니다.

하나님 만나면 복을 받습니다.

오늘날 거룩을 경시하고, 케케묵은 것으로 생각하는 풍조가 있습니다.

그것은 망할 징조입니다. 하나님의 거룩에 손상을 입히면 하나님이 기뻐하시겠습니까? 하나님 기쁘시지 아니한데 복을 주시겠습니까?

너무나 단순하고 확고한 원리입니다.

물로 씻기고, 의복을 입히고, 관유를 붓고, 피를 귀와 손과 발에 바른 제사장에게, 그리고 위임식과 속죄제를 7일간 행한 후에 하나님과의 영교를 체험하게 되고 변화를 체험하게 되는 것입니다.

그리고 하나님의 절대적인 인도와 보호를 체험하게 되는 것입니다. 저는 제 동생이 있었던 교회에 장로님의 아들 다섯 명이 다 죽는 것을 보면서 하나님은 사랑의 하나님인 동시에 공의의 하나님이심을 보았습니다.

그는 교회의 방해물이었습니다. 그 많던 재산, 고을의 왕처럼 행세하던 그가 한 아들, 한 아들 다 장성한 후에 하나님이 데리고 가고 마지막 아들, 그 부인이 저의 친구의 서점에 경리로 있던 아가씨였는데 유복자 하나 남겨 놓고 한 아들도 남기지 않고 다 데리고 갔습니다. 본인이 깨닫고 공개적으로 회개했으나 이미 때는 늦었습니다.

우리는 이가봇이 되면 안 됩니다.

가난하고 병들고 인간적으로 외롭고, 그것은 삶의 불편일 뿐이지 저주는 결코 아닙니다. 가장 비극은 하나님이 떠나는 것입니다. "이가봇"입니다.

여러분! 예배 잘 드리고 하나님 영광 드러내면 임마누엘 축복받습니다. 복중의 복입니다. 부자 되고 하나님께 버림받으면 무슨 유익이 있겠습니까?

건강하지만 하나님께 버림받으면 무슨 소용이 있겠습니까?

하나님 함께 하는 증거는 마음의 평강입니다. 감사입니다.

출애굽기 강해 제54강

【본문】 출애굽기 30:1-10

조각목으로 분향단을 만들라

분향단은 번제단과 여러 면에서 비슷한 점이 많은 것 같습니다.

그러나 번제단보다 규모가 작습니다. 그리고 기구들은 많습니다. 둘 다 네모반듯하며 조각목으로 만들어졌고 금속으로 입혀 있었습니다.

그러니까 번제단이 분향단보다 높고, 넓고, 번제단은 놋으로 싸여 있는데 비해 분향단은 정금으로 입혀 있었습니다.

분향단은 하나님께 분향하기 위한 것입니다. 그리고 분향단은 제사장에 의해 하루에 아침과 저녁에 두 번씩 분향했습니다.

즉 해 뜨기 전과 해가 진 후 입니다.

1. 분향단을 만들지니(1)

분향단은 향을 피우기 위한 단으로서 대부분의 고대 민족들의 종교의식에는 분향단을 피우는 의식이 있었습니다. 애굽에서는 암몬 신(우상)의 제사에 특별히 유향을 사용했습니다.

희랍과 로마 사람들도 제사 때마다 규칙적으로 유향을 드렸습니다. 신약에 와서는 향을 피우는 것을 기도로 상징했습니다.

그러므로 믿음의 기도와 회개하는 기도는 마치 하늘로 올라가는 향과 같은 것입니다. 하나님이 기쁘게 받으시고, 응답하신다는 것입니다.

2. 분향단은 네모반듯해야 합니다.(2)

네모는 하늘나라의 모형입니다. 네모는 튼튼한 것을 의미합니다. 네모는 정직을 의미합니다.

우리는 늘 하나님 중심이어야 합니다. 우리는 좌로나 우로나 치우치지 아니해야 합니다. 흔들리지 않는 신앙이어야 합니다.

하나님은 공의의 하나님이시요, 사랑의 하나님이십니다. 우리가 예배를 드리든지, 기도를 하든지, 봉사를 하든지, 모든 것이 하나님 중심이어야 합니다.

3. 분향단은 주위에 금테를 둘러야 합니다.(3)

금은 변하지 않습니다. 금테를 두르는 것은 파손을 방지합니다.

조각목은 단단하고 강하고 금은 변치 아니하니 정결과 불변을 상징합니다.

우리가 하나님께 드릴 때 강한 믿음과 변치 않는 믿음과 정성으로 드려야 합니다. 우리의 마음이 매일 매일 변하면 안 됩니다. 항상 결단된 마음이 필요합니다.

4. 분향단의 위치는 증거궤 곁에 있어야 됩니다.(6)

속죄소 바로 앞입니다.

이것은 하나님께 더 가까이를 상징합니다. 성전을 가까이하면 하나님을 가까이 하는 것입니다. 말씀을 가까이하면 하나님을 가까이 하는 것입니다. 아침저녁으로 기도하는 생활, 하나님을 가까이하는 생활입니다.

5. 분향단의 뿔은 권능의 상징입니다.(10)

기도의 능력은 대단합니다. 기도할 때 하나님의 능력을 입습니다. 성도는 뿔이 있어야 됩니다.

세상을 이길 수 있는 뿔, 마귀를 이길 수 있는 뿔, 죄악을 이길 수 있는 뿔이 있어야 합니다. 누가 뭐래도 구원의 확신과 간증거리가 있어야 합니다.

영권이 없으면 사단의 밥이 되어 날마다 사단의 하수인이 됩니다. 분향단을 통하여 우리에게 주는 메시지를 기다리는 기도를 계속해야 된다는 것입니다.

기도는 신중하게 해야 된다는 것입니다.

기도는 하나님께 상달되게 드려야 된다는 것입니다.

기도 없는 예배는 있을 수 없다는 것입니다.

기도는 바로 능력을 입는다는 것입니다.

기도는 변질되지 않는 믿음으로 드려야 된다는 것입니다.

기도는 하나님의 뜻에 맞게 드려야 된다는 것입니다.

「너는 조각목으로 분향단을 만들라」

항상 기도 중심 변치 아니해야 합니다. 항상 믿음 중심 변치 아니해야 합니다.

항상 하나님 중심 변치 아니해야 합니다.

그러면 능력이 주어집니다. 그러면 승리합니다.

출애굽기 강해 제55강

【본문】 출애굽기 30:11-16

생명의 속전

하나님께서 모세에게 지시하셨습니다.

이스라엘 백성들은 한 사람 한 사람 그 수효에 따라 각 사람이 생명의 속전을 여호와께 드리도록 하라는 것입니다.

일인당 반 세겔씩입니다. 누구나 다 동일합니다.

그리고 이것으로 회막의 봉사에 사용되었습니다.

이스라엘 백성들은 20세가 장정으로 인정하는 나이였습니다. 20세가 되면 남자는 전쟁에 참여하게 됩니다.(대하 25:5)

그리고 시민(국민)으로서 의무를 수행하도록 되었습니다.

레위인들은 20세가 되면 여호와의 전에서 섬기는 일에 종사하였습니다.(대상 23:24, 27)

다시 강조합니다. 생명의 속전은 동등하게 냅니다.

부자든, 가난한 자이든 다 동일합니다. 이것은 누구나 생명의 가치는 동일하다는 의미입니다.

1. 모든 생명은 죄인이며 모든 생명은 구원받아야 하며 모든 생명은 동일한 가치의 생명입니다.

그러기에 모세와 아론도, 똑같이 반 세겔을 내었습니다. 제사장도 일반인과 똑같이 반 세겔씩을 내어야 합니다.

이것은 하나님 앞에서는 모두가 죄인이요, 하나님 앞에서는 모두가 귀한 생명이라는 것입니다. 하나님 앞에서는 차별이 있을 수 없습니다.

2. 속죄는 길이길이 기념되도록 마음에 간직해야 합니다.

오늘날 우리는 예수 그리스도의 십자가 은혜로 구원받은 하나님의 백성된 것을 깨닫고 길이길이 감사하며 하나님께 영광 돌려야 할 것입니다. 예수 그리스도의 십자가는 그리스도인의 마음과 가슴에 영원히 존재해야 합니다. 한번 감사로 한번 기억으로 끝나는 것이 아닙니다.

3. 속전은 생명을 위한 속전으로 지불되는 돈입니다.

이 돈은 모두에게 똑같이 부과되며 회막의 봉사에 사용되어졌습니다. 속전은 하나님이 정하시고 명령하신 것입니다. 우리를 구원하신 예수 그리스도의 십자가는 하나님이 정하신 것이지 인간의 이론이나 뜻이 반영된 것이 아닙니다. 그러므로 우리는 하나님이 원하시는 대로 순종만 하면 되는 것입니다.

여기에는 사람이 선하거나, 악하거나, 배웠거나, 못 배웠거나 상관이 없습니다. 누구든지 속전금 반 세겔을 지불하는 것으로 끝나는 것입니다.

단 한 가지 조건밖에 없습니다. 우리가 구원받은 것도 단 한 가지 조건입니다. 각자의 인격이나 개성이나 부자이건, 가난한 자이건, 상관없이 하나님 앞에서는 차별이 없습니다.

조건은 하나입니다. 믿으면 구원받고, 믿지 아니하면 구원받지 못합니다. 요 3:18 "믿지 아니하는 자는 벌써 심판을 받은 것이라" 고 했습니다.

4. 속전은 결단입니다.

이제 하나님의 뜻대로 살겠다는 결단입니다.

하나님의 은혜로 구원받은 백성은 하나님의 뜻대로 살겠다고 결단하는 것은 너무나 당연한 일입니다.

하나님께서는 애굽에서 종살이하던 이스라엘 백성을 구원하셨습니다. 그리고 그 대가로 생명의 속전을 요구하셨습니다. 그러므로 이스라엘 백성은 누구나 20세 이상이면 하나님이 요구하신 반 세겔의 속전을 바쳐야 합니다.

그러나 오늘날 우리는 우리가 바쳐야 할 반 세겔도 주님이 이미 납부하셨습니다. 그것은 예수 그리스도의 십자가 죽음은 전 인류의 속전이기 때문입니다.

그리스도의 죽음은 대속의 죽음입니다. 그리스도의 죽음이 갖는 효력은 각자 각자에게 임합니다. 즉 개인적입니다. 그리스도의 죽음은 교회를 보존합니다. 교회는 십자가로 유지되고, 십자가 정신으로, 십자가 능력으로, 십자가 희생으로 유지되는 것입니다.

십자가가 없는 자는 크리스천이 아닙니다.

십자가 없는 교회는 교회가 아닙니다.

십자가 정신이 없는 봉사는 봉사가 아닙니다.

오직 십자가만이 우리의 생명이요, 구원입니다.

출애굽기 강해 제56강

【본문】 출애굽기 30:17-38

물두멍과 향기름

물두멍은 바로 물통입니다. 놋으로 만들었습니다. 이 물통을 받침 위에다 두고 성막과 단 사이에 두었습니다.

이 물통은 아론과 그 아들들이 성막에 들어갈 때나, 단에 가까이 가서나 불로 제물을 태워 바치기 전에 이 물통의 물로 반드시 손발을 씻어야 합니다. 그러므로 이 놋물통에는 항상 물을 채워 두어야 합니다.

만일 성막과 단 사이에 있는 놋 물통에 손발을 씻지 않고 제물을 드리는 거룩한 성직을 수행할 때는 하나님의 재앙의 죽음을 당할 수도 있다는 것입니다.

이것이 그들과 그 후손들이 대대로 지킬 규례라는 것입니다. 그리고 향 기름 역시 거룩한 기름입니다. 그러기에 제일 좋은 향품, 순수한 몰약, 향기로운 육계, 향기로운 창포, 계피, 감람기름을 하나님이 지시하는 양으로 제조를 해서 향기로운 기름을 만들라고 했습니다. 이 기름은 성구에다 발라 구별하도록 했습니다.

이 향 기름을 바르는 기구는 다 구별된 성구가 된다는 것입니다. 그리고 성구에만이 아니고 아론과 그 아들들에게도 이 기름을 발라 그들을 거룩하게 하여 하나님을 섬기도록 하라는 것입니다. 그리고 이 기름은 제사장 외에나 성구 외에는 발라도 안 됩니다.

또 이와 유사한 기름을 만들어 사용해도 안 된다는 것입니다. 만일 그렇게 하다가는 저주를 받습니다.

이제 다시 정리해 봅시다. 성막에 들어가면 처음에 번제단이 있습니다.

번제단 다음에 물통이 있습니다. 번제단은 모양이 네모반듯합니다. 번제단은 불을 사용하여 제물을 태우는 곳입니다. 번제단은 나무와 놋으로 만듭니다. 그러나 물통은 모양의 언급이 없습니다.

대개 둥근 것으로 생각합니다. 물통은 물로 씻는 곳입니다. 여기는 불로 태우는 곳이 아니고, 산 자가 물로 씻는 곳입니다. 물통은 놋으로 만듭니다.

보통 우리는 영적으로 해석할 때 불은 성령의 역사로, 물은 말씀의 역사로 해석합니다. 성도는 성령의 역사와 하나님의 말씀의 역사로 깨끗하고, 거룩한 인격으로 변화되어 가는 것입니다.

다음 향 기름은 헌신과 희생의 상징입니다.

우리가 거룩하게 구별되어 하나님께 영광 돌려야 합니다. 그런데 거룩하게 구별되려면 그리스도의 희생정신을 본받아 십자가를 지고 주를 따라야 되는 것입니다. 희생 없이는 변화되지 않고 구별되지 않습니다.

그 시대의 기름은 불을 밝히는 역할 또한 치료약으로 사용하기도 했습니다.

세상의 빛과 소금의 역할은 희생 정신없이는 불가능합니다. 하나님은 거룩하신 분이십니다. 그러므로 하나님께 나아가는 자는 먼저 더러운 것을 씻어야 합니다.

이것이 회개의 단계입니다. 회개는 은혜의 보좌로 나아가는 단계입니다. 모든 은혜와 축복, 영적인 세계의 진입은 회개입니다. 회개는 씻는 것입니다. 우리는 무엇을 씻어야 합니까?

손발을 씻어야 합니다.(19-21)

몸을 씻어야 합니다.(레 16:4, 24)

마음을 씻어야 합니다.(엡 5:26)

물로 씻어야 합니다.

보혈로 씻어야 합니다.

말씀으로 씻어야 합니다.

은혜로 씻어야 합니다.

성령으로 씻어야 합니다.

향기름은 성화입니다. 희생으로 변화되는 것입니다. 기름은 성령을 상징합니다.

성령으로 새롭게 되는 것입니다. 거룩한 신분과 거룩한 능력을 상징하는 물통과 향 기름은 하나님의 은혜로 주어지는 것입니다.

사랑하는 성도 여러분!

하나님은 성도의 신분 유지와 거룩한 변화에 지극한 관심을 가지십니다. 그리고 요구하십니다.

"내가 거룩하니 너희도 거룩하라"고 하십니다.

무엇을 하여야 하느냐? 이전에 무엇이 되어야 하느냐?가 더 우선이고, 더 중요합니다.

기독교는 첫째도 둘째도 최후의 순간에도 변화입니다.

무슨 그릇이냐 보다 깨끗하냐가 더 우선입니다.

출애굽기 강해 제57강

【본문】 출애굽기 31:1-11

지혜와 재능으로 봉사하라

하나님은 언제든지 사람을 부르시고, 훈련시키시고, 시켜서 일하게 하십니다. 이것이 사람의 사역과 하나님의 사역의 차이요, 특이성입니다.

사람이 원해서 하나님의 사역을 하는 것이 아닙니다. 하나님이 사람을 시켜서 하나님의 일을 수행하십니다.

그러기 때문에 근본이 다릅니다. 근본이 다르기 때문에 차이가 납니다.

오늘 본문에 브살렐과 오홀리압을 지명하여 부르셨습니다.

"지명하여 부르고" 그리고 그에게 하나님의 신이 부어졌고 지혜, 총명, 지식, 여러 가지 재능을 주셨습니다.

이 말은 하나님이 지명하여 부르신 자는 그 일을 감당하도록 하십니다. 하나님이 나이 80된 모세를 부르실 때도 그에게 능력의 지팡이를 주어 그 일을 감당하도록 해주셨습니다.

여러분, 하나님이 지명하여 부르시고는 능력도, 지혜도, 발전도 없도록 그냥 방치하겠습니까?

교역자부터 먼저 얘기합시다. 하나님이 불러놓고, 10년이 지나도 20년이 지나도 기도도 제대로 못하고 말씀의 의미도 제대로 깨닫지 못하고, 바로 전달도 못하는 상태로 두시겠느냐는 것입니다.

그러므로 내 게으름과 부족과 무능을 항상 정당화하려고 하는 것은 바람직하지 못합니다.

하나님이 지명하여 부르신 자는 하나님이 주시는 힘으로, 하나님이 주시는 능력으로, 하나님이 주시는 지혜로, 하나님이 주시는 의욕으로 하는 것입니다.

모든 은사는 위에서부터 내려옵니다. "하여"(3), "만들게 하며"(4), "하게 하고"(5)

막다른 골목에 다른 일 할 수 없어서 주의 일 선택해서 하는 것 아닙니다. 그러므로 우리는 확실한 소명감과 사명감이 있어야 합니다.

여러분 생각해 보십시오. 인생은 어차피 늙고 망가지게 되어 있지 않습니까?

가만히 있어도 늙고, 병들고, 망가지는데, 주의 일 열심히 해서 망가지는 것이 더 행복하잖아요. 저는 시간 낭비하고, 비실거리는 것 보면 정말 안타깝습니다.

1. 먼저 하나님의 일은 뭐니 뭐니 해도 성령 충만해야 합니다.(3)

재능은 선천적으로 타고나고, 후천적으로 발전시킵니다.

그러나 그것 가지고 되는 것 아닙니다.

성령 충만해야, 그 재능이, 그 지식이 하나님의 영광을 위하여, 선하게 사용되어집니다.

2. 하나님은 사람이 가진 지혜와 재능을 선하게 사용하십니다.(6)

우리 각자 각자에게 가진 재능을 하나님의 사역을 위해 사용하게 하십니다.

3. 하나님의 일은 아무렇게나 대강 대강 하도록 하지 않고, 최고의 기술과 재능을 동원해서 하도록 하셨습니다.

그래서 언제든지, 기독교 문화와 예술이 앞서갔습니다.

음악, 미술, 건축, 모든 문화와 예술 영역에 기독교 문화가 앞자리를 차지하고 있는 것입니다.

이제 강해를 정리하겠습니다.

① 성령을 주실 때는 분명한 목적이 있습니다.

에스겔 36:27에 보면 "내 신을 너희 속에 두어 너희로 내 율례를 행하게 하리니 너희가 내 규례를 지켜 행할지라"

하나님 말씀을 잘 지키라고 성령 주신다는 것입니다.

오순절 성령 충만은 왜 주십니까? 예수 증거 하는 증인의 일 잘 감당하라고 주신다는 것입니다.

② 성령 주실 때는 반드시 은사도 주신다는 것입니다.

능력, 지혜, 재능 등을 주십니다. 은사는 특권이 아니라 사명을 잘 감당하라고 주시는 것입니다.

가르치는 자는 가르치는 은사 받아야 됩니다.

물질 봉사자는 물질의 은사를 받아야 합니다.

몸 봉사자는 건강의 은사를 받아야 합니다.

헌신자는 섬김의 은사를 받아야 합니다. 브살렐은 믿음의 사람, 갈렙의 후손이었습니다. 오홀리압은 지혜로운 기술자입니다. 그를 브살렐에게 붙여 주셨습니다.

하나님의 일도 재능대로 해야 능률이 오르고, 좋은 결과를 가져옵니다.

우리는 우리가 가진 지혜와 재능으로 주의 일하는 사명자들이 되어야 할 것입니다.

출애굽기 강해 제58강

【본문】 출애굽기 31:12-18

너희는 나의 안식일을 지켜라

13절 "너는 이스라엘 자손에게 고하여 이르기를 너희는 나의 안식일을 지키라 이는 나와 너희 사이에 너희 대대의 표징이니 나는 너희를 거룩하게 하는 여호와인 줄 너희로 알게 함이라"

출애굽기에 안식일에 대해 세 번 기록했습니다. 인간이 하나님 앞에서 지킬 계명 중 첫 번째가 안식일 지키는 것입니다.

신앙생활은 하나님이 명하신 계명과 규례를 지키는 것이 신앙생활입니다.

본문의(13) 히브리 원문에는 "나의 안식일을 반드시 지키라"고 되어 있습니다. 반드시(아크 - 꼭, 틀림없이, 필히) 지키라고 되어 있습니다.

하나님께서 아브라함에게는 할례 제도를 명령하셨습니다. 그래서 하나님의 백성을 구별하셨습니다. 모세에게는 안식일 제도를 주셔서 이스라엘 백성을 구별하셨습니다.

너는 - 나의 안식일

너와 나의 관계를 강조합니다.

안식일 지키는 것은 성도의 의무입니다. 할례는 남자에게만 해당됩니다. 남자는 대표성을 가지고 있습니다. 그리고 평생 한번입니다.

그러나 안식일은 일주일에 한 번씩입니다. 남녀 공히 다 지켜야 합니다.

안식일은 "쉬다, 그치다"는 의미입니다.

쉬는 날입니다. 그 날은 육신을 위한 일은 쉬고 하나님의 날이기에 하나님을 위하는 날입니다. 이스라엘 사람들은 안식일 지키는 것이 선민의 표징입니다.

구약시대는 안식일에 일하면 돌로 쳐 죽이도록 했습니다. 안 지키면 안 된다는 의미입니다. 이것은 안식일을 범하는 행위가 퍼져 나가지 않게 하기 위해서입니다. 그리고 하나님을 거역하는 죄에 해당되기 때문입니다.

그래서 유대인들은 지금도 안식일을 철저히 지킵니다.

1. 그러나 지금은 안식일을 주일로 지킵니다.

그것은 안식일의 주인 되시는 예수님으로 말미암아 주일제도가 생기고 세례제도가 생기고, 성례제도가 생기게 된 것입니다.

히 7:18 옛 계명은 약해서 폐한다고 하셨습니다.(연약, 무익) 예수님께서 안식일을 주일로 바꾸신 과정을 보면, 변화산에서 변화하신 날이 주일이었습니다.(눅 9:28)

나귀를 타고 예루살렘에 입성하신 날도 주일이었습니다.(요 12:12)

예수님은 주일에 부활하셨습니다. 그리고 제자들에게 나타나셔서 평안을 축복한 날도 주일이었습니다.(요 20:1, 19, 26) 그것뿐 아니라 사도행전에 기록된 성령 강림하신 날도 주일이었습니다.(행 20:7)

"안식 후 첫 날"은 주일입니다.

초대교회는 아주 자연스럽게 주일에 예배드리고 성찬식을 행했습니다.

구약시대 안식일은 천지창조 후 하나님이 쉬시고 복을 주신 날입니다. 신약시대 주일은 주님께서 구원의 역사를 완성하시고 성령 충만을 주신 날입니다.

안식일은 육적으로 보존하고 보이는 세계의 보존과 발전을 위한 것이라면 주일은 영적인 복을 받고, 보존하고 발전하는 날인 것입니다.

그러므로 보이는 것은 보이지 않는 것의 설명이요, 그림자 역할인 것입니다.

또한 주일의 주인은 주님이시기에 주님으로부터 생명을 얻는 날이요, 새로운 능력을 공급받는 날인 것입니다.

2. 그러면 오늘날 안식일을 우리는 어떻게 할 것입니까?

안식일은 주일을 준비하는 날이요, 주일을 안식일로 지켜야 할 것입니다. 우리는 주일을 지킬 때에 안식일을 준비하고 지키듯이 준비했다가 지켜야 합니다.

우리는 주일을 사사로이 쓰는 날로 만들지 말고 모든 일을 일단 멈추고 하나님께 예배드리고, 하나님의 명령에 귀 기울이는 날로 지킬 것입니다.

우리는 주일을 정한 시간과 정한 장소에서 예배를 최우선으로 하고, 영적인 일을 하는 날이 되어야 할 것입니다.

우리는 주일을 하나님을 즐겁게 해드리는 날로 지키며 하나님의 은혜로 우리에게도 축제의 날이 되어야 할 것입니다.

3. 주일성수와 선민과의 관계

구약시대 안식일은 거룩한 성일이듯이 주일은 거룩한 성일입니다. 안식일이나 주일 성수는 하나님의 백성임을 드러내는 신앙고백입니다.

안식일을 지키지 않는 자는 언약 백성 중에서 끊어지듯이, 주일을 지키지 아니하는 자는 하나님의 백성이 아닙니다.

다시 정리하며 반복합니다.

안식일이 쉬는 날이듯이 주일은 육적인 일은 쉬고 영적인 일을 하는 날입니다. 이 날은 거룩히 구별하여 지켜야 합니다.

그리고 이 땅의 안식은 영원한 안식을 소망하는 자들의 신앙고백입니다.

출애굽기 강해 제59강

【본문】 출애굽기 32:1-14

하나님을 화나게 하는 일

모세가 시내산에 올라가서 하산이 늦어지자 이스라엘 백성들은 금송아지 우상을 만들었습니다.

이스라엘 백성들은 하나님의 인도로 애굽에서 나왔지만, 지금까지 살았던 애굽 생활의 영향이 지배적이었습니다. 보이지 않는 하나님보다 보이는 물체를 만들어 숭배하고자 하는 것이 하나님의 임재를 체험하지 못하는 자들의 공통점입니다.

이스라엘 백성들은 영적으로 무지했습니다. 하나님을 버리고 사람이 만든 금송아지를 숭배하였습니다.

눈으로 볼 수 있는 금송아지를 보이지 않는 하나님보다 더 좋게 여겼던 것입니다. 인간은 육체인지라 언제나 보이는 것을 더욱 사랑합니다. 감각을 충족시켜주는 대상에게 마음이 끌립니다.

우리가 믿음이 없으면 보이지 않는 것에 우리의 마음이 끌리지 아니합니다. 사실 결과적으로 볼 때 이스라엘 백성들은 하나님보다 모세를 더 의지한 것 같습니다.

모세를 붙드시고, 일하시는 하나님은 보지 않고, 모세를 믿었던 것입니다.

하나님 외에는 그 누구도, 그 어떤 형상도, 신의 대리자는 없습니다.

하나님은 그 어떤 형상이든지 만들지 말고, 절하지도 말라고 엄히 명령하셨습니다.

모세가 산에 올라간 사이 백성들이 아론에게 압력을 가했습니다.

거기에다가 아론의 비겁한 행동을 볼 수가 있습니다.

금을 수집했습니다. 그리고 금송아지를 만들고, 그 금송아지를 애굽에서 인도하여 낸 신이라고 그 앞에 제사를 했습니다.

백성들은 쉽게 부패했습니다. 백성들은 의의 길을 빠른 속도로 떠났습니다.

저들은 어리석게 금송아지를 만듦으로 하나님을 화나게 했습니다.

하나님께서 저들은 목이 곧은 백성이라고 평가했습니다.(32:9)

목이 곧다는 것은 목이 뻣뻣하다는 말인데 곧 하나님께 순종치 않는 태도, 교만과 고집과 어리석음을 의미하는 표현입니다. 그래서 하나님이 화가 나서 그들을 진멸하겠다고 했습니다.

그런데 11절에 보면 그 수많은 백성을 진멸하고 "너로 큰 나라가 되게 하겠다"고 했습니다.

이 말은 우상 섬기는 자가 없어져야 나라가 복을 받고 백성이 복을 받는다는 의미인 것입니다.

마치 아간의 가족들을 다 멸해야 이스라엘에 승리가 온 것과 같습니다.

이스라엘 백성들은 애굽 백성과는 다릅니다. 그러므로 자신들의 정체성을 확립하고 분명히 해야 합니다. 그래서 하나님에 의하여 보장받는 삶이 되어야 하는 것입니다.

하나님은 모세에게 우상을 섬기는 백성들의 상태를 "부패했다"고 표현하고 있습니다.

부패 중의 부패는 우상 섬기는 것입니다. 하나님을 배반하는 것입니다.

하나님의 말씀을 떠나는 것이 부패입니다. 부패는 망할 길로 갔다는 의미도 있습니다. 말씀 중심의 신앙생활이 아니면 잘못된 신앙생활입니다.

하나님의 진노를 보고 모세는 하나님께 기도했습니다.(11)

모세의 기도는 하나님과 백성과의 화목을 위한 중보기도였습니다.

모세는 백성을 아끼고 사랑하는 지도자였습니다. 그래서 자기 희생적인 중보기도를 했습니다. 그리고 먼저 하나님의 영광을 생각했습니다.(12)

모세는 하나님의 말씀과 약속에 근거 용서해 주시고 이스라엘을 기억하여 달라고 기도했습니다.

하나님은 아브라함에게 이삭에게 야곱에게 약속한 것을 기억하여 주옵소서.

한 사람, 지도자 모세의 기도는 하나님의 진노를 멈추는 위대한 결과를 초래하게 되었습니다.

모세는 어려울 때마다 먼저 기도하는 지도자였습니다.

예레미야 5:1에 보면 "예루살렘 거리에 의인 한 사람을 찾으면 그 성을 멸하지 아니하리라"고 했습니다.

모세는 특별히 애굽을 위시한 이방인들의 조롱거리가 될까 염려하며 기도했습니다. 우리는 언제든지 하나님 영광을 생각해야 됩니다.

회개의 기도, 중보기도는 놀라운 응답을 가져옵니다.

우리는 기도할 때 하나님의 약속을 붙들고 기도해야 합니다.

우리는 기도할 때 하나님의 영광을 먼저 생각하고 기도해야 됩니다.

우리는 기도할 때 한 생명 한 생명을 사랑하는 맘으로 기도해야 됩니다.

우리는 기도할 때 믿음으로 기도해야 됩니다.

오늘처럼 나라와 민족을 위해 중보기도가 필요한 때가 없었습니다.

전시적인 기도가 아니라 심장으로 드리는 기도를 해야 할 때입니다.

출애굽기 강해 제60강

【본문】 출애굽기 32:15-20

범죄자들의 춤

하나님께서 모세에게 십계명을 주셨습니다. 그러나 처음 것은 깨뜨려졌습니다.

그래서 두 번째 다시 주셨습니다. 이 돌판에 새겨진 십계명은 하나님이 친히 만드시고 친히 쓰신 것입니다. 신비한 사건입니다.

이 두 돌판에 새겨진 십계명을 언약궤 안에 보관했습니다.(왕상 8:9, 21)

모세가 시내산에 가서 기도하는 사이 금송아지를 만들어 섬긴 이스라엘의 죄 때문에 하나님이 화가 나셔서 진멸하려고 했지만 모세의 중보기도로 백성에게 화를 내리지 않겠다고 했습니다.

하나님은 모세의 중보기도를 들으시고 용서해 주실 뿐 아니라, 언약을 지키겠다고 했습니다.

하나님은 모세를 통하여 이스라엘 백성에게 두 돌판을 주셨습니다. 이 두 돌판의 말씀은 인간에게 주어진 최고의 진리입니다.

하나님께서 인간이 하나님께 대하여, 인간에 대하여 어떻게 해야 할 의무를 말씀하신 것입니다.

이 두 돌판을 증거판이라고도 합니다. 이것은 다시 말씀드립니다만 하나님이 직접 만들고 직접 쓰신 것이요, 하나님의 백성들에게 주신 가장 큰 선물입니다.

산에서 내려온 모세는 백성들이 금송아지 앞에 노래하고, 떠들고, 춤추는 것을 보고 크게 화를 내었던 것입니다.

이 분노는 감정에 의한 분노가 아니고 하나님 입장에서 일어난 분노였습니다.

인생 삶에 있어서 춤은 중요합니다. 인생의 즐거움의 표현이 춤으로 나타납니다. 춤은 보기에도 아름답고, 사람들에게 기쁨을 나누어줍니다.

마음에 기쁨이 가득한 정서가 춤을 통하여 발산합니다. 그러나 춤이라고 다 좋은 것은 아닙니다.

1. 기쁨의 춤은 정말 좋습니다.

시 30:11-12 "주께서 나의 슬픔을 변하여 춤이 되게 하시며 나의 베옷을 벗기고 기쁨으로 띠 띠우셨나이다. 이는 잠잠치 아니하고 내 영광으로 주를 찬송케 하심이니 여호와 나의 하나님이여 내가 주께 영영히 감사하리이다"

이스라엘 백성이 홍해를 육지같이 건넌 후 춤을 추었습니다. 이것은 기쁨의 춤이었습니다.

삼상 18:6-7에 다윗이 골리앗과의 싸움에서 승리하자 여인들이 춤을 추며 기뻐하고 환영했습니다.

누가복음 15:25에는 탕자가 돌아오자 아버지가 잔치를 베풀었습니다.

삼하 6:14-16에 하나님의 언약궤를 모셔올 때에 다윗이 춤을 추었습니다.

시 149:3에는 춤을 추며 하나님을 찬양하라고 했습니다.

2. 사악한 춤이 있습니다.(막 6:21-29)

헤로디아 딸의 춤은 사악한 춤입니다. 그는 춤 값으로 세례 요한의 목을 구했습니다. 유혹하기 위한 음란한 춤이 있습니다. 타락한 시대일수록 사악한 춤들이 득세를 합니다.

3. 종교적인 춤이 있습니다.(삿 21:21, 22, 23)

갈멜산에서 바알 우상숭배자들의 춤은 종교적인 춤입니다.

우리는 하나님의 은혜와 사랑을 감사하며 춤추며 영광 돌려야 합니다.

오늘 본문의 춤은 우상을 기쁘게 하는 춤이었습니다. 그러니까 모세가 놀라지 않을 수 없었습니다. 이 춤은 우상숭배자들의 우상숭배의식이었습니다. 이 춤은 하나님으로부터 받은 은혜와 특권을 스스로 저버리는 춤입니다. 그들의 행위는 애굽의 노예로 되돌아가려고 하는 행위였습니다.

그들의 춤은 하나님의 진노를 일으키는 춤이었습니다.

아론은 정말 무지했습니다. 그의 무지가 이스라엘의 재앙을 불렀습니다. 백성들의 불신앙적인 요구가 그대로 받아들여졌다는 것은 그만큼 무지했다는 증거입니다. 아론의 무지는 하나님의 진노를 불러일으키게 되었습니다.

지도자의 무지는 백성이 재앙을 받게 됩니다. 이 땅에도 범죄자들의 춤이 사라지고 거룩한 자들의 춤이 활개 칠 때 재앙은 사라지고, 축복이 계속 될 줄 믿습니다. 춤이 거듭나야 인생이 거듭납니다. 할렐루야!

출애굽기 강해 제61강

【본문】 출애굽기 32:21-35

용서와 축복

이스라엘 백성들이 금송아지 우상을 만들어 놓고 춤을 춘 행위는 전통적으로 내려오던 우상 제사의식이었습니다.

이것은 하나님 앞에 드리는 감사의 춤도 기쁨의 열매로 산출된 춤도 아닌 종교적인 춤이었기에 모세가 함께 기뻐서 춤을 추지 않고 분노했던 것입니다.

그들의 춤은 하나님의 진노를 일으키는 춤이었습니다. 춤이 거듭나야 인생이 거듭납니다.

이스라엘 백성들은 그들의 중심에 보이는 하나님을 원하고 있었습니다. 저들의 믿음은 아직도 유치한 믿음, 아니 우상 숭배의 방법을 그대로 가지고 있었습니다.

그리고 영적인 것보다 보이는 것, 육체의 향연을 즐기는 자들이었습니다. 우리의 신앙생활에 가장 걸림돌은 환경입니다.

우리는 환경을 극복하거나 초월하지 못하면 우리의 신앙생활은 늘 좌우로 치우치게 됩니다.

아론의 궁색한 변명은 환경을 핑계 삼는 것이었습니다. 그러나 모세의 중보기도는 용서를 얻어내고야 말았습니다.

1. 여호와의 편에 서야 됩니다.(26)

승리도, 축복도 여호와의 편에 설 때 가능합니다.

하나님의 백성은 다 여호와의 편이 되어야 합니다. 그러나 그들이 우상을 섬기고, 그리하지 못했기 때문에 구별한 것입니다.

지금까지 구별 없이 혼합되어 있었기 때문에 오염되고, 범죄가 확산된 것입니다. 여기에서 성별의 필요성을 교훈하고 있는 것입니다.

우리는 시간을 구별하고, 장소를 구별하고, 몸을 구별하고, 물질을 구별할 줄 알아야 됩니다.

시 1편에 복 있는 사람에 대해 분명히 밝힙니다. 구별할 줄 아는 생활입니다.

무질서는 하나님의 방법이 아닙니다. 천국은 질서 정연합니다.

지옥은 무질서입니다. 아니 아수라장입니다. 교회 나오면 질서부터 배워야 됩니다. 도떼기시장이 아닙니다.

국가의 위기와 혼선이 어디서 옵니까? 무질서에서 옵니다. 국민의 80%가 지도층을 믿지 않는다는 것입니다.

하나님의 편에 선 자는 하나님을 아는 자들입니다. 하나님을 믿는 자들입니다.

하나님을 의지하는 자들입니다. 하나님이 함께하는 자들입니다.

2. 여호와의 편에 선 자들이 할 일이 있습니다.

악을 제거해야 합니다. 순종해야 합니다. 헌신해야 합니다. 사단과 전쟁해야 합니다. 우리는 혈연, 지연, 학연의 관계가 아닙니다.

여호와의 편이냐 아니냐?의 관계입니다.

한국교회가 이것을 가르치지 않고 실천하지 아니하므로 재앙이 임한 것입니다. 고난을 받고 있는 것입니다.

저는 태국에서 비행기를 놓쳐 다음 비행기표를 겨우 끊어 왔습니다. 그것은 상상할 수 없을 정도로 차가 밀려 늦게 도착했기 때문입니다.

19년째 태국을 다니면서 처음입니다. 여러분, 지금 동남아는 호경기입니다. 그런데 한국에서 나갈 수 있으면 다 나갑니다. 인도, 인도네시아, 필리핀, 캐나다, 태국, 계속 한인들이 증가합니다.

미국 애틀랜타에는 10개월 만에 한인이 45,000명이 증가했습니다. 태국 파타야까지 삼성 전자가 최근에 들어왔습니다.

중국엔 80-90% 실패하는데도 중국으로 모입니다.

교회가 책임 있습니다. 우리는 여호와 편이냐? 아니냐? 이지 여당도, 야당도 아닙니다. 공산주의냐? 민주주의냐? 입니다. 학연도, 지연도, 혈연도 아닙니다.

앞으로 여호와 편에 굳건히 서지 아니하면 우리는 파멸합니다.

민 11:4에 보면 "이스라엘 중에 섞여 사는 무리가 탐욕을 품으며"라고 했습니다. 모든 범죄, 불평, 원망이 여기에서 시작해서 퍼져나가고 확산되었습니다.

원래 깨끗하게 하기보다 더럽게 하기가 쉽습니다. 선하게 살기보다 악하게 살기가 쉽습니다. 정직하게 살기보다 거짓으로 살기가 더 쉽습니다.

이들은 가나안 땅보다 애굽을 더 생각합니다. 이들은 가라지입니다. 저들은 유혹의 달란트를 가졌습니다.

「피가 고름 되는 경우는 있어도 고름이 피가 되지는 않습니다.」

가라지는 종자가 다르기 때문에 알곡이 되지 않습니다. 그래서 구별하신 것입니다. 분리주의자가 아닙니다. 분리와 구별은 다릅니다.

3. 여호와의 편에 선 자는 회개한 자입니다.

회개한 자는 다 용서 받습니다. 복중의 복은 용서의 축복입니다.

여호와의 편에 선 자는 선택한 자, 결단한 자, 회개한 자입니다.

신앙생활은 선택, 결단, 회개입니다.

회개한 자는 다 용서하여 주십니다. 성경에 보면 집단적으로 심판 받아 죽은 자들이 있습니다.

① 고라당의 반역으로 250명이 몰사했습니다.(민 16:35)

② 언약궤를 들여다본 죄로 (5만)70명이 죽고,

③ 민수기 25:9에는 발람의 간계로 인해 이스라엘이 음란하여 24,000명이 몰살당하기도 했습니다.

오늘 본문은 범죄자들의 춤 때문에 3천 명이 죽임을 당했습니다. 성경에는 용서와 벌을 구별합니다. 죄는 용서받되 벌은 받는 경우가 있습니다.

한편 강도의 경우도 그렇습니다.

하나님이 제일 미워하시는 것이 우상숭배임을 보여줍니다. 회개와 징벌 이후 하나님의 복이 임했습니다. 모세는 차라리 자기를 죽여 달라고 중보기도 했습니다.

지도자의 회개와 중보기도가 축복이 임하게 했습니다.

출애굽기 강해 제62강

【본문】 출애굽기 33:1-23

내가 친히 가리라

부모의 관심 속에 자라는 자녀는 복된 자녀입니다. 스승의 관심 속에 교육받는 제자는 복된 제자입니다.

마찬가지로 하나님의 관심 속에 살아가는 성도는 복된 성도입니다.

"내가 친히 가리라"는 하나님의 약속은 하나님의 지극한 관심과 사랑을 드러낸 것입니다.

하나님은 믿어야 할 분이십니다. 하나님은 믿을 만한 분이십니다. 에녹은 300년 간 하나님과 동행했다고 했습니다. 참된 신앙생활은 하나님이 함께 하는 생활입니다.

인생의 최대의 비극은 하나님이 떠나가시는 것입니다. 인생의 최대의 비극은 하나님이 무관심하시는 것입니다.

1. 하나님이 함께 하지 않는 전진은 패배와 절망이 기다리고 있습니다.

하나님 없이 인간끼리의 모임이나 역사는 혼란과 저주와 패망을 가져옵니다. 아무리 국민소득이 올라가고 문화와 과학이 발전하여도 하나님이 함께 하지 않는 소득향상과 과학 발전은 심판과 멸망이 기다리고 있습니다.

하나님께서 모세에게 말씀하셨습니다. 하나님 무관심 중에 가나안 땅으로 가봤자 소망이 없다는 것입니다.

하나님이 함께하여 전진하는 것과 그렇지 않는 것과는 하늘과 땅 차이입니다.

하나님은 하나님과 통하지 아니하면 함께 하시지 아니합니다.

이스라엘 백성들은 방자한 족속이었습니다. 목이 곧은 백성이었습니다.

부패한 족속이었습니다. 그러므로 이것을 고치고, 회개하지 아니하면, 하나님이 함께 하시지 않겠다는 것입니다.

하나님이 함께 하지 않는 자의 예배, 하나님이 함께 하지 않는 자의 기도, 하나님이 함께 하지 않는 자의 봉사, 무슨 소용이 있겠습니까?

하나님이 함께 하지 않겠다는 소리에 이스라엘 백성들은 몸에 단장을 하지 아니했습니다. 이것은 회개를 나타내는 행동입니다.

하나님이 구하시는 제사는 상한 심령입니다. 하나님은 "상하고 통회하는 마음을 주께서 멸시치 아니 하시리이다"고 했습니다.(시 51:17)

2. 하나님은 하나님을 믿고 의지하며 잘못을 깨닫고 회개하는 자와 함께하십니다.

두 가지를 약속하셨습니다.

① 내가 친히 가리라.

② 내가 너로 편케 하리라.

우리는 주님과 함께 가야 합니다. 주님과 함께 가는 길이 십자가의 길이라도 고난의 길이라도 생명이 있고 축복이 있습니다.

주님과 함께 가면 결국엔 거기에 소망이 있고, 평강이 있습니다.

여호와는 나의 목자 되십니다. 그가 푸른 초장으로, 잔잔한 물가으로 인도하십니다. 주님은 우리를 잘 되게 하기 위해 은혜 주시려고 우리를 인도하십니다.(신 8:4,16) 주님이 함께 하시면 아무도 빼앗을 수 없습니다. 거기에 영생이 있습니다.(요 10:28-29)

19절에 하나님의 마음을 드러내고 있습니다.

다 은혜 받는 것 아닙니다.

다 구원받는 것 아닙니다.

다 축복 받는 것 아닙니다.

하나님은 하나님의 백성과 함께 합니다. 하나님의 백성은 깨닫습니다.

하나님의 백성은 회개합니다. 하나님의 백성은 하나님의 도우심을 구합니다.

시 32:1-3 "허물의 사함을 얻고 그 죄의 가림을 받는 자는 복이 있도다. 마음에 간사가 없고 여호와께 정죄를 당치 않는 자는 복이 있도다. 내가 토설치 아니할 때에 종일 신음하므로 내 뼈가 쇠하였도다"고 했습니다.

기도하는 자 복된 자입니다. 하나님을 의지하는 자 복된 자입니다.

하나님께 회개하는 자 복된 자입니다.

복중에 복은 임마누엘 축복입니다. 마 28:20 "볼지어다 내가 세상 끝날까지 너희와 항상 함께 있으리라"고 했습니다.

누구와 함께 한다는 것입니까? 사명을 깨닫고 사명에 충실한 자와 함께 하신다는 것입니다. 우리는 하나님 중심, 예배 중심, 하나님 영광 중심으로 살아야 합니다.

모세는 하나님의 영광이 보여지기를 원했습니다.(18)

우리는 모두 하나님의 영광을 드러내기 위한 것이어야 합니다. 그럴 때 하나님이 함께 하시고 평강의 복을 주십니다. 할렐루야!

출애굽기 강해 제63강

【본문】 출애굽기 34:1-9

두 번째 돌판에 다시 주신 말씀

이스라엘 백성들이 모세가 시내산에 올라가 기도하는 중 계시를 받고 있는 사이 아론을 충동해서 금송아지 우상을 만들었습니다.

저들은 아직도 시각적으로 보이는 하나님을 원했습니다.

그것은 오랜 기간 동안 보이는 우상 즉 손으로 만든 우상을 신이라고 믿어온 습관 때문일 것입니다.

모세가 십계명을 받은 두 돌판을 들고 내려와 보니 이스라엘 백성들이 금송아지 앞에 춤추고 혼란스러운 우상 제전이 벌어지고 있는 것을 보고 너무나 화가 나서 그 돌판을 산 아래로 던져 십계명 두 돌판이 깨져 버렸습니다.(32:19)

그리고는 금송아지를 부수어 가루를 만들어 마시우게 했습니다.

그 일로 인하여 3천 명 가량이 재앙으로 죽임을 당하게 되었습니다.(28)

아마 우상숭배 주동자들이 아니었겠나 생각이 됩니다. 그때 모세는 범죄한 백성을 위하여 사죄를 탄원하는 간절한 기도를 드렸습니다.

심지어 내가 멸망 받는 한이 있더라도 이 백성들의 잘못을 용서하여 달라고 기도했습니다.

지도자는 백성이 아무리 잘못했더라도 재앙과 심판을 피하는 길로 인도해야 됩니다. 되는 대로 내버려두는 것만큼 쉬운 것이 어디 있겠습니까?

그렇다면 예수님도 십자가에 죽으실 필요도, 화를 내실 필요도, 책망을 할 필요도 없습니다.

세례 요한도, 예수님은 물론, 스데반, 바울 모두 재앙과 심판을 면하는 길을 외치다가 완악하고 패역하며 목이 곧은 백성에 의해 순교 당한 것 아닙니까?

32:31에 보면 모세가 또 다시 나아가 하나님께 매달렸습니다.

용서해 달라고, 자기 이름을 주의 기록한 책에서 지워버리는 한이 있더라도 용서해 달라고 했습니다.

그 결과 33장에 하나님이 모세의 중보기도를 들으시고 하나님의 용서와 회복이 선언되게 된 것입니다.

지도자 모세의 자기희생적인 기도와 끈질긴 기도, 하나님 중심 신앙의 기도가 나라를 살리고 백성을 구원하게 된 것입니다. 그래서 오늘 34장은 금송아지 숭배 사건으로 파기되었던 하나님과 이스라엘 사이의 언약 관계가 회복되는 장면입니다.

하나님께서 두 번째 만들게 하신 언약판은 새 것이었으나 내용은 전과 같은 것이었습니다.

하나님께서는 비록 인간이 범죄하고 약속을 위반하므로 맺은 언약을 깨뜨리셨지만, 인간에게 꼭 필요한 언약이기에 다시 주신 것입니다.

이것은 인간의 생명과 섭리자는 오직 하나님이시며, 인간이 살고 복받는 길은 이 길밖에 없기 때문입니다.

오늘 본문은 주로 언약의 주관자이신 하나님의 속성에 대해 선포하시고 있습니다.

1. 하나님은 노하기를 더디 하시는 분이십니다.(욜 2:13, 욘 4:2)

2. 하나님은 인자가 풍성하신 분이십니다.(7/민 14:18)

3. 반면 형벌 받을 자는 결코 면죄하지 않는 공의의 하나님이십니다.(6, 7)

하나님의 약속은 영원합니다. 시대에 따라 상황에 따라 바꾸어지는 계명이 아닙니다. 오늘날의 혼란, 타락은 하나님의 계명을 지키지 않는 데서 오는 것입니다.

그러므로 우리는 늘 회개하면서, 이 땅이 하나님의 말씀으로 다스리는 시대가 오도록 기도해야 합니다.

8-9는 또 다시 모세의 중보기도가 나옵니다.

이것은 모세가 백성을 사랑하는 맘이 얼마나 간절했느냐를 보여주는 말씀입니다.(내용입니다)

이스라엘 백성들은 오랫동안 애굽의 종살이와 우상 문화에 젖어있어서 좀처럼 고쳐지지 아니함을 알 수 있습니다.

우리가 살아가는 과정이나 신앙생활 여정에 빨리 깨닫고 빨리 고치고 회개하는 태도는 너무나 현명한 태도이고 복된 자세입니다. 그러므로 늘 하나님의 말씀대로 순종하며 살 수 있도록, 성령의 도우심을 기도해야 됩니다.

출애굽기 강해 제64강

【본문】 출애굽기 34:10-16

질투하시는 하나님

하나님은 노하기를 더디 하시는 분이십니다. 하나님은 인자가 풍성하신 분이십니다. 그와 반면 형벌 대상자는 결코 면죄하지 않는 분이십니다. 이것은 사랑과 공의의 하나님이시라는 것입니다.

그러므로 우리는 죄와 타협하지 말아야 합니다. 하나님 중심으로 살아야 합니다. 또 다시 우상숭배에 대해 강하게 경고합니다.

이방 우상 숭배의 유혹에 넘어가지 말아야 합니다. 또한 만들지도 말아야 합니다.

하나님은 질투하시는 하나님이시라고 했습니다.

여기 질투는 하나님께 대한 충성은 절대로 변화되어서는 안 되며, 어떤 신도 섬겨서는 안 된다는 것입니다.

하나님 외에 그 어떤 대상에게 애정과 헌신을 바치는 것을 결코 용납하시지 않는다는 것입니다.

1. 이것은 하나님이 우리에게 대한 사랑이 보통 사랑이 아니라는 것입니다.

평범한 사랑이 아닌 독특한 사랑, 진심의 사랑, 깊은 사랑, 죽고 못 사는 사랑이기 때문입니다.

사랑이 진한만큼, 그 사랑이 빼길 때 질투가 강해집니다.

2. 질투는 무서운 것입니다.(14)

하나님의 질투 앞에 인간이 무사할 자는 아무도 없습니다.

이 질투는 변질된 사랑에서 나오는 질투가 아닙니다. 너무나 순수하고 진지한 사랑의 배신에 대한 질투입니다.

하나님은 우리에 대해 무관심한 존재가 아닙니다. 우리의 맘대로 행동하도록 내버려두시는 분이 아니십니다.

3. 우상은 질투하지 않습니다.

생명이 없기 때문입니다. 하나님은 살아 계시고, 보고 계시고, 듣고 계시고 느끼고 계시기 때문입니다. 그러므로 우상 섬기는 방법으로 막연하게 하나님을 믿으면 안 됩니다.

우상 섬기던 체질 바꾸지 아니하면 안 됩니다.

늘 하나님을 보면서, 느끼면서 살아야 합니다.

4. 하나님은 사랑하는 백성을 빼앗기지 아니하십니다.

만일 하나님 외에 사랑의 대상이 있으면 질투하시는 하나님이신데, 빼앗기겠습니까? 포기하겠습니까?

그러므로 하나님을 떠나는 어리석은 삶을 살지 말아야 합니다. 하나님이 질투하도록 하면 무서운 결과가 나타납니다.

원래 질투는 시기하고 미워하는 것입니다. 그러나 여기 하나님의 질투는 하나님 외에 더 사랑하는 행위는 그냥 두고는 못 본다는 의미입니다.

이것은 하나님이 우리를 그만큼 사랑하신다는 것을 나타내는 표현입니다.

성경에 하나님이 질투하신다는 표현이 몇 곳에 있습니다.

그런데 모두 하나님 외에 다른 신을 섬길 때 질투하신다고 했습니다.

우상숭배와 관계된 성구는 다음과 같습니다.

출애굽기 20:5 "그것들에게 절하지 말며 그것들을 섬기지 말라. 나 여호와 너의 하나님은 질투하는 하나님인즉 나를 미워하는 자의 죄를 갚되 아비로부터 아들에게로 삼사 대까지 이르게 하거니와"

출애굽기 34:13-14 "너희는 도리어 그들의 단들을 헐고 그들의 주상을 깨뜨리고 그들의 아세라 상을 찍을지어다. 너는 다른 신에게 절하지 말라 여호와는 질투라 이름하는 질투의 하나님임이니라"

신명기 4:24 "네 하나님 여호와는 소멸하는 불이시요 질투하는 하나님이시니라"

신명기 5:9 "그것들에게 절하지 말며 그것들을 섬기지 말라. 나 여호와 너의 하나님은 질투하는 하나님인즉 나를 미워하는 자의 죄를 갚되 아비로부터 아들에게로 삼사 대까지 이르게 하거니와"

신명기 6:15 "너희 중에 계신 너희 하나님 여호와는 질투하시는 하나님이신즉 너희 하나님 여호와께서 네게 진노하사 너를 지면에서 멸절시키실까 두려워하노라"

여호수아 24:19 "여호수아가 백성에게 이르되 너희가 여호와를 능히 섬기지 못할 것은 그는 거룩하신 하나님이시요 질투하는 하나님이시니 너희 허물과 죄를 사하지 아니하실 것임이라"

질투는 다시 강조합니다만 무서운 것입니다.

사랑하는 성도 여러분!

우리는 우상을 섬기지 맙시다. 우상 섬기는 개인이나 가정이나 나라는 망합니다. 하나님이 그냥 두지 않습니다.

물질이 우상이 아닙니까?

명예가 우상이 아닙니까?

자식이 우상이 아닙니까?

권력이 우상이 아닙니까?

취미도 우상이 되면 안 됩니다. 모두가 하나님 중심이어야 됩니다. 하나님은 질투의 하나님이십니다.

출애굽기 강해 제65강

【본문】 출애굽기 34:17-24

정기 절기를 지킬 것을 다시 명령함

하나님을 자기 백성을 사랑하십니다. 그러므로 버리지 않고, 또 다시 약속하시고 기회를 주십니다.

이스라엘 백성들의 금송아지 숭배 사건은 하나님께 가장 큰 충격을 준 사건입니다. 하나님의 마음을 가장 아프게 한 쓰라린 과거입니다.

금송아지 우상 숭배 사건으로 파기되었던 언약이 다시 회복되는 내용이 34장의 내용입니다.

하나님께서 이스라엘 백성의 가나안 정복을 후원하실 것을 약속하셨습니다.(10)

그리고 가나안 원주민과 약속을 하거나 그들과 통교함으로 그들이 섬기는 우상을 섬길 것을 걱정하여, 그들과 교제하는 것을 금지하는 명령을 하셨습니다.(11-17)

오늘 본문 17-24는 이스라엘의 3대(大)정기 절기로 지킬 것을 다시 명령하신 내용입니다. 이 언약은 23장에 기록된 첫 번째 언약을 다시 강조한 것입니다.

두 돌판을 다시 기록하신 장면과 모세의 40일 금식기도 사실을 언급하고 있습니다.

두 번째 언약은 새로운 것이 아니고 첫 번째 것을 다시 강조하면서 새롭게 주신 언약입니다.

하나님은 하나님의 백성들을 향한 메시지는 항상 동일합니다.

그리고 정기 3대 절기 명령은 바로 하나님께 예배를 어떻게 드려야 된다는 것을 교훈 하는 중요한 메시지가 있는 절기입니다.

1. 예배는 하나님이 베푸신 은혜에 대한 감사입니다.

은혜의 핵심은 구원의 은혜입니다. 마귀와 세상과 죄의 종노릇하던 우리를 구원해 주신 하나님의 은혜를 감사하는 것이 예배입니다. 그러므로 구원의 은혜와 진리를 바로 깨닫지 못하는 자에게는 참된 예배가 불가능하다고 해도 잘못된 단정은 아닙니다.

하나님의 사랑, 십자가 은혜와 사랑, 구속의 은총을 모르는 자의 예배는 하나님께 감사하는 예배가 아니라, 자기 충족을 위한 수단이거나, 형식적인 예배에 불과한 것입니다.(18)

2. 예배는 준비하여 드려야 합니다.(18)

일주일간 준비하여 주일예배를 드려야 합니다. 특히 절기예배는 다 감사예배입니다. 그러므로 준비해서 임해야 합니다.

몸과 마음, 물질, 시간 다 준비해야 합니다.

3. 정성스럽게 드리며 정성들인 봉헌이어야 합니다.(20)

예배란 말 자체가 최상의 것을 드린다는 의미입니다.

예배는 얻으러 나오는 것이 아니라, 드리려 나오는 것입니다. 그러므로 드림이 없는 예배는 예배가 아닙니다.

정성은 양이 아니라 질입니다. 그러므로 각자 각각의 정성의 양이 다릅니다.

과부가 드린 두 렙돈은 정말 최저 금액입니다. 그런데 과부는 그것밖에 없었습니다.

저는 얼마 전 어느 교회 청지기 헌신예배를 드리면서, 또는 그

교회뿐 아니라 많은 경우, 헌금 시간에 헌금 드리는 데 헌금 주머니가 헌금이 다 보입니다. 일부러 보려고 한 것이 아니라, 다 보이더라구요. 그런데 천 원짜리가 전혀 보이지 않고 다 만 원짜리더라구요.

여러분, 일주일간 준비한 예배에 천 원짜리 헌금을 드리겠습니까?

오해는 하지 마세요. 시장에 반찬 사러갈 때 천 원짜리 하나 가지고 갑니까? 쇼핑 갈 때 천 원짜리 하나 가지고 갑니까?

천 원짜리 드린 것이 30년 전부터입니까? 20년 전부터입니까? 천원도 쉽지 않은 분도 없다는 말이 아닙니다. 성도들의 사정을 몰라서 하는 소리도 아닙니다. 받은 은혜 제대로 감사해야 하나님이 기뻐하십니다.

이번 집회에 수요일 마지막 날 밤, 1년에 부흥회를 평균 3번, 4번 하는 교회인데, 여러분이 하나님의 말씀을 통해 은혜 받았다면 진정으로 하나님께 감사하라고 했습니다. 강사 마음에 성령이 감동하는 대로 인도했습니다. 순서지(부흥회) 자체에 별도 헌금시간이 없었습니다. 광고 한 일도 없는데 그 날 밤에 20억이 작정되었습니다. 여러분, 저절로 교회가 부흥되는 것 아닙니다. 하나님의 마음을 감동시키는 자들이 많아야 됩니다.

30명 가까운 장로님들이 어느 하나 불평 없이 다 순종했습니다.

여러분! 예배가 무엇입니까? 감사드리는 것입니다. 감사의 봉헌이 없으면 예배가 아닙니다. 그래서 순복음교회는 새벽기도회에도 금요철야에도, 수요예배도 다 봉헌시간이 있습니다.

그러므로 처음부터 바로 배워야지, 잘못 길들여져 있으면 고치기 너무나 힘들고 바로 가르치면 그것이 잘못인 줄 압니다. 교인들 가난하게 만든 것, 목회자의 책임도 상당히 많은 것입니다.

여러분, 이웃 교회들, 개척해서 100억 200억을 쏟아 부어 30년 이상을 목회하면서 혼신의 힘을 쏟아 부어도 출석교인 600명, 700명을 못 넘기고 있는데, 희생과 봉사와 인격과 지도력도 없이 저절로 메머드교회(초대형교회)로 부흥되는 것이 아닙니다.

희생자들이 많이 나타나고 멋진 본을 보이고 신앙 인격자들이 든든히 버티고 있으면 든든한 교회가 되는 것입니다. 그러므로 자기 그릇 이상의 요구는 욕심이지 이상도 꿈도 믿음도 아닙니다.

19-20절을 보십시오. 거기에 엄청난 정성과 준비가 있지 않습니까? 자녀들은 부모들의 신앙에 압도적인 영향을 받는 것입니다.

물질이 전부가 아닙니다. 그렇다면 드림이 없는 정성이 또한 전부가 될 수 없는 것입니다.

교회는 가난한 과부들만 모인 곳이 아닙니다. 바나바와 같이 집을 팔아 사도들 앞에 교회 위해 사용하라고 맡기는 자들도 있는 것입니다.

그러므로 내 기준을 강조하면 안 됩니다. 각자 각자가 신앙 양심으로 해야 되는 것입니다.

4. 예배는 십자가 보혈이 흘러야 되는 것입니다.

구약시대에는 짐승의 피로 대신했지만, 신약시대에는 인자의 피가 있어야 되는 것입니다. 피는 생명입니다. 피가 없는 예배는 속죄의 진리가 사라진 예배입니다.

자기가 키운 양을 잡아 목을 꺾어 피를 흘려 죽이는 것은, 예수님의 십자가 피, 세상 죄를 지고 가는 하나님의 어린양을 나타내고 있는 것입니다.

십자가 피가 뿌려진 예배이어야 됩니다. 십자가 앞에 다 도망가는 신앙, 그 정신, 그 예배는 부활도, 능력도, 성령의 역사도 없는 것입니다.

살고자 하는 자는 죽습니다. 죽고자 하는 자가 삽니다. 예루살렘 성전 미문에 구걸하며 40평생 지나와서 해결된 것 무엇 있습니까?

그 상태에서는 죽을 때까지 구걸해야 되는 것입니다.

나사렛 예수와 상관없는 교회 생활, 예수 그리스도의 이름과 십자가 능력을 받아야 걷기도 하고, 뛰기도 하는 신앙생활이 되는 것입니다.

우상은 하나님 가장 싫어합니다. 하나님 앞에 있는 것은 다 우상입니다.

건강 위해서는 몇 백을 투자하면서 하나님께 드리는 것은 부들부들 떨고 아까우면 그것 우상입니다. 명예, 권력, 자녀, 물질, 그 어떤 것도 하나님 앞자리에 있으면 우상입니다. 하나님보다, 하나님께 드리는 예배보다 더 중요한 것은 없습니다.

하나님은 사랑이십니다.

하나님이 주시는 것은 다 좋은 것만 주십니다. 나쁜 것은 다 마귀가 주는 것입니다. 그러므로 순종하면 영육의 복을 다 받습니다. 할렐루야!

출애굽기 강해 제66강

【본문】 출애굽기 34:25-35

여호와와 함께 40일 금식기도

성경에는 금식기도에 대해 많이 기록하고 있습니다.

그리고 40일 금식기도한 자들이 있습니다. 구약시대에는 모세입니다.(34:28)

신약시대에는 예수님이십니다.(눅 4:1,2)

그 외에 금식기도 한 자들은 40일은 아니지만 이스라엘 백성과 사무엘이 미스바에서 전 민족적으로 회개하는 금식기도를 드렸습니다.(삼상 7:5, 6)

다윗이 밧세바의 일로 회개할 때 금식 기도했습니다.(삼하 12:16)

에스더와 전 유다 민족도 민족적 위기 상황에서 금식하며 기도했습니다.(에 4:16) 바울도 3일간 강권적인 금식을 했습니다.(행 9:8, 9)

안디옥교회도 선교사 파송을 앞두고 금식기도했습니다.(행13장)

어떤 연유에서 기도하건 금식기도는 기간도 무시할 수는 없지만, 그러나 기간보다는 어떠한 마음가짐으로 하느냐가 더 중요합니다. 성경은 우리가 금식하며 기도할 때 겸허한 마음의 자세를 명하고 있습니다.(느 9:1, 시 35:13, 69:10)

이사야 58:3-12에 보면 겸손과 경건이 없는 금식은 하나님께 상달되지 못한다고 했습니다. 그러나 올바른 금식기도는 하나님이 기뻐하시고 응답이 빠르며 문제해결과 치료의 역사가 나타난다고 했습니다.

1. 모세는 산에서 드린 금식기도입니다.

그러므로 사람에게 보이려고 하는 것이 아니었습니다. 금식기도는 기도의 장소도 상당히 중요합니다. 어차피 하는 금식 전적으로 드리는 기도가 되어야 합니다.

2. 모세는 하나님과만 교제하는 시간의 금식이었습니다.

잘못된 금식은 오락을 하면서(사 58:3), 일을 시키면서, 다투고 싸우면서 하는 금식, 무엇보다 사람에게 드러내려고 표 나게 금식하는 것은 바람직하지 않습니다.

전적으로 하나님과만의 교제요, 기도시간이어야 합니다.

모세의 금식기도는 하나님과만 교제하는 시간이었습니다.

3. 모세의 금식기도는 하나님의 말씀을 다시 받는 기도였습니다.

우리는 금식기도기간 하나님의 말씀을 받아야 됩니다.

내 간구만 드리지 말고, 하나님의 말씀, 하나님의 뜻을 받아야 됩니다.

4. 금식기도는 금욕주의자의 금식과는 다릅니다.

금욕주의자들의 금식도 한 때는 적지 아니했습니다. 모세가 40일 주야 금식기도하면서 하나님과 함께 있었습니다. 하나님과 함께 있으면서 10계명을 다시 주셨습니다.

하나님께서 친히 십계명 판에 기록해 주셨습니다. 이제 모세는 그 돌비를 가지고 하산하게 되었습니다.

5. 모세의 얼굴에 드러난 광채(29-35)

하나님과 금식기도로 교제하고, 말씀을 받아 하산한 모세의 얼굴은 바로 하나님의 영광을 나타내는 빛난 얼굴이었습니다.

모세 자신은 몰랐는데 40일 만에 보는 백성들에게는 두려움과 공포를 느낄 정도로 빛난 얼굴이었습니다.

우리가 하나님과 긴밀한 교제를 지속하면 우리의 얼굴이 변화되는 줄 믿으시기 바랍니다. 자신은 모르지만 다른 사람은 느끼게 된다는 것입니다. 즉 하나님과 오래 교제하면 하나님과 닮아갑니다.

하나님의 말씀을 받는데 충실하면 하나님의 영광을 드러내기를 좋아합니다.

하나님의 영광을 잃어버린 인간의 모습 속에 하나님의 형상을 찾게 되고 회복하게 됩니다.

모세의 얼굴에 광채가 나니까 사람들이 모세와 대면할 때는 얼굴을 수건으로 가렸습니다.

예수님이 변화산에 올라가셨을 때 그 모습이 흰 광채가 났습니다. 역시 하나님의 영광을 나타내는 모습입니다.

사울이 예수 그리스도의 광채 앞에 쓰러져 눈이 멀어버린 상태가 되었습니다.

다시 정리합니다.

하나님과 교제하고, 말씀을 받아 순종하는 생활이 계속되면 하나님의 영광을 나타내는 얼굴이 되고, 삶이 되는 것입니다.

여러분! 우리의 모습은 어떻다고 생각되어집니까?

누구를 닮았습니까? 사람은 가까이 하는 사람을 닮게 되어 있습니다. 자녀들에게 나를 닮으라고 담대히 말할 수 있습니까?

출애굽기 강해 제67강

【본문】 출애굽기 35:1-3

제7일은 성일이니

모세가 시내산에 처음 머무는 동안에 안식일에 관계된 율법을 받았습니다.(25-31장)

오늘 본문은 한 번 더 안식일의 율법에 대한 굳은 자세를 그들에게 다짐하고 있습니다. 안식일에 불도 피우지 말라는 것은 고대에는 불을 붙이는 작업이 상당히 시간이 걸리고 힘든 일이었기 때문입니다.

1. 제7일 성일은 안식일로 거룩하게 구별된 날입니다.

안식일에 대한 말씀은 계명의 대표로 계속 강조하고 있는 계명입니다.

16장에서 보면 안식일을 위해 만나를 미리 거두도록 했습니다. 레위기 19:30에도 안식일에 대해서만 강조해서 지키라고 했습니다.

레위기 26:2에도 마찬가지입니다. 민수기 15:32에서는 안식일을 범한 자는 돌로 쳐 죽이라고 했습니다.

이사야 56:4에도 안식일을 지키라고 안식일 계명 하나만을 강조하고 있습니다.

느헤미야 13장에 보면 이스라엘 백성들이 포로에서 귀국 후에도 안식일을 지키기 전에는 성문을 열지 말라고 했습니다.

그만큼 안식일의 귀중성을 말하고 있습니다.

2. 안식일 준수는 성도의 표시요, 믿음의 증거입니다.

신앙생활의 핵심이 안식일 지키는 일입니다. 즉 오늘날 성수 주일하는 것입니다.

예레미야 17:24-25에 안식일을 지키면 예루살렘성이 계속 발전도 되고 보존되지만 그렇게 하지 아니하면 망한다고 했습니다.(27)

우리나라 6·25 전쟁이 주일에 일어났듯이, 과거 이스라엘의 전쟁이 꼭 안식일에 일어났습니다.

3. 오늘 우리는 어떻게 안식일을 지킬 것입니까?

히 4:1-11에 내용은 이미 그리스도께서 구속 사역을 완성하셨기에 우리는 그리스도 안에 있는 우리 하나님이 주시는 안식에 참여하게 됩니다. 그러므로 오늘날 우리는 주님의 날로 안식할 것입니다.

우리는 일요일도, 공휴일도 아닌 주님의 날입니다. 즉 주님이 주인이 되는 날입니다.

그러므로 주일이 흔들리면 기독교가 흔들리고 주일이 퇴색되면 기독교가 퇴색됩니다.

프랑스의 볼테르는 "기독교를 없애려면 주일을 없애십시오"라고 했습니다. 우리는 주일은 주님의 날로 알고 내 마음대로 사용하지 말고, 주님의 뜻대로 사용해야 될 것입니다.

그리고 오늘 본문에 보면 엿새 동안은 일하고 지키라고 했습니다. 신약시대에는 주님께 첫날을 바치고 엿새 동안 일하는 것입니다.

그리고 또다시 첫날을 드릴 준비를 6일간 계속하는 것입니다. 안식일에 일하는 자는 죽이라고 했습니다. 그만큼 중요함을 드러내고 있습니다.

그리고 또 안식일에 하나님께 나아갈 때는 빈손으로 가면 안 됩니다. 마음에 원하는 마음으로 준비하여 드려야 합니다.

안식일을 잘 지키는 자는 평안과 기쁨과 감사의 복을 누립니다. 그리고 거룩하게 변화됩니다. 주일을 성수하지 않고는 거룩하게 변화되지 아니합니다.

에덴의 안식은 자연에 대한 안정과 보존과 존속을 위한 것입니다.

신약에서는 영생의 복을 받은 자들의 삶을 나타내는 구별된 삶입니다. 성도들은 주일에 거룩한 일 외에는 하지 않도록 해야 할 것입니다.

거룩한 일은 노동에 들어가는 일이 아닌 것입니다.

성수주일 생활화하면 건강, 평강, 영원한 안식을 얻게 됩니다.

출애굽기 강해 제68강

【본문】 출애굽기 35:4-29

감동과 자원의 봉헌

본문에
마음에 원하는 자(5)
너희 중 마음이 지혜로운 자(10)
여호와의 명하신 것을 만들지니(10)
마음이 감동된 자와(21)
자원하는 자(21)
마음에 원하는 남녀가 와서(22)
마음에 감동을 받아(26)
마음에 원하는 이스라엘 자손의 남녀마다(29)
예물을 가져 여호와께 드렸으니(21)
여러 가지 금품을 가져왔으되(22)
사람마다 여호와께 금 예물을 드렸으며(22)
해달의 가죽이 있는 자도 가져왔으며(24)
청색 자색 홍색실과 가는 베실을 가져왔으며(25)
슬기로운 모든 여인은 염소 털로 실을 낳았으며(26)
모든 족장은 호마노와 및 에봇과 흉패에 물린 보석을 가져왔으며(27)
기름과 향품을 가져왔으니(28)
여호와께서 모세의 손을 빙자하여 명하신 모든 것을 만들기 위하여 물품을 가져다가 여호와께 즐거이 드림이 이러하였더라.

본문을 통하여

① 여호와께서 명하신 대로 순종했다는 것과

② 감동과 자원으로 드렸다는 것입니다.

③ 또 즐거이 드렸습니다.

④ 각자가 자기가 가지고 있는 것 귀한 것을 다 드렸습니다.

⑤ 받으러 가거나 가져왔습니다.

⑥ 기술이 있는 자는 기술을 드렸습니다.(26)

⑦ 족장들이 앞장서서 가져왔습니다.

모두가 참여했습니다.

우리가 하나님께 드릴 때에 각자의 최선의 정성을 드려야 합니다. 자원해서 드려야 합니다. 기쁜 마음으로 드려야 합니다.

이렇게 하기 위해서는 다시 정리합니다.

① 여호와의 명하시는 말씀을 들어야 합니다.

② 그 말씀에 감동을 받아야 합니다.

③ 감동대로 순종해야 합니다.

④ 자신의 것이어야 합니다.

⑤ 능력에 따라 내어야 합니다.

⑥ 모든 계층이 다 참여했습니다.

⑦ 넘치는 헌물이었습니다.

36장 5-7에 보면 예물 헌납을 중지할 정도였습니다.

⑧ 봉헌은 경배의 행위입니다.

하나님께서는 이스라엘 백성들에게 하나님께 바치는 것을 명령하시고 가르쳤습니다.

부모가 자녀에게 부모 섬기는 법을 가르쳐야 합니다.

가르치지 않아도 자식이 스스로 알아서 하는 것이 아닙니다.

교회도 마찬가지입니다. 스스로 알아서 하지 않습니다. 자식을 잘 가르쳐야 그 자식이 복을 받습니다. 성도들을 잘 가르쳐야 그 성도가 복을 받습니다. 우리는 하나님 앞에 자원하는 맘으로(21, 22, 26, 29), 은사와 능력에 따라(21-28), 누구나 차별 없이 헌신해야 하는 것입니다.(21-29)

사실 모든 것이 하나님의 것입니다. 하나님이 주시고 하나님의 허락 하에서만 가능한 것입니다.

그러면서도 하나님은 사람들로 통해 자원하여 하나님께 드리는 것을 원하십니다. 이것이 하나님이 사람을 지으시고 사람들이 행복한 것을 보고 즐거워하시기 위해서인 것입니다. 또한 하나님 자신도 사람들로 통해 영광 받으시기 위해 사람을 지으셨기 때문인 것입니다. 하나님을 기쁘시게 해야 인간이 행복할 수가 있습니다. 하나님의 섭섭함과 진노는 인간의 불행입니다.

말씀을 마칩니다.

29절입니다. "여호와께서 모세의 손을 빙자하여 명하신 모든 것을 만들기 위하여" 모세가 만든 것은, 모세가 드린 것은 아무것도 없습니다. 모세는 삶 전체, 몸 전체를 드려 하나님의 말씀과 명령을 전달하는 일을 합니다. 그런데 이스라엘 백성이 드리고 헌신한 것을 모세의 손을 빙자하여 명했다고 했습니다. 이것은 모세를 통해 명령했다는 의미입니다.

손을 빙자했다는 말은 모세를 통해 전달된 명령이라는 의미입니다. 하나님은 모세를 통해 말씀하시고 명령하셨습니다.

그러므로 그것이 바로 하나님의 명령입니다.

우리는 하나님께서 하나님이 세우신 사명자를 통하여 명령하시고 말씀하십니다. 그러므로 즉시, 중심으로, 힘을 다해 순종해야 합니다.

출애굽기 강해 제69강

【본문】 출애굽기 35:30-36:1

부름 받은 성막 일꾼

하나님의 일은 하나님이 원하시는 자들이 해야 합니다.

하나님께서 성막을 짓는 일을 시킬 때에 마음에 감동된 자와 그 일에 맞는 재능을 가진 자들을 시키셨습니다.

35장 30절부터 36장은 필요한 일꾼들을 불러 성막 건축을 시작하는 장면입니다. 그 중에 브살렐과 오홀리압을 책임자로 세우셨습니다. 그리고 그 외에도 필요한 일꾼들을 세우셨습니다.

그리고 또 하나님께서 친히 그들에게 지혜와 총명을 주셨습니다.

이들에 대해서는 31장 1-11에 언급이 되어 있었습니다.

브살렐과 오홀리압은 남다른 예술적 재능을 가진 분들로 봅니다.

그러나 그들이 아무리 예술적 재능을 가졌다 해도, 악용될 수도 있습니다. 그래서 하나님의 신을 부어주셨다고 즉 충만케 하셨다고 31:2에 말씀하고 있습니다.

브살렐과 오홀리압은 그들에게 맡겨진 임무를 훌륭하게 해낼 소질이 있는 자들이었습니다.

다시 말씀드립니다.

탁월한 예술적인 재능이나 기술이 성령 충만으로 향상과 발전은 물론이고 선한 목적을 위하여 값있게 사용되어질 수도 있지만 반면에 따라서 사악하고 저주스러운 목적에 사용될 수도 있는 것입니다. 지적인 능력이나 예술적 재능, 다른 어떤 것보다 더욱 오용되기 쉬운 것입니다.

시대 시대마다 타락한 인간의 재능이 도덕성에 심각한 악영향을 미치게 했습니다. 그러나 이런 지혜와 재능자들이 성령으로 충만하고, 도덕적 바탕이 튼튼할 때 밀턴이 종교적인 열정을 그의 시속에 집약시킨 것처럼, 음악, 그림, 영화, 소설, 여러 분야에 거룩한 감동의 영향을 주었던 것입니다.

1. 브살렐은 하나님이 지명하여 부르신 일꾼이었습니다.

브살렐은 훌의 손자였습니다. 훌은 이스라엘의 승리를 위해 모세가 기도할 때 아론과 함께 모세의 팔을 부축해 준 사람입니다.

훌은 모세의 누이인 미리암의 남편으로 알려져 있습니다.

하나님의 일은 하나님이 지명하여 부르신 자들이 해야 합니다.

하나님은 야곱을 부르셨고(사 43:1/ 45:4) 예레미야를 지명하여 부르셨고(렘 1:5), 여호수아나 엘리사, 예수님의 제자들, 바울 다 지명하여 부르신 자들입니다.

2. 브살렐은 마음이 지혜로운 자였습니다.

지혜는 머리가 아니고 마음입니다.

지혜로운 사람이 은혜를 받습니다. 지혜로운 사람이 하나님께 영광 돌립니다. 지혜로운 자들이 성령 충만 받습니다.

3. 브살렐은 자원하는 헌신자였습니다.

다윗이 골리앗과 싸우기를 자청했듯이 우리는 자원해서 헌신하고 자원해서 충성하고 자원해서 봉헌하고 자원해서 하나님의 일을 하는 것이 훨씬 은혜롭습니다.

시 51:12에 보면 하나님은 자원하는 심령을 주신다고 했습니다.

4. 오홀리압은 재능을 하나님께 드린 자입니다.

그는 단 지파의 자손입니다. 오홀리압은 의복을 만드는 지혜가 있었습니다.

이스라엘 백성들은 성막을 건축하는 일에 소유가 있는 자는 소유로, 재능이 있는 자는 재능으로 하나님께 드렸습니다.

소유도 하나님이 주신 것이고, 재능도 하나님이 주신 것입니다.

다시 강조합니다.

저들은 즉시 드렸습니다. 즐거운 마음으로 드렸습니다.

최선을 다해 드렸습니다.

브살렐은 가르치는 일, 오홀리압은 여러 가지를 만드는 기술과 재능을 드리는 일을 했습니다.

5. 내가 할 일이 무엇입니까?

나는 부름 받았다는 확신이 있습니까?

보내지 아니했는데 보냄 받았다고 하는 자들도 있습니다.

내 맘대로 하는 것은 하나님이 보낸 자들의 자세가 아닙니다.

하나님의 때보다 자신의 때를 맞추기 위해 빨리 하려고 하지 말아야 합니다.

하나님이 주신 재능대로 해야 합니다. 지도자로 절대 결격이 있는 자는 지도자로 하나님이 보내신 것은 아닙니다.

우리는 하나님 영광 충족이지, 자신의 영광 충족을 위한 것이 아닌 것입니다.

오직 순종, 오직 최선이 부름 받은 자의 자세입니다.

출애굽기 강해 제70강

【본문】 출애굽기 36:2-38

넉넉하여 남음이 있었더라

주님께 믿음으로 드리면 넉넉해집니다.

① 교회 드리는 것,

② 선교사역에 드리는 것, 주님께 드리는 것입니다.

믿음으로 기도하면 넉넉해집니다. 순종체질이 되면 넉넉해집니다. 많이 뿌려야 넉넉해집니다. 다만 좋은 씨를 뿌려야 합니다.

많이 뿌려야 합니다. 때를 맞추어 뿌려야 합니다. 좋은 밭에 뿌려야 합니다.

선교를 위해 뿌려야 합니다.

현재 받은 은혜 감사하면 넉넉해집니다.

그리스도를 주인으로 모시면 넉넉해집니다.

오늘 본문은 성막을 짓는데, 하나님이 지시한대로 순종하여, 거기에 맞게 짓는데 넉넉하여 남음이 있었다는 것입니다.

1. 하나님의 명령에 순종하는 자세였기 때문입니다.

사실 하나님의 명령을 순종하는 것이 결과적으로는 자신을 위한 것입니다. 하나님은 인간에게 불행을 주는 것을 명령하지는 않습니다.

어느 부모가 자녀를 불행하게 만들기 위해 가르치고 노력하는 부모가 있겠습니까? 악한 자라도 자식에게는 떡을 달라는데 돌을 주지 않고, 생선을 달라는데 뱀을 주겠습니까?

그러므로 하나님의 명령에 순종하면 자다가도 떡이 생길 줄 믿으시기 바랍니다.

세상에서 가장 지혜롭고, 복된 인생이 하나님 믿고 하나님의 명령에 순종하는 자입니다.

2. 성막 짓는 일은 기쁘고 복된 일이었습니다.

인간이 복되고 기뻐야 하나님 영광 받으시고, 하나님 영광을 목적으로 하면 기쁘고 복된 삶이 되어지는 것입니다.

성막에는 네 가지 앙장이 있었습니다.

이 앙장은 천장에 치는 휘장입니다. 이것은 성막에 있어서 지붕 역할을 합니다.

이것은 가늘게 꼰 베실과 청색, 자색, 홍색 실로 만들었습니다.

가늘게 꼰 베실은 백색 실입니다. 성결과 순결을 나타냅니다.

청색 실은 하늘을 상징하며 그리스도의 신성을 나타냅니다.

자색 실은 중보자요 만왕의 왕이신 그리스도를 상징합니다.

홍색 실은 그리스도의 피 흘리심과 죽으심을 상징합니다.

제 2앙장은 염소 털로, 제 3앙장은 붉게 물들인 수양의 가죽으로, 제 4앙장은 해달의 가죽으로 만들었습니다.

그 다음 널판이 있습니다. 이 널판은 성막의 벽입니다.

성막은 이동식 건물이기 때문에 영구한 벽을 만들지 못하고 널판을 이어서 만들었습니다.

널판은 조각목으로 만들었습니다.

조각목은 단단합니다. 벌레가 먹지 않습니다. 아름답습니다. 귀하게 쓰입니다.

각 판에 두 촉을 만든 것은 연합을 의미합니다.

하나님과 화목하고, 사람과도 화목해야 한다는 의미입니다.

은 받침, 띠 모두 상징적인 의미와 교훈이 있습니다.

35-38에 휘장이 있습니다. 휘장을 만든 것은 성소와 지성소를 구별하기 위해서입니다.

신앙생활은 차별이 아니라 구별입니다.

우리가 신앙생활 잘 하려면 구별할 줄 알아야 합니다.

하나님의 것과 가이사의 것, 주일과 평일, 신본주의와 인본주의, 참 선지자와 거짓 선지자, 앉을 장소와 앉지 말아야 할 장소, 갈 곳과 가지 말 곳, 할 것과 하지 말 것 구별할 줄 알아야 합니다.

휘장을 만든 이유는 하나님과 인간 사이에 죄로 인해 막혀 있음을 보여주기 위해서입니다.

또한 지성소를 철저히 보호한다는 의미가 있습니다.

지성소에는 성별된 사람만 출입하기 때문에 휘장을 만든 것입니다.

이런 성막을 만들게 되었다는 자체가 하나님의 축복이요, 인간과의 밀접한 관계를 시도하는 하나님의 구원 프로그램이었던 것입니다.

우리는 거룩한 일에 복음을 위해서는 넉넉하게 되도록, 열심히 바치고, 끊임없이 바쳐야 되는 것입니다.

그리고 성소와 지성소가 구별되듯이 항상 구별된 생활을 해야 합니다.

특히 장막 문은 교회와 세상의 구분을 나타냅니다. 세상을 따라가고, 세상 좋아하는 일 하면, 교회는 핍박을 받지는 아니할지 모르나, 교회의 기능과 거룩한 가치, 신령한 능력은 상실되고 말 것입니다.

교회는 세상과 타협을 거절해야 합니다.

놋 받침이 예수 그리스도의 구원의 능력을 상징하듯이, 교회는 세상의 철학과 사조와 권력으로, 또는 재물로 유지되는 것이 아니라 오직 구원의 능력을 기반으로 하는 것입니다.

구원의 능력을 드러내지 못하는 교회는 그리스도가 주인이 아닌 교회입니다. 성막은 예수 그리스도를 예표하는 것입니다.

구약시대 성막을 통하여 성취되던 하나님과의 언약이 신약시대 오신 예수 그리스도 안에서 온전하게 성취된 것입니다.

예수님의 몸이 진정한 성전인 것입니다.

그러므로 우리는 예수 그리스도 안에서 온전한 교제와 하나님의 보호와 영원한 보장을 가지고 살아가기에 감사하며 날마다 날마다 승리해야 될 줄 믿습니다.

출애굽기 강해 제71강

【본문】 출애굽기 37:1-9

성막에서 가장 중요한 언약궤

전문가에 의하여 만들어진 언약궤는 성막에서 가장 중요한 성물입니다.

언약궤가 없는 성막은 사실 아무런 의미가 없는 것입니다.

오늘날 교회도 말씀 중심이 되어야 하고, 우리의 마음에도 하나님의 말씀이 중심에 자리 잡고 있어야 합니다.

이 언약궤는 대하 6:41에는 능력의 궤란 말로 한번 기록되었고, 하나님의 궤, 여호와의 궤라는 말들이 몇 번 나옵니다.

그러나 가장 많이 쓰인 말이 "언약궤, 또는 증거궤"입니다.

1. 언약궤 안에는 무엇이 들어 있습니까?

대하 5:10에는 십계명을 쓴 돌판 외에는 아무 것도 없었다고 했습니다. 그러나 (다음) 아론의 싹 난 지팡이가 있었고, 히 9:4에는 만나가 든 항아리가 있었다고 했습니다.

2. 언약궤의 상징이 무엇입니까?

1) 하나님이 함께하고 계신다는 의미입니다.(출 25:21-22)

그러므로 언약궤가 머무는 곳에 복이 임했고, 언약궤를 이방나라에 빼앗기는 것이 최대의 비극의 역사였습니다.

2) 하나님의 인도의 상징입니다.(민 10:11-12)

오늘의 현실 속에서 하나님이 인도하고 계신다는 의미입니다.

3) 하나님의 거룩하심의 상징입니다.

아무나 출입할 수 없습니다. 함부로 손을 대거나, 아무나 관리해서도 안 되는 것입니다.(레 16:1-2)

4) 하나님을 만나는 구별된 장소입니다.(출 25:21-22)

하나님은 아니 계시는 곳이 없지만 특별히 만나는 장소로 지정된 곳을 성별 하셨다는 것입니다.

5) 하나님의 뜻을 묻는 곳입니다.(사사기 20:27)

그런 가운데 하나님과의 특별 관계가 이루어지는 것입니다.

6) 하나님의 법, 하나님의 언약, 하나님의 증거의 상징입니다.

우리의 신앙생활은 하나님 망각하고는 전혀 불가능한 것입니다.

늘 하나님을 생각하고, 하나님의 임재를 느끼는 것이 올바른 신앙생활인 것입니다.

3. 궤의 제작은 어떻게 했습니까?

이미 지난 강해 시간에 했던 내용들이 반복됩니다만

1) 조각목으로 만들었습니다.(2.5×1.5×1.5 규빗)

조각목은 단단하고 썩지 아니하고 벌레도 잘 먹지 않는 나무입니다. 조각목을 금으로 싸고 또 윗 가에 금테를 둘렀던 것입니다.

금은 그리스도의 신성을 의미하고 금은 불변을 의미합니다. 예수 그리스도는 예수 그리스도의 약속은 영원히 변치 아니합니다.

4. 하나님 임재의 증거로 궤를 모시면 복을 받습니다.

우상을 모시고 살면 재앙과 화를 만나지만, 하나님을 모시고 살면 복을 받는 것입니다. 그 대신 악인이 궤를 모시고 살면 저주가 임합니다.(삼하 5:1-12)

삼하 6:10-12, 대상 13:13-14에 보면 오벧에돔이 궤를 모셨더니 여호와께서 오벧에돔과 그 집에, 그리고 그 모든 소유에 복을 내리셨습니다.

삼하 6:12-15, 대상 15:25-27에 다윗은 여호와의 언약궤를 성소에 모셨습니다.

오늘날의 우리의 신앙생활도 교회 중심, 말씀 중심으로 살면 영적인 복은 물론이고, 범사의 복까지도 받게 되는 줄 믿으시기 바랍니다.

교회를 잘 섬기는 자들이 보편적으로 잘 됩니다. 그 후손들도 잘 됩니다. 결과적으로는 다 그렇다 해도 과언이 아닙니다.

37:6은 속죄소에 대하여, 37:7-9는 그룹 천사들에 대해 언급하고 있습니다. 속죄소는 지성소 안에 있는 하나님의 언약궤의 뚜껑입니다. 황금판으로 되어 있습니다.

대속죄일에 대제사장이 그 위에 피를 뿌려 속죄하게 됩니다. 그리고 속죄소는 율법 위에 있습니다.

그룹 천사들은 하나님을 보좌하는 역할을 합니다. 하나님을 찬양하고 보좌합니다. 언약궤 위에 만든 그룹은 하나님의 임재의 상징입니다. 이제 다시 정리합니다.

신앙생활은 하나님의 임재입니다.

교제하고, 동행하고, 보호받고, 순종하는 생활입니다.

오늘도 하나님은 성령과 말씀을 통해 역사하십니다.

출애굽기 강해 제72강

【본문】 출애굽기 37:10-16

성소의 상이 주는 의미

출애굽기 36장은 성막의 골격에 대해 말씀하고 있습니다.

그러나 37장에서는 성막 내부에 배치될 각종 성물과 관유, 향품 등의 제작에 대해 여러 조항들이 기록되어 있습니다.

1-9절은 성막에서 가장 중요한 언약궤에 대해 말씀하고 있습니다. 언약궤 안에는 십계명을 쓴 돌판이 들어 있기 때문에 가장 중요한 것입니다.

언약궤는 하나님이 함께 하고 계신다는 의미입니다.

언약궤는 하나님의 인도의 상징입니다.

언약궤는 거룩하심의 상징입니다.

언약궤는 하나님을 만나는 구별된 처소라는 의미입니다.

언약궤는 하나님의 뜻을 묻는 곳임을 의미하고 있습니다.

언약궤는 하나님의 백성의 법입니다.

언약궤는 하나님의 우리를 향한 기대의 내용입니다.

오늘 10-16은 지성소내의 떡상과 그릇들을 만들었습니다.

떡상 위에는 항상 진설병이 있었습니다.

1. 떡상 즉 진설병상은

1) 언약궤보다 조금 작았습니다.(1×2×15규빗)

2) 떡상은 영의 양식인 말씀의 강단입니다.

3) 떡상은 하나님의 말씀이 있는 곳이기에 생명이 있고, 능력이 있습니다.

성령은 말씀을 통해 역사합니다.

2. 진설병 규례

1) 항상 하나님 앞에 두어야 합니다.
2) 매 안식일마다 새 것으로 교체해야 합니다.
3) 제사장만 먹을 수 있습니다.

사람의 맛에 맞춘 것 아닙니다. 그러나 지금은 누구나 먹을 수 있는 은혜시대입니다.

4) 삼상 21:1-6 / 마 12:3-4 하나님의 긍휼과 은혜로 사울왕에게 쫓기던 다윗과 그 부하들에게 먹음을 허락하셨습니다.

3. 진설병이 주는 의미

1) 생명의 떡이신 예수 그리스도
2) 마 4:4 하나님의 말씀의 떡
3) 고전 10:3 신령한 식물(만나)
4) 계 2:17 감추었던 만나
5) 성도의 교제를 의미합니다. 신앙적 교제, 영적 교제

4. 진설병의 상징

1) 예수 그리스도의 성만찬 - 죽음, 피, 고난, 십자가 상징
2) 영적인 건강과 기능 회복, 눈이 밝아짐(엠마오 제자)
3) 주님과의 신령한 교제(계 3:20)

여러분, 여러분의 신앙생활에 떡상이 언제나 함께 하기를 바랍니다.

말씀 중심의 삶이 이루어지기를 바랍니다.

여러분의 가정에 온 식구가 떡상을 놓고 교제가 이루어지기를 바랍니다.

말씀의 교제가 있어야 합니다. 교회는 말씀이 전체를 이끌어야 됩니다.

언약궤 없는 성막, 떡상이 없는 지성소는 무용지물입니다.

말씀 중심이 아닌 교회, 문화재는 되어도 생명은 없습니다.

출애굽기 강해 제73강

【본문】 출애굽기 37:17-24(25-29)

정금 등대가 주는 교훈

지난 시간 성막 내부에 배치될 각종 성물과 관유, 향품 등의 제작에 대한 여러 조항 중 10-16에 성막에서 가장 중요한 언약궤(1-9) 안의 떡상에 대해 말씀을 드렸습니다.

떡상은 지성소 안에 있는 언약궤의 중심입니다. 언약궤보다 조금 작지만 영의 양식인 하나님의 말씀의 강단입니다.

이것은 생명의 떡이신 예수 그리스도를 상징하며, 예수 그리스도의 죽으심과 고난을 상징하고 있는 것입니다. 또한 말씀의 떡을 통하여 신령한 교제가 이루어지는 것입니다.

출애굽기 25:31-40에서 하나님이 모세에게 지시한 그대로 등대를 만들었습니다. 특별히 등대는 조각목에 금을 입혀서 만든 정도가 아니고, 정금으로 쳐서 만들었습니다.(17, 22)

그러면 정금 등대가 주는 교훈은 무엇입니까?

1. 정금으로 쳐서 만든 의미가 무엇입니까?

1) 정금으로 만든 것은 속죄소와 등잔대입니다.

다른 것은 조각목에 금을 입혀서 만들었지만 속죄소와 등잔대는 정금으로 만들었습니다.

2) 정금은 불 속에 넣어 찌끼를 다 떨어낸 순금을 의미합니다.

이것은 연단된 순전한 믿음을 의미합니다. 우리의 인격이나 신앙은 여러 상황, 여러 경우를 통해 연단된 믿음이라야 흔들리거나 변하지 않는 견고한 믿음이 됩니다.

3) 신앙이나 인격은 쳐서 만들어져야 수준 있는 인격이 되고, 신앙이 됩니다.

여러 가지 경험과 연륜이 없으면, 화를 잘 내고 오판도 잘하고 모든 면에 미숙합니다. 그래서 어떤 경우는 일 해결하라고 시키면 더 일을 만들어 버립니다.

4) 예수 그리스도께서 채찍에 맞으셨고 사도 바울도 여러 번 맞았습니다.

40에 하나 감한 매를 여러 번 맞으셨습니다. 그리고 고전 9:27에 자신의 몸을 쳐서 복종시킨다고 했습니다.

사람도 어릴 때 잘못하면 가끔 채찍에 맞고 자라야 올바른 인격자가 됩니다.

2. 일곱 등잔대가 있었습니다.(23-24)

이것은 완전한 등잔불을 의미합니다.

등잔대는(출 40:24) 진설병상 맞은 편에 있어서 빛을 비추었습니다.

40:25에 보면 "여호와 앞에 등잔불을 켠다"고 했습니다.

하나님의 영광을 드러내는 것을 의미합니다.

3. 살구꽃 모양의 잔과 받침이었습니다.

1) 살구꽃은 이스라엘 나라에 제일 먼저 피는 꽃입니다.

지금도 살구가 많은 지역이 많습니다. 터키에도 살구가 많은 편이었습니다. 이것은 일찍부터 일어나 빛을 발해야 된다는 의미입니다.

예레미야 1:11-12에는 하나님께서 예레미야에게 살구나무 가지를 보여주시면서 하나님의 말씀이 그대로 이루어질 것을 말씀하셨습니다.

민수기 17:18에는 아론의 지팡이에서 싹이 나고 살구 열매가 맺혔습니다. 이것은 그 지팡이가 살구나무 지팡이었지 아니했나 생각됩니다.

이것은 아론에게 제사장 직분을 주시고 그대로 이어 계승할 것을 보여주신 것입니다.

4. 등잔에는 기름이 떨어지지 아니해야 합니다.

지상에 있는 하나님의 교회는 성령의 역사와 하나님의 말씀으로 늘 빛을 발해야 하는 것입니다.

일곱 등잔에 불을 켠다는 것은 성령의 역사를 상징합니다.(계 4:5) 예수 그리스도는 우리의 등대되십니다.

그리스도께서 말씀과 성령을 통하여 우리를 빛 가운데로 인도하십니다. 교회는 어둠 속에서도 그리스도의 빛을 드러내고 죄인들을 구원하시는 그리스도의 사역이 계속되어야 할 것입니다.

빛이 어두움을 비출 때 더러운 것이 드러나므로 어두움이 싫어하지만 결국은 빛이 승리하고, 빛이 생명 구원과 인간을 행복한 길로 인도하실 것입니다.

우리는 하나님의 존귀와 영광을 얼마나 우리의 삶을 통해 대변해 주고 있습니까?

예수 그리스도는 인간의 구주로 오셨습니다.

정금으로 만든 속죄소와 정금을 쳐서 만든 정금 등대는 하나님께서 임재해 계셔서 인간에게 은혜를 베푸시는 처소입니다.

대제사장은 바로 이곳에서 일 년에 한 번씩 전 백성의 죄를 속하기 위해 피를 뿌렸습니다. 이것은 예수 그리스도의 대속의 사역을 의미합니다.

우리는 늘 주님의 은총을 감사하면서 우리에게 주어진 사명에 충실해야 할 것입니다.

출애굽기 강해 제74강

【본문】 출애굽기 37:25-29

분향단이 주는 교훈

성막이나 성막 안의 모든 성구들은 하나님이 모세에게 지시한대로 했습니다.

기술자 브살렐은 분향단을 만들 때에도 출애굽기 30:1-6에 기록된 대로 하나님이 모세에게 지시한대로 했습니다. 그리고 향단의 위치도 아무데나 마음대로가 아닌 하나님이 지시하신 대로 해야 합니다.

그래서 성소와 지성소를 구별하는 휘장 앞에 놓았습니다. 그리고 하나님이 구별하신 향을 사용하여 분향했습니다.

그리고 이 단에서 올라가는 향기로운 연기는 성도가 하나님께 올리는 기도를 의미하는 것입니다.

시 141:2에 보면, "나의 기도가 주의 앞에 분향함과 같이 되며 나의 손드는 것이 저녁 제사같이 되게 하소서"라고 했습니다.

성소에는 히 9:2-4에 보면 등잔대와 상과 진설병 세 가지를 말했고, 지성소에 있는 것으로는 금향로와 언약궤와 속죄소를 덮는 영광의 그룹들의 세 가지를 말했습니다.

그런데 금향로는 분향단에 속한 것으로 대제사장이 지성소에 들어갈 때에 가지고 들어갔습니다.

레위기 16:12-13에 보면, "아론은 향로를 취하여 여호와 앞 단 위에서 피운 불을 그것에 채우고 또 두 손에 곱게 간 향기로운 향을 채워가지고 휘장안에 들어가서 여호와 앞에서 분향하라"고 했습니다. 그러면 분향단이 주는 의미는 무엇입니까?

1. 분향단은 기도의 향연을 하나님께 올리는 것입니다.

1) 하나님이 받으시는 향기 있는 기도는 어떤 기도입니까?

① 하나님의 뜻에 합당한 기도입니다.(롬 8:26)
② 복음 때문에 고난 당하는 자의 기도입니다.(행 16:25)
③ 회개의 기도입니다.
④ 헌신의 기도입니다.

2) 하나님께 올라간다는 것은 응답되는 기도를 의미합니다.

① 깨끗해야 올라갑니다.
② 예수 이름으로 기도해야 올라갑니다.
③ 성령으로 드리는 기도라야 올라갑니다.

3) 연기가 되어 올라갑니다.

하나님의 영광만을 목적하는 기도입니다.

2. 분향단은 사죄의 향기입니다.

태움으로 연기가 되면서 소멸되듯이 예수 그리스도의 십자가로 다 속량되는 것을 의미합니다.

구약시대 속죄제의 규례를 보면 제사장의 죄, 백성 전체의 죄, 관원의 죄, 그리고 백성 개개인의 죄 등으로 나눕니다. 제사장은 피와 함께 이 향연을 가지고 하나님께 나아가야 되는 것입니다.

우리는 우리의 마음속에 죄를 다 태워버리고, 죄의 악취를 다 제거하고, 하나님의 은혜로 충만케 하여 하나님께 올려야 되는 것입니다.

3. 향로에 불을 담아 지성소에 나아가야 됩니다.

대제사장은 대속죄일에 분향단으로부터 불을 담아 지성소에 들어가서 온 백성들의 죄를 위하여 속죄의 제사를 드립니다.

레위기 10장에 보면 아론의 두 아들 나답과 아비후는 하나님이 명하시지 않은 다른 불을 향로에 담아 하나님 앞에 분향하다가 즉사했습니다.

출 30:9에 하나님께서 하나님이 주시는 불 외에 다른 불을(향을) 사르지 말라고 했습니다. 모든 것은 하나님 명령, 하나님의 말씀대로 해야 합니다.

4. 향단의 뿔은 영적이고, 신적인 권위의 상징이며, 기도의 능력의 상징입니다.

우리는 능력의 하나님께 기도하는 것입니다. 기도는 능력입니다. 원수 마귀가 가장 무서워하는 것이 예수 이름으로 드리는 기도입니다.

기도하지 아니하면 영적인 능력은 없습니다. 영적인 능력이 없으니 마귀가 갖고 놀고, 마음껏 이용하는 것입니다. 기도는 하나님의 능력을 체험하게 합니다.

빛은 능력입니다.

빛은 진리입니다.

빛은 선입니다.

어두움은 빛을 이기지 못합니다.

세상과 마귀의 세력은 빛을 이기지 못합니다.

성도의 기도를 이기지 못합니다.

출애굽기 강해 제75강

【본문】 출애굽기 38:1-8

헌신의 제단인 번제단

번제단은 제물을 전부 태우는 제사 제단입니다.

이미 말씀드렸습니다만 번제단은 조각목으로 만들었습니다.

번제단은 헌신의 제사요, 모든 화제 즉 불로 태워서 드리는 제사의 대표가 됩니다. 이 제단은 죄가 사함을 받고, 하나님과 죄인이 화목하는 제사 제단입니다.

예수 그리스도는 친히 제단이 되셨습니다. 그래서 자신을 십자가의 제물로 바쳤습니다. 구약시대에는 제단에서 하신 것같이 지금은 하나님이 그리스도의 십자가 단을 통해 우리의 예배를 받으십니다.

그러므로 십자가가 없는 예배나 예수 그리스도의 이름으로 드리지 않는 기도나 예배는 하나님이 열납하시지 아니하십니다.

구체적으로 생각하겠습니다.

1. 번제단을 만든 목적입니다.

번제단은 제물을 태우는 단입니다.

제물과 함께 죄를 태워야 합니다. 죄인인 옛사람을 태워야 합니다. 제물을 태울 때 냄새가 납니다. 그 냄새를 향기로운 냄새라고 합니다.

성도들이 드리는 몸의 헌신, 땀이나 눈물이나 피가 향기로운 냄새입니다.

희생이 없는 예배나 삶은 향기가 나지 않습니다. 향기가 나지 않는 것은 하나님이 받으시지 아니합니다.

번제단은 속죄하기 위한 단입니다. 속죄란 죄를 제하는 것이고, 칠을 하여 죄를 가려 버린다는 의미입니다.

배를 만들 때 칠을 하여 방수 처리를 합니다. 물이 들어오지 못하도록 합니다.

문설주와 인방에 피를 뿌려 칠하므로 재앙이 들어오지 못하게 했습니다.

십자가 피 흘림 없이 속죄도 없는 것입니다.

번제단은 예물을 온전히 드리기 위한 것입니다.

번제는 제물이 남거나 도로 돌아오는 것이 아닙니다. 일부라도 내 몫으로 돌아오는 것도 아닙니다.

다 태워버리기 때문에 그 제물에 대하여 내 소유권을 잊어버려야 합니다.

무슨 행세하기 위해 하면 안 됩니다. 우리의 헌신이 바로 그런 것입니다. 드리는 것으로 끝이 납니다.

번제단은 죄 없는 짐승이 내 죄 대신 죽는 것입니다.

내 모든 죄를 제물된 짐승에게 다 뒤집어씌우는 것입니다.

예수 그리스도는 친히 제물이 되어 주셨습니다. 그래서 우리의 모든 죄를 대신 뒤집어 쓴 것입니다.

2. 번제단은 하나님의 공의와 사랑의 상징입니다.(2-4)

번제단은 조각목으로 만들어 놋으로 쌌습니다.

뜨거운 불로 제물을 태워야 하기 때문에 그 불에서 조각목을 보호해야 되기 때문인 것입니다.

그리고 네모반듯하게 만들었고, 뿔을 만들었습니다. 이 뿔에 죄가 기록되어 있습니다. 그 죄를 제물의 피를 바름으로 지울 수가 있는 것입니다.

또한 이 뿔을 잡는 자는 죽음을 면할 수 있습니다.(삼하 22:3 / 시 18:2)

성경에는 놋에 대해 기록이 있습니다. 놋은 그 시대의 가장 일반적으로 사용된 금속입니다.

놋은 하나님의 공의의 심판을 상징합니다. 이스라엘 백성이 불순종과 원망으로 불뱀에 물려 죽게 되었을 때 장대에 달아둔 놋뱀을 쳐다보는 순간 살게 되었습니다.(민 21:9)

놋은 하나님의 대속의 구원을 상징합니다. 그러므로 번제단을 놋으로 싼 것은 하나님의 공의와 사랑을 상징하는 것입니다.

번제단은 하나님의 사랑이요, 하나님의 공의입니다.

예수 그리스도의 십자가 대속은 하나님의 사랑과 공의를 나타내는 것입니다.

그리고 제단의 뿔은 하나님의 구원의 능력을 상징하는 것입니다.

3. 번제단이 나와는 무슨 상관이 있습니까?

예수 그리스도께서 나를 대신해서 제물이 되었습니다.

그러므로 우리도 속죄의 제물이 아닌 감사의 제물, 희생의 제물, 헌신의 제물이 되어야 하는 것입니다. 그리고 무엇보다 우리의 모든 죄를 회개하며, 예수 그리스도의 이름으로 용서받고, 용납되어져야 하는 것입니다.

우리는 우리의 몸이, 우리의 삶이 헌신의 제물이 되어야 하고, 감사의 제물이 되어야 하는 것입니다.

신앙생활은 무엇을 얻기를 바라는 성전 미문의 앉은뱅이처럼이 아니라 이미 받은 은혜, 이미 받은 용서, 이미 받은 구원 감사해서 대속의 제물 되신 주님의 은혜 감사해서 헌신과 감사의 제물이 되는 것입니다.

출애굽기 강해 제76강

【본문】 출애굽기 38:9-20

성막울타리가 주는 영적 교훈

하나님의 집인 성막은 성소와 지성소와 그리고 많은 성막기물들이 하나하나 만들어져 갔습니다.

이제 마지막 마무리 작업 중에 성막이 성막 되게 하기 위해 주변과 성막 뜰을 구분하는 세마포 울타리 공사를 하도록 했습니다.

남북으로 45.6m 동서로 22.8m의 울타리가 완성되면 성막 뜰이 생겨납니다.

성막 뜰의 구조는 영구적인 것이 아닙니다. 임시적입니다. 성막은 옮겨도 그대로이지만 성막이 머무는 뜰은 영구적이 아닙니다.

이것은 나그네 같은 인생의 삶이지만, 언제 어디서나 성막 중심의 생활, 즉 하나님 중심의 생활을 해야 하는 것을 교훈하고 있습니다.

그러면 성막 울타리 즉 뜰이 주는 영적인 교훈을 생각하겠습니다.

1. 성막 울타리 안의 뜰은 예수 그리스도의 희생을 상징합니다.

성막 뜰은 하나님께 바쳐진 많은 제물들이 피 흘리며 죽어갔습니다. 그러므로 성막 울타리안의 뜰은 희생의 상징입니다.

또한 많은 희생을 통하여서 많은 백성들이 하나님께 속죄의 제사를 드릴 수 있었습니다. 그리고 그로 인해 죄 씻음 받고 성막 뜰에 설 수 있었습니다.

성도 여러분!

우리는 하나님의 집 울타리 안에 거하는 무리입니다. 우리가 하나님의 집 울타리 안으로 들어온 것은 순전히 예수 그리스도의 피 흘린 희생 때문입니다.

사 53:4-6 "그는 실로 우리의 질고를 지고 우리의 슬픔을 당하였거늘, 우리는 생각하기를 그는 징벌을 받아서 하나님에게 맞으며 고난을 당한다 하였노라. 그가 찔림은 우리의 허물을 인함이요 그가 상함은 우리의 죄악을 인함이라. 그가 징계를 받음으로 우리가 평화를 누리고 그가 채찍에 맞음으로 우리가 나음을 입었도다. 우리는 다 양 같아서 그릇 행하여 각기 제 길로 갔거늘 여호와께서는 우리 무리의 죄악을 그에게 감당시키셨도다"

예수 그리스도의 십자가 고난과 희생은 우리의 죄를 씻기 위해 친히 십자가 위에서 물과 피를 흘리신 예수 그리스도의 희생입니다.

예수 그리스도의 희생은 우리를 거룩한 세마포 휘장 안, 성막 뜰에 머물 수 있는 특권과 하나님께로 담대히 나아갈 수 있게 하셨습니다.(히 10:19)

이러한 십자가 희생의 의미와 진리를 깨닫지 못하는 자는 구별된 하나님의 백성이 거하는 울타리 안에 거할 자격이 없는 것입니다. 이것은 자신의 공로가 아니라, 믿음에 의한 깨달음의 은총입니다.

우리가 알 것은 자신이 지옥 갈 죄인이라는 사실과 그리스도가 자신의 구주시라는 사실을 깨닫지 못하고 믿지 아니하는 자는 하나님의 백성이 아니라는 것입니다.

또한 예수 그리스도를 통하지 않고는 하나님의 존재를 깨달을 수도 믿을 수도 없는 것입니다.

우리는 예수 그리스도로 말미암아 하나님의 백성 되고, 하나님의 자녀된 것을 진심으로 감사해야 할 것입니다.

2. 성막 울타리 안뜰은 성도간의 화목과 거듭난 자의 교제를 상징합니다.

성막 뜰에서 서로 서로 만나게 됩니다. 제사장의 가족들은 음식을 나누어 먹습니다. 음식을 먹으면서 하나님의 은혜를 감사하며 교제합니다.

여러분, 아실 것은 거듭난 자의 교제는 거듭나지 못한 자의 교제와는 다릅니다. 하나님의 사죄의 은총에 대한 감사요, 천국 백성된 기쁨의 교제입니다.

거기에는 원망, 불평, 시기, 질투가 없습니다.

상스러운 자들의 교제가 아닙니다.

성막 울타리 안 뜰에서 하나님과 인간과 화목하고, 인간과 인간과의 화목이 이루어지는 것입니다.

그리스도의 희생은 화목을 이룬 것입니다. 막힌 담을 뚫고(헐고) 하나님과 화목하게 하셨습니다. 이웃과도 화목하게 하셨습니다.

초대교회는 "믿는 무리가 한 마음과 한 뜻이 되어"라고 했습니다.(행 2:42)

개인주의는 한 마음 한 뜻을 이루지 못합니다.

교만하면 한 맘 한 뜻 이룰 수 없습니다.

욕심은 대인관계를 파괴합니다.

게으름은 화목을 깹니다.

게으른 사람 좋아하는 사람은 없습니다.
더러우면 마귀는 좋아하지만 사람들은 피합니다.
차가운 사람은 좋아하지 않습니다.
오해를 잘 하면 한 맘 한 뜻 안 됩니다.
성도들은 처신의 지혜가 필요합니다.
자기 좋게 하려고 타인에게 짐 지우면 안 됩니다.
무질서는 대인관계를 파괴합니다.
선배도 없고, 어른도 모르고, 버르장머리가 없으면 누가 좋아하겠습니까?
사람은 나비는 좋아하지만 똥파리는 싫어합니다.
향기는 좋아하지만 악취는 싫어합니다.
성막 뜰은 화목의 장소입니다.
교제의 장소입니다.
성막 뜰에서는 싸우는 곳이 아닙니다.
비판하는 곳도 아닙니다.

사랑하는 성도 여러분!
성막 울타리가 주는 영적 교훈을 깨닫고, 속죄의 은총과 화목의 진리를 깨닫는 우리 모두 되시기를 주님의 이름으로 축원합니다.

출애굽기 강해 제77강

【본문】 출애굽기 38:21-31

성막의 기능과 물품들

성막을 위해 사용된 금은 모두 백성들이 자발적으로 드린 것입니다.

모든 백성들이 능력껏 하나님께 바친 것이 그 액수는 성소의 세겔로 29달란트와 730세겔이었습니다.

은은 모든 사람에게 반 세겔씩 부과되어 세금처럼 징수되었는데 일종의 인두세와 같았습니다.

합계는 성소의 세겔대로 100달란트와 1,775세겔이었습니다.

이것은 20세 이상의 남자 603,550명이 바친 것입니다. 그리고 놋의 양은 70달란트와 2,400세겔이었습니다.

우리는 여기서 자발적인 것과 세금처럼 의무적인 수집을 볼 수 있습니다.

또 우리는 여기서 이스라엘 백성들이 성막을 짓는데 얼마나 열정적이었느냐를 볼 수 있습니다.

브살렐과 오홀리압은 성막의 모든 기구를 만들고, 아론의 아들 이다말은 모세의 명대로 사용된 재료의 명세서를 작성하였습니다.

1. 성막의 기능

성막은 광야시대의 이동 성전이었습니다. 오늘날 교회의 전신입니다.

성막의 기능을 아는 것은 바로 교회의 기능을 아는 것입니다.

1) 성막의 명칭

(1) 회막 - 146절에 149번이나 기록되어 있습니다. 만나는 곳이란 뜻입니다. 누구를 만납니까? 물론 하나님을 만납니다.
(2) 성막 - 거룩한 막, 하나님의 막이란 의미로 성경에 82회 나옵니다.
(3) 증거막 - 증거궤를 두었다는 의미로 82회 나옵니다.
(4) 장막 - 장막은 텐트라는 의미로, 이동이 쉽고 자주한다는 의미가 강합니다. 이스라엘 백성이 광야에서 장막 생활을 했습니다.
(5) 법막(대하 24:6) - 증거막과 같은 의미입니다.
(6) 여러 이름이 한꺼번에 나오는 경우도 있습니다. 민수기 3:25에 회막·성막·장막 등이 있습니다.

2) 여러 명칭을 쓰게 된 이유는

(1) 하나님의 언약궤 즉 증거궤가 있었기 때문입니다.
(2) 하나님이 임재해 계심을 상징하는 것이었기 때문입니다.
(3) 이스라엘의 삶의 중심이었기 때문입니다.
(4) 하나님을 만나는 곳이었기 때문입니다.
(5) 하나님께 제사와 기도를 드리기 위한 것이었기 때문입니다.

3) 성막의 기능은

(1) 첫째는 제사입니다.
회생 제사를 드리기 위한 것입니다.
(2) 하나님을 기억하여 섬기기 위해서입니다.
(3) 하나님의 법(계명, 율례와 법도)을 배우기 위해서입니다.
(4) 하나님의 약속을 받기 위해서입니다.

십계명이나 싹 난 지팡이, 만나 등은 모두가 약속입니다.

(5) 하나님의 인도를 받습니다.
구름기둥이 항상 성막 위에 있었습니다.

(6) 성막에 하나님의 보물을 보관했습니다.

(7) 성막을 통해 하나님의 영광을 체험하게 됩니다.

(8) 성막은 천국과 그리스도의 상징이 됩니다.
성막은 소망의 상징입니다.

4) 물품의 목록을 기록하고 계산한 것은

(1) 거룩한 수고는 길이 기억하게 하기 위해서입니다.

(2) 하나님의 명에 얼마나 순종하였나를 기억하여 후세에 본을 삼기 위해서입니다.

(3) 하나님의 은혜를 깨닫게 하기 위해서입니다.
여기서 중요한 교훈이 또 하나 있습니다. 성막을 직접 지은 기술자들도 약속의 땅에는 들어가지 못했습니다.

이것은 성전 건축을 위해 아무리 노력해도, 아무리 일을 많이 했다 해도, 그것으로 천국이 보장되는 증거는 아니라는 것입니다. 모든 것은 믿음으로 하나님 중심으로입니다. 그것이 기준입니다.

출애굽기 강해 제78강

【본문】 출애굽기 39:1-7

거룩한 옷

제사장은 성스러운 일을 하기 위해 선별된 자입니다.

제사장은 인간과 하나님 사이의 중보자로서 역할을 하고 제단에서 제사 드리는 자로서 권위를 부여받은 일꾼입니다.

구약시대에는 인간에게는 자연스럽지 않았던 하나님과의 합당한 관계가 제사장들의 역할을 통해 소통되도록 최고의 우선권을 하나님이 부여하셨던 것입니다.

구약에 제사장, 제사직이란 전문용어가 775회 기록되어 있고 레위인은 280회 기록되어 있습니다. 즉 제사장은 레위인 중에서만 선별되고, 성별되기에 레위인 외에는 생각조차 할 수 없는 구별된 직분이었던 것입니다.

구약 히브리 역사는 대제사장, 제사장, 레위인으로 성막 봉사하는 일을 전담하도록 하셨습니다. 그런데 오늘 본문은 제사장들이 성소에서 섬기기 위해 옷을 만들라고 했습니다.

이 옷은 정교하게 만들어야 하는 거룩한 옷이라고 했습니다.

1. 먼저 여호와께서 명하신 대로 만들어야 합니다.

옷은 그 사람의 신분을 나타내기도 하는데 이것은 구약시대에는 더더욱 그러했습니다.

"여호와께서 모세에게 명하신 대로"라는 말이 왜 39장에 10번,

40장에 8번 모두 18번이나 나옵니까? 이것은 하나님의 집에서, 하나님의 일은 하나님의 명하신 대로 해야 된다는 의미입니다.

자기 집이 아닙니다.

자기 일이 아닙니다.

내가 원하는 대로 하는 일이 아닙니다.

아브라함이 새를 드릴 때에 조그마한 제물이라고 자기 생각대로 했다가 얼마나 무서운 벌을 받았습니까?

우리 신앙의 가장 무서운 적은 "자기"입니다.

자기가 최대의 우상입니다.

"여호와께서 명하신 대로"이어야 합니다. 성경에는 명하신 대로 할 때 하나님께서 영광 받으시고, 본인에게는 한없는 복이 되었습니다. 그리고 명하신 대로 하지 아니할 때는 저주와 파멸이 왔습니다. 사도행전 오순절 역사는 예수님 말씀과 약속을 지킨 결과입니다.

2. 옷은 성소에서 섬기기 위한 옷입니다.

섬기기 위한 옷인데 화려합니다. 이것은 성도들이 장차 하늘나라에서 하나님을 섬기기 위하여 입어야 할 영광스러운 복장을 상징합니다.

고급 호텔에 가면 손님들을 섬기기 위한 아주 깨끗하고 단정한 고급 옷을 입고 섬기지 않습니까?

하나님 섬기는 일은 즐거운 일입니다. 행복한 일입니다.

고통과 고역이 아닙니다.

여러분, 주님의 일 할 때 행복해야 합니다. 즐거워야 합니다. 하나님의 일을 할 때는 화려하게 입고 해야 합니다.(계 7:13-15)

하나님 섬기는 일은 최고의 영광과 행복한 일입니다. 믿습니까?

3. 제사장의 예복은 일곱 가지로 구성되어 있습니다.

① 고의 - 홑바지

② 속옷

③ 에봇 받침 겉옷(청색 - 생명 상징)

④ 에봇 - 금실, 청색, 자색, 홍색실과 가늘게 꼰 베실로 공교히 짜서 만들었습니다.

⑤ 두 견대

⑥ 가슴에 판결 흉패

⑦ 관

이렇게 구비되어 있었습니다. 특히 두 견대는 어깨에 다는 견장인데 신분을 나타내는 견장과 같은 것입니다.

이것은 또한 책임, 보호, 중보의 역할을 의미합니다. 에봇을 매는 띠는 몸의 중심, 힘의 중심을 튼튼하게 하는 것입니다.

성경에는 띠에 대해 많은 언급이 있습니다.

사랑의 띠(골 3:14), 진리의 띠(엡 6:14), 기쁨의 띠(시 30:11), 공의의 띠(사 11:5), 능력의 띠(시 65:6/ 93:1 / 왕상 18:46)입니다.

호마노에 이름을 새긴 것은 하나님이 기억해 주신다는 뜻입니다. 하나님께서 출애굽기 35장부터 40장까지 증거궤 제작, 제사상 제작, 등잔대 제작, 성막 건립, 제단과 성막의 포장 제작, 제사장 의복 제작, 그리고 제사장 임직, 분향단, 인두세 징수, 물두멍, 성유 제조, 향료 제조, 기술자 임명, 안식일 준수를 명령하셨습니다. 그대로 순종했습니다.

모든 명령에는 하나님의 뜻이 전달되는 내용들이었다는 것입니다. 우리는 그대로 순종할 때 복이 되고 주님의 은총을 누리며 살 수 있습니다.

출애굽기 강해 제79강

【본문】 출애굽기 39:8-21

흉패가 주는 교훈

본문은 흉패와 그 부속품을 만드는 내용입니다. 제사장의 옷을 거룩한 옷이라고 하였습니다.(1)

거룩한 옷을 만드는 기사 다음에 반복해서 나오는 말씀이 "여호와께서 모세에게 명하신 대로 하였더라"는 3절입니다.

5, 7, 21, 29, 31절

여호와께서 제사장들에게도 아니고

여호와께서 기술자들에게도 아니고

여호와께서 백성들에게도 아니라 '모세에게'입니다.

아론은 모세의 형이요, 제사장입니다. 그런데 모세의 형인 제사장 아론이 입을 옷을 모세에게 명하신 대로 만들어야 된다는 것입니다. 그러므로 여기에서도 모세의 역할이 중보자의 역할이었음을 볼 수 있습니다.

모세는 하나님이 지정하신 신적인 권위를 가진 중보자요, 전달자입니다.(갈 3:19)

오늘날 말씀을 증거 하는 자도 철저히 전달자, 중보자의 역할을 해야 합니다.

자기가 좋은 말이나, 하고 싶은 말만하고, 하기 싫은 말은 빼버리면 그것이 바로 십자가 없는 부활 추구입니다.

성경을 강해하는 것은 같은 말이 반복되면 반복하고, 본문에 있는 그대로 강론하기 때문에 자신의 말을 절제할 수 있는 장점이 있습니다. 그리고 인간인지라 하기 싫은 말도 있습니다. 그러나 그대로 해야 됩니다.

우리나라 교회의 공통점은 하기 좋은 말만 하는 교회들이 부흥된다는 것입니다. 그런데 또 하나의 공통점은 교회의 질이 성경과 맞지 않는 부분이 많다는 사실입니다.

이재록 목사는(만민교회) 엄청난 숫자가 모이는 교회이지만, 계속 이단이라는 말이 오르내리고 있지 않습니까?

그리고 미래가 불안한 교회들이 많습니다. 현 정권이 무너지면 상당히 타격 받을 교회도 있고, 자기 지역 사람들만 몽땅 모아놓아 크게 만든 교회도 있고, 일부러 사투리를 씀으로 교인을 유도하는 경우도 있습니다.

서울에 수십 년 산 사람이 왜 옛날 고향 사투리를 써내어 방송합니까? 그것이 방송이 아니라면 몰라도, "하나님이 모세에게 명하신 대로" 이것이 교회의 본질이요 철학입니다.

예수님께서 마 28:20에 "주님께서 우리에게 분부한 모든 것을 가르쳐 지키게 하라"고 했습니다.

아무 것이나 가르치는 것이 아닙니다.

"내가 너희에게 분부한 모든 것"입니다.

지난번 강해, 여러 번 반복된 내용을 오늘도 말씀드리고 강조하는 것은 본문에 반복 강조되어 있기 때문입니다.

1. 흉패의 위치

제사장 에봇 가슴에 다는 것이 흉패입니다. 일명 판결 흉패라고도 합니다.

모든 의식에는 마음의 자세가 더 중요합니다. 악한 마음은 악한 행실을 낳고, 선한 마음은 선한 행실을 낳습니다.

마음을 지켜야 모든 것을 지킬 수 있습니다.(잠 4:23)

1) 흉패는 예수님 마음을 가지라는 의미입니다.

① 예수님의 마음은 의롭습니다.(요 16:8)
② 예수님의 마음은 사랑입니다.
③ 예수님의 마음은 거룩합니다.
④ 예수님의 마음은 온유 겸손합니다.

2) 모든 판결은 예수님의 마음으로 해야 한다는 의미입니다.

① 공의의 마음으로 해야 합니다.
② 정직한 마음으로 해야 합니다. 누구의 편도 되어서는 안 됩니다.
③ 지혜의 마음으로 해야 합니다. 분별력과 판단력이 있어야 합니다.
④ 사람을 사랑하고, 천하보다 귀하게 여겨야 합니다.

사단이 미운 존재이지, 사람이 미운 존재는 아닙니다.
사단이 역사할 때 그 사람이 미운 행동을 하게 됩니다.

3) 흉패는 떨어지면 안 됩니다.

하나라도 떨어지면 12지파의 숫자가 되지 않습니다.

우리는 철저히 그리스도에게 붙어 있어야 합니다. 그리스도를 떠나서는 아무것도 할 수 없습니다. 그리스도에게 붙어 있다는 것은 그리스도 안에 있다는 의미입니다.

모든 것은 그리스도 중심이어야 합니다. 21절을 읽읍시다.

"청색 끈으로 흉패 고리와 에봇 고리에 꿰어 흉패로 공교히 짠 에봇 띠 위에 붙여서 에봇을 떠나지 않게 하였으니 여호와께서 모세에게 명하신 대로 하였더라"

출애굽기 강해 제80강

【본문】 출애굽기 39:40-43

여호와께서 명하신 대로 되었으므로 축복하였더라

하나님의 모든 명령, 교훈, 요구는 복을 주시기 위한 것입니다.

진짜 크고도 완전한 복은 하나님의 은혜로 받습니다.

그러나 땅의 모든 것, 즉 하나님이 주시는 것은 하나님의 공식이 있습니다.

수학에서 공식이 맞아야 정답이 나오듯이 하나님이 주시고자 하는 복도 공식이 있습니다.

기도 응답도 하나님의 공식에 맞아야 되는 것 아닙니까? 축복하는 자도 하나님의 공식에 맞을 때 축복해야 하는 것입니다.

1. 모세가 누구에게 축복하였습니까?

43절 "그들에게" 그들은 누구입니까?

1) 일꾼들입니다.

브살렐, 오홀리압, 마음이 지혜로운 사람, 일꾼들이 축복의 대상입니다. 말꾼들이 아닙니다. 일을 잘 하는 사람, 즉 하나님이 시키시는 대로 일한 사람들입니다.

2) 성막에 필요한 물건을 바친 사람들입니다.

헌신자와 봉헌자입니다. 주님의 교회에 필요한 것을 바친 사람들은 다 복 받습니다. 그리고 마음껏 축복해야 합니다.

3) 제사장직을 감당하는 사람들입니다.

제사장직이 무엇입니까? 하나님의 규정대로 제사 드리는 자들입니다.

4) 하나님을 섬길 모든 백성들입니다.

2. 왜 축복했습니까?

하나님의 명대로 했기 때문입니다. 하나님의 말씀대로 아니면 축복할 수 없습니다. 만일 모세가 점검해 보고 틀렸다면 다시 명령하였을 것입니다. 건축을 할 때 허가된 설계도대로 해야 합니다. 그렇지 아니하면 준공검사 필증이 나오지 아니합니다.

우리나라는 건축업에 부정이 제일 많아 나타난다 해도 과언이 아닙니다.

그러나 미국의 법은 100층짜리 99층을 지었는데 1층이 법대로 규정대로 안 되었다면 다 뜯어야 됩니다. 전혀 불가능합니다.

우리 장로교를 개혁주의라 합니다. 이 말은 맞는 것을 바꾸고 고친다는 것이 아니라 틀린 것은 계속 고쳐나간다는 의미입니다.

교회는 무조건 크기만 하면 되는 것이 아닙니다. 바르게 커야 합니다. 출세위주, 상업위주가 되면 그때부터 부패하고 변질됩니다.

우리가 잘못하면, 모이기만 하면, 예배만 드리면, 기도만 하면 되는 줄 압니다. 아무데서나 누구든지 예배드리면 되는 줄 압니다.

맞습니다. 아무나 누구든지 예배드리고 기도하면 됩니다. 그러나 하나님이 명하신 대로 해야 합니다. 하나님의 말씀대로 해야 합니다.

하나님의 말씀을 모르는데 어떻게 하나님의 말씀대로 합니까?

예수님이 제자들 3년 간 훈련시켜도, 결국 자기들 마음대로 가버렸는데, 훈련 안 받고도 가능합니까? 능력 안 받고도 가능합니까?

잘못하면 자신의 사리사욕과 자기 심적인 충족을 위해, 예수를 복음을 이용하게 된다는 것입니다.

우리는 마음껏 축복하되, 우상 섬길 때도 축복하고, 자기 맘대로 신앙생활해도 축복하고, 하나님 영광 가리워도 축복하라는 말이 아닙니다.

"여호와의 명하신 대로 하였기 때문"에 축복했습니다.

3. 우리는 하나님 중심이냐, 말씀 중심이냐, 교회 중심이냐를 먼저 살펴보아야 합니다.

나아만 장군이 요단강에 몸을 일곱 번 담글 때 치유의 축복이 임했습니다.

베드로가 말씀에 의지하여 그물을 깊은 곳에 던질 때 고기가 많이 잡히는 축복이 임했습니다. 우리는 축복을 달라고만 요청하지 말고, 하나님이 시키시는 대로 했느냐를 먼저 살펴보아야 합니다.

우리는 자기 마음에 맞다고 축복을 남발해서는 안 됩니다. 하나님 기준이기 때문에, 성경 기준이기 때문에 축복해야 합니다.

주의 사자는 먼저 하나님으로부터 말씀을 받아 그 말씀 그대로 전해야 합니다.

그리고 그 말씀대로 실천이 이루어지고 있느냐 살펴야 합니다. 그리고 마음껏 축복해야 합니다.

출애굽기 강해 제81강

【본문】 출애굽기 40:1-16

정월 초하루에 성막 봉헌

성막 짓는 일을 아무에게나 맡긴 것 아닙니다. 사람도 아무에게나 중요한 일을 맡기지 아니합니다.

지상의 건물 중에 성전만큼 중요한 건물이 있겠습니까?

물론 건물이 본질은 아닙니다. 48년 간 지은 예루살렘 성전도 목적대로 선용되어지지 아니할 때 돌 하나도 돌 위에 남지 아니하도록 뿌리째 파괴시켜 버렸습니다.

그러나 하나님께 예배드리기 위한 지정된 장소, 지정된 건물, 아무렇게나 할 수는 없습니다. 청와대보다 좋아야 됩니다. 그 지역을 대표하는 건물이 되어야 합니다. 유럽의 교회가 그랬습니다.

건물은 타락하지 않습니다. 건물에 드나드는 사람, 관리하는 사람들은 타락해도 건물은 타락하지 않습니다.

성막은 하나님을 섬기기 위한 수단입니다. 우상화되면 안 됩니다. 건물이 우상화되는 순간부터 교회는 타락합니다.

그러나 성막은 아무나 짓는 것 아닙니다. 아무에게나 맡기는 것 아닙니다. 성막 자체가 하나님은 아니지만 하나님을 만나는 성별된 장소요, 계시의 교훈이 담겨져 있기 때문입니다.

1. 정월 초하루에 성막 곧 회막을 세우고(2)

출애굽한 지 1년이 지나고 제2년 1월 1일입니다.

유대력으로 1월은 니산월 또는 아빕월이라고 합니다.

우리나라 월력으로는 3,4월에 해당됩니다.

성막을 회막이라고도 한 것은 만남의 장소라는 사실을 강조한 말입니다.

여기에서 이스라엘의 정치와 종교를 동시에 관장하는 곳입니다.

정월 초하루, 즉 첫달 첫날에 봉헌하라는 것입니다.

이스라엘 역사에 정월 초하루는 의미가 많습니다.

① 바벨론 포로 생활을 마치고 고국으로 귀환 길에 오른 날입니다.(스 7:9)

또한 하나님은 이스라엘 백성들이 출애굽 하는 날을 새해의 첫 달로 하라고 했습니다. 이스라엘은 애굽과는 다른 새 달력을 만들게 되었습니다.(출 12:1-2)

② 새 출발의 시작

노아 시대 노아는 홍수로 인해 1년 동안 방주 속에 있었습니다. 그런데 새해 첫날에 지면의 물이 다 빠졌습니다.(창 8:13) 그래서 홍수 심판 후 새롭게 출발한 날입니다.

③ 성전 청결의 날입니다.

히스기야 왕 때 성전 청결을 위해 새해 첫날에 성결케 하기 시작하여 16일에 마쳤습니다.(대하 29:17) 그러니까 유월절 지나고 마쳤습니다. 예수님도 유월절에 성전을 청결케 하셨습니다.(겔 45:18도 참조)

새해 첫 달, 첫날, 또는 첫 시간, 하루의 첫 시간, 한 주간의 첫 날, 수입의 첫 째 것, 의미가 있습니다. 정성의 의미가 있습니다. 신앙의 의미가 있습니다.

그래서 정월 초하루에 성막을 봉헌하라고 했습니다.

새해 첫 달, 첫날은 한해 전체를 집약한 날이라 할 수 있습니다.

그러므로 모든 날들은 하나님의 날이라는 고백이기도 하고, 모든 날이나 일들 중에 성전을 봉헌하는 일이 가장 중요하고, 가장 복되다는 의미이기도 합니다.

2. 시작의 중요성을 의미합니다.

정월 초하루에 성막을 봉헌하라고 하신 것은 시간의 중요성을 강조한 것입니다.

첫 시간과 다음 시간 중요성이 다릅니다. 첫 시간 바치는 것과 다음 시간 바치는 것 정성의 차이가 많습니다. 시작이 있으면 끝도 있습니다. 시작이 잘못 되면 끝도 잘못 됩니다.

3. 휘장으로 언약궤를 가리웠습니다.(3)

이것은 아무나 보지 못하게 하신 것입니다. 하나님이 구별하신 것입니다. 우리들의 삶이 구별할 줄 알아야 합니다. 선과 악, 거룩과 속된 것, 앉을 자리와 앉지 말 자리, 갈 곳과 가지 말 곳, 설 곳과 서지 말 곳, 구별해야 합니다.

날이나, 물질이나, 시간이나, 모든 것 구별할 줄 알아야 합니다. 마귀는 구별을 싫어합니다. 더러운 곳은 구별 안 해도 됩니다. 구별하지 못하면 더러워집니다.

성막을 봉헌할 때 성소에 진설된 물품들이 많습니다.

떡상과 진설병, 등잔대와 불, 향단과 향연, 금 향단, 이것 성구들이 성막 봉헌시 동시에 봉헌됩니다.

우리는 정월 초하루 봉헌 정신을 살려 신앙 생활해야 합니다.

출애굽기 강해 제82강

【본문】 출애굽기 40:4-16

성소의 성물들의 영적 교훈

성소의 개념, 성물의 개념은 거룩입니다.

거룩하다는 것은 구별했다는 의미입니다. 하나님 앞에서는 사람이나, 장소나, 시간이나, 모든 성물들이 구별되어야 합니다.

관유를 발라서 거룩하게 하라는 것은 기름을 바른다, 붓는다는 것은, 성령의 임재와 충만, 또는 지배를 의미합니다. 즉 성령의 인도와 영향권 하에 있는 것을 말합니다.

하나님의 일을 하는 자들이나 하나님의 일에 쓰임 받는 모든 성물들은 구별되어야 합니다. 이것은 권위의식보다는 정성입니다. 믿음입니다.

그러므로 사람, 장소, 시간, 물질 다 구별되어야 합니다.

1. 성소 안에 진설된 성물들(4-5)

1) 떡상과 진설병이 있습니다.

떡은 고운 가루로 구워서 만든 12덩이의 빵입니다. 각 덩이는 10분의 2에바입니다. 이것을 무교병, 구운 빵, 고생의 빵이라고 했습니다.(왕상 22:2/ 대하 18:26/ 사 30:20)

고전 5:8에 설명하기를 묵은 누룩이나, 괴악하고 악독한 누룩으로도 말고 누룩 없는 빵이어야 한다고 했습니다. 빵은 생명의 양식, 그리스도의 몸, 고난 등을 상징합니다. 예수님은 바리새인의 누룩, 사두개인의 누룩, 헤롯의 누룩을 언급했습니다. 그리고 성전에 진설되는 빵에는 누룩이 없어야 합니다.

이것은 어떤 분은 해석하기를 강단은 누룩이 없어야 된다고 해석했습니다. 즉 누룩 없는 말씀, 부풀게 하거나, 맛을 내려고 변질시키지 말고, 그대로 전해야 된다는 것입니다. 강단이 변질되면, 교회가 변질됩니다.

오늘날 보수 신학자들은 이구동성으로 강단의 변질을 염려하고 있습니다.

정통신학을 한 자들이 신학교에나 목회만 하지 말고, 방송이나 문서선교, 여러 분야에 핵심을 맡아 교통 정리하는 일을 해야 하는 것입니다.

성도들은 분별력이 없습니다. 그저 듣기만 좋으면 되는 것 아니겠습니까?

바리새인들의 누룩, 사두개인, 헤롯당들의 누룩을 조심해야 할 것입니다.

2) 등잔대와 불

등잔에는 항상 불이 빛나고 있어야 합니다.

교회나 성도는 항상 성령이 충만하고, 등잔의 심지를 잘 다듬고 청소하여야 합니다. 성도들은 항상 깨어서 기도하고 더러운 것이 자리 잡지 않도록 회개하고 말씀으로 채워야 합니다.

3) 향단과 향연

향단과 향연은 하나님께 드리는 기도를 의미합니다. 향단에서 향연이 올라가듯 믿음의 기도, 순전한 기도, 간절한 기도는 올라갑니다. 기도가 향기로워야 됩니다. 향기롭다는 것은 향이 올라가듯 하나님께 상달되는 기도를 드리는 것을 의미합니다.

성경에는 우리를 그리스도의 향기라고 했습니다.

하나님이 받으시는 기도를 드리는 성도는 그 믿음이 점점 올라갑니다.

성도의 삶은 날마다, 날마다 올라가야 합니다. 인격이 올라가야 하고, 믿음이 올라가야 하고, 수준이 올라가야 합니다.

2. 금향단을 증거궤 앞에 두어야 합니다.(5)

계시록 8:3-4에 보좌 앞 금단은 모든 성도들의 기도를 모아 올리는 곳이라고 기록되어 있습니다. 성도의 예배나 예물, 기도, 드리는 몸은 향기로워야 합니다.

향기롭다는 것은 하나님이 기쁘게 받으셔야 된다는 것입니다.

3. 뜰 주위의 포장(5-8)

분리와 보호와 비밀을 의미합니다.

교회는, 성도는, 예배는 세상과는 분리되어야 하고, 구별되어야 합니다. 세상 풍조와 비위 맞추는 것이 아닙니다. 빛은 모든 것을 드러냅니다.

교회는 교회로서의 길이 있는 것이지 시대에 맞추어 가는 것 아닙니다.

교회는 피난처가 되어야 합니다. 보호를 의미합니다.

피가 뿌려진 이스라엘 백성의 집에는 죽음의 사자가 들어가지 못했습니다. 교회는 죄인들이 구원받고 가난한 자, 외로운 자, 병든 자들이 보호받는 곳이어야 합니다.

교회는 하나님의 비밀이 있는 곳입니다. 세상은 눈이 있어도 보지 못하고, 귀가 있어도 듣지 못합니다. 교회는 하나님의 구원의 비밀을 맡은 곳입니다.

다시 정리합니다.

교회는 거룩해야 합니다.

모든 것이 다 갖추어져도 거룩하지 아니하면 안 되는 것입니다.

그래서 하나님의 임재와 하나님의 개입과 하나님의 보호가 계속 되어야 하는 것입니다.

출애굽기 강해 제83강

【본문】 출애굽기 40:34-38

여호와의 영광이 충만한 성막

성막 역사가 마칠 때(33) 하나님의 영광이 충만했습니다.

구름이 성막 위에(회막) 덮였습니다. 하나님의 임재를 시각적으로 보여주는 현상입니다.

하나님께서 하나님이 시키시는 대로 모세가 세운 성막을 기쁘게 받으시고 승인하신 증거입니다.

임마누엘 성막입니다. 하나님의 거처로 삼으신 성막입니다.

그렇기 때문에 거룩해야 합니다. 구별된 장소요, 성별한 건물입니다. 그래서 때로는 건물을 손상시켜도 저주가 임했습니다.

교회를 파괴하는 나라나, 시대는 잘 되는 법이 없었습니다.

구름이 성막을 덮고, 하나님의 영광이 충만한 것은, 하나님이 보호하고 계신다는 증거요, 하나님이 흡족하게 받으신 증거입니다.

하나님이 성막을 성막으로 인정하신 것입니다.

그리고 이제는 구름 기둥, 불기둥으로 이스라엘을 인도하지 않고, 구름이 성막 위에 머물러 있었습니다.

즉 전에는 구름 기둥, 불기둥의 인도를 따랐는데, 이제는 구름이 성막 위에 머물러 있으면 휴식을 취하고, 머물다가 구름이 성막 위에서 이동하면 성막을 앞세우고 이동했다는 것입니다.

민 9:15-23을 읽읍시다.

매절마다 7번이나 구름이 성막 위에 머물렀다는 사실을 강조합니다.

이스라엘 백성은 전적으로 성막 위에 있는 구름의 인도를 따랐다는 것입니다.

이것은 오늘날 성도들의 생활은 전적으로 하나님 말씀 중심과 교회 중심의 생활을 해야 한다는 사실을 가르칩니다.

이것이 안 되면 유구한 세월, 신앙생활 실패, 육적 생활 실패를 가져옵니다.

출애굽기를 마치면서

1. 떠나라는 교훈입니다.

애굽에서 나와서 그곳을 떠나야 합니다.

애굽은 세상이요, 마귀의 종된 생활입니다.

미련 없이 떠나야 됩니다. 그곳에서 몸만 떠날 것이 아니라 생각도 떠나야 합니다. 생활 스타일도 떠나야 합니다.

2. 위를 쳐다보고 앞으로 나아가라는 것입니다.

기도하며 하나님의 인도를 받고 뒤를 돌아보지 말고 앞으로 나아가라는 것입니다. 날마다 뒤를 바라보면 세상일에도 발전이 없습니다.

하나님의 명령을 받아 순종해야 됩니다.

3. 성전 중심 생활로 순종해야 된다는 것입니다.

성막 중심이 바로 하나님 중심이듯이, 교회 중심이 바로 하나님 중심입니다.

"하나님, 건강도, 재능도, 물질도, 기회도, 생명도 주님 위해, 교회 위해, 주님의 사역을 위해 쓰겠습니다" 하고 고백하면서 청지기의 삶을 살아야 합니다.

그저 하나님이 주시는 대로 많이 주면 많이 하고, 적게 주면 적게 하고 순종하면 됩니다.

하나님, 나는 왜 두 달란트만 줍니까? 하지 아니했습니다.

주시는 대로 열심히, 주시는 대로 최선을 다해야 합니다.

4. 그럴 때 구름이 충만한 생활이 계속됩니다.

하나님 영광 받으시고, 하나님 함께 하시고, 하나님 보호하시고, 하나님 인도하여 주십니다.

우리의 삶은 하나님이 개입해 주셔야 됩니다.

인간은 한계가 있습니다.

복중의 복은 임마누엘 복입니다.

"하나님이 함께 하시는 복", 얼마나 든든하고 행복합니까? 할렐루야!

성경핵심강해 시리즈 2

출애굽기 강해

2012년 8월 1일 1판 1쇄 인쇄
2012년 8월 5일 1판 1쇄 발행
지은이 김 기 원
펴낸이 심 혁 창
발행처 **도서출판 한글**
서울특별시 서대문구 북아현동221-7
☎ 02) 363-0301 / FAX 02) 362-8635
E-mail : simsazang@hanmail.net
등록 1980. 2. 20 제312-1980-000009

IN GOD WE TRUST

정가 12,000 원

*

ISBN 97889-7073-355-5-93120